C. B. Daring, J. Rogue, Deric Shannon, Abbey Volcano (Hg.)

anarchismus queeren

AF143698

UNRAST

C. B. Daring, J. Rogue, Deric Shannon, Abbey Volcano (Hg.)

anarchismus queeren

Über Macht und Begehren in queeren und herrschaftskritischen Kontexten

Übersetzt aus dem Englischen

UNRAST

Bibliografische Information der Deutschen Bibliothek
Die Deutsche Bibliothek verzeichnet diese Publikation in der Deutschen
Nationalbibliografie; detaillierte bibliografische Daten sind im Internet über
http://dnb.ddb.de abrufbar.

C. B. Daring, J. Rogue, Deric Shannon, Abbey Volcano (Hg.)
anarchismus queeren
1. Auflage, Juli 2017
ISBN 978-3-89771-308-6

Aus dem Englischen übersetzt von: Tobias Brück, Melike Cinar,
Jessica Eitelberg, Dietlind Falk, Rebecca Mann, Margarita Ruppel

© UNRAST Verlag, Münster
Postfach 8020, 48043 Münster – Tel. (0251) 66 62 93
www.unrast-verlag.de – kontakt@unrast-verlag.de
Mitglied in der assoziation Linker Verlage (aLiVe)

Originalausgabe:
C. B. Daring, J. Rogue, Deric Shannon, Abbey Volcano:
Queering Anarchism. Addressing and Undressing Power and Desire
© 2012 C. B. Daring, J. Rogue, Deric Shannon, Abbey Volcano
© 2012 AK Press (Oakland, Edinburgh, Baltimore)
Die Autor*innen haben einer deutschsprachigen Veröffentlichung zugestimmt.

Umschlag: Felix Hetscher, Münster
Satz: UNRAST Verlag, Münster
Druck: CPI-books

Inhalt

Für alle, die für eine Welt ohne
Vorgesetzte, Grenzen und
Langeweile kämpfen

Martha Ackelsberg

Vorwort

Anarchismus *queeren*? Was soll das bedeuten? Ist der ›Anarchismus‹ nicht schon Schreckgespenst genug in diesem Land, dass man ihn durch den Versuch, ihn zu ›queeren‹, noch weniger greifbar und für die Mainstream-Kultur irrelevanter machen muss, als er jetzt schon ist? Warum also? Und warum jetzt?

Weil wir – wie diese Anthologie mit ihrer facettenreichen Darstellung der vielen Dimensionen von Anarchismus und Queerness zeigt – gerade erst beginnen, die vielen Möglichkeiten zu erkennen, die ein gequeerter Anarchismus bietet, sowohl in Bezug auf die Kritik an bestehenden Institutionen und Praktiken als auch auf mögliche Alternativen dazu.

Mir ist es eine wahre Freude, zu sehen, dass diese Anthologie – an der so lange gearbeitet wurde – endlich der Leserschaft zur Verfügung gestellt werden kann. Wie die Autor*innen in ihrer Einführung erwähnen, gibt es etliche Bücher über Anarchismus und viele weitere über queere Politik und Theorie. Vor allem an der *aktivistischen* Seite des Anarchismus scheint das Interesse in den letzten Jahren gestiegen zu sein. Und auch die Aufmerksamkeit gegenüber queerem Aktivismus ist – zumindest in politisch progressiveren Kreisen – gewachsen. Dieses Buch bringt allerdings, so glaube ich, zum ersten Mal diese beiden Traditionen – sowohl in ihrer intellektuellen als auch aktivistischen Dimension – zusammen und in Austausch, insbesondere für Laien, also nicht-akademische Leser*innen. Das Projekt kommt sicherlich zur rechten Zeit und das Ergebnis der jahrelangen Planung zeugt sowohl von der Voraussicht der anfänglichen Ziele der Herausgeber*innen als auch vom Wert der Arbeiten, die sie angeregt haben.

Die Einführung der Herausgeber*innen gibt den Ton dieses Bandes an – es geht um die Mythen, die um den Anarchismus kreisen, und die Komplexität des Begriffs ›queer‹. Ich gebe zu, dass meine Begeisterung für ihre Einführung (und für den gesamte Band) damit zu tun hat, dass ich ihre Definition von ›Anarchismus‹ teile – dessen destruktives sowie konstruktives Begehren, seine Multidimensionalität und die Schaffung eines theoretischen Rahmens, innerhalb dessen beschrieben werden kann, was die neuste (feministische) Forschung als ›Intersektionalität‹ bezeichnet.[1] Obwohl der Anarchismus oftmals synonym mit dem Nihilismus verwendet oder als extreme Form des Libertarismus (à la Robert Nozick[2]) angesehen wird, gehen die meisten Essays in diesem Band von einer allgemeineren Tradition des Begriffs aus, die sich auf einen kollektiveren oder gemeinschaftlicheren Anarchismus bezieht und Individualität und Gemeinschaft eher als eine gegenseitige Bedingung sieht denn als einen Konflikt. Diese Tradition – dargestellt in den Werken von Michail Bakunin, Pjotr Kropotkin, Gustav Landauer, Errico Malatesta, Emma Goldman und den spanischen Anarchist*innen – schätzt Freiheit *und* Gleichheit, Individualität *und* Gemeinschaft, betrachtet Freiheit als *gesellschaftliches Produkt* anstatt als Wert / Ziel, der / das in unweigerlicher Spannung zur Gemeinschaft steht.[3] Dieser Ansatz – oftmals ein schwieriges Unterfangen innerhalb der liberal-individualistischen Kultur der USA – zeigt sich auf wundervolle Weise im ungewöhnlichen Format / Layout einiger Kapitel, zum Beispiel durch die grafische Darstellung von Sexualität des CRAC-Kollektivs in *Die Vielfalt sexueller Praktiken. Teil 1*, der Vermischung von persönlichem und analytischem Material in Sandra Jeppsens Essay über das Queeren der Heterosexualität oder in den Essays von Farhang Rouhani und Benjamin Shepard über Organisationsstrukturen.

Im Großen und Ganzen bietet dieses Buch uns Leser*innen eine vielseitige Mischung von Themen sowie Genres, eine Mischung, die die vielen Perspektiven anarchistischer Theorien hervorhebt und offenbart, insbesondere da diese Theorien selbst ›gequeert‹ werden. Die Positionierung von traditionelleren, ›akademischen‹ Essays – wie beispielsweise von Jamie Heckert, J. Rogue und Diana Becerra oder Liat Ben Moshe, Anthony Nocella und AJ Withers – neben dem Beitrag des CRAC-Kollektivs oder dem, was wir als ›analytische persönliche Berichte‹ einiger Autor*innen bezeichnen können, bietet den Leser*innen die Chance, ihre eigenen Vorstellungen davon zu ›queeren‹, was ernsthafte intellektuelle Interventionen sind. Diese Herausforderung öffnet uns, so die anarchistische und die queere Theorie, für weitergehende Erkundungen sowohl der Theorie als auch der Praxis.

Ich werde hier nicht versuchen, die vielen theoretischen und praktischen Fragestellungen zu erläutern, die in den Essays dieses Bandes behandelt werden. Die Einführung der Herausgeber*innen verschafft schon einen hervorragenden Überblick. Ich möchte jedoch anmerken, dass ich mithin am meisten an diesem Buch schätze, welches Spektrum an Themen von den Autor*innen eingebracht wurde und die sprachlichen Mittel, mit denen sie ihre Ansichten auf eine Weise darstellen, die einerseits die Komplexität der diskutierten Erfahrungen berücksichtigt und andererseits deutlich ist. Vor allem Queer-Theorie ist oftmals schwerfällig und düster und scheinbar nur dazu gedacht, von Akademiker*innen gelesen (oder zumindest verstanden) zu werden, die bereit sind, stundenlang zu lesen (und aufs Neue zu lesen). Die Essays in diesem Band vermitteln jedoch Komplexität ohne Vagheit, denn viele von ihnen beziehen sich auf lebensechte, konkrete Erfahrungen, um das Hinterfragen feststehender Kategorien und des binären Denkens zu beleuchten, was Queer-Theorie traditionell kennzeichnet. Gleichzeitig betonen sie die Schwierigkeiten, die ein Aktivismus birgt, der vorankommen will, ohne im Kampf gegen diese Binarität selbige zu reproduzieren.

Diese Dimension sowohl anarchistischer als auch queerer Politik – der (anarchistische) Leitsatz, dass »die Mittel dem Zweck entsprechen müssen«, dass der Weg zu einer neuen Welt aus *Schritten* zu ihrer Erschaffung besteht, wir das Leben führen sollten, das wir wollen – stellt in meinen Augen sowohl den größten Beitrag zur Theorie und Praxis des sozialen Wandels dar als auch die größte Herausforderung für dessen Ingangsetzung. Ich glaube, das ist der Grund dafür, dass der Anarchismus (wie die Herausgeber*innen erklären) destruktive *und* konstruktive Dimensionen besitzt: Im Idealfall zerstört die Erschaffung des Neuen automatisch die alten Formen, indem sie irrelevant oder überholt werden. So sieht allerdings nur der Idealfall aus – wie viele der Essays in diesem Band (und auch die aktuellen Ereignisse um die Occupy-Bewegungen) zeigen, wird das ›bloße‹ Erschaffen von Alternativen oft als Gefahr und / oder Bedrohung für die bestehenden Mächte angesehen, die darauf mit Gewalt reagieren. Friedliche präfigurative Politik[4] – von den anarchistischen Kollektiven im revolutionären Spanien der 1930er, über die Kommunen in den USA der 1960er, bis hin zu den ›freien Räumen‹

der Lebensmittelkooperativen, kostenlosen Bücherbörsen und Kindertagesstätten oder ›radikalen queeren Räumen‹ – werden gerne ignoriert, bis sie erfolgreich sind. Dann aber wird ihnen die volle Macht der wirtschaftlichen, religiösen, sexuellen und / oder polizeilichen Kräfte entgegengesetzt, für die sie eine Bedrohung darstellen.

Wie können wir über diese Probleme sprechen – oder die Lösungen, die ihnen gegenüberstehen? Wenn wir die Sprache des ›Empowerment‹ verwenden – selbst im Sinne von ›Macht an‹, statt ›Macht über‹ – finden wir uns im Nullkommanichts im Diskurs über die ›Macht‹ wieder und womöglich genau inmitten der Binarität, die wir vermeiden oder infrage stellen wollen. Wie können wir diese Binarität – und andere – infrage stellen, ohne sie selbst zu verwenden? Wie Ryan Conrad es ausdrückt: »Wie wehren wir radikale queere und trans Leute uns gegen die aufkommende Hegemonie des regenbogenfarbenen Neoliberalismus und die Kanalisierung unserer Energien in kurzsichtige Kampagnen, die bloß die hierarchischen Systeme und Institutionen reproduzieren, die wir eigentlich abschaffen wollen? Wie bringen wir den Widerspruch unserer Wut und Kritik an der sogenannten Gleichberechtigung mit der Tatsache in Einklang, dass unser materielles Leben in den meisten Fällen davon abhängt, mittels genau jener Maßnahmen, die das Ziel unserer Kritik sind, Zugang zu Ressourcen zu erlangen?«.

Die Stärke dieses Bandes liegt nicht darin, dass er simple Lösungen für diese Fragen bietet (wenn es so wäre, hätten wir hier ein praktisches Handbuch für eine Revolution!). Vielmehr stellen die Essays – jeder auf seine eigene Art und Weise – beständig und beharrlich diese Fragen und erforschen die Antworten. In diesem Prozess queeren sie nicht nur den Anarchismus, sondern auch unsere Sichtweise und unser Verständnis der Verbindungen und gegenseitigen Verstärkungen zwischen politischen, religiösen, wirtschaftlichen, sexuellen und anderen Formen von Machtstrukturen in der Welt, die uns täglich umgibt.

Übersetzt von Magarita Ruppel

1   Siehe Crenshaw, Kimberlé (1994): Mapping the Margins. Intersectionality, Identity Politics, and Violence Against Women of Color. In: Martha A. Fineman und Roxanne Mykitiuk (Hg.): The Public Nature of Private Violence. New York: Routledge. S. 93–118; sowie Ackelsberg, Martha A. (1991): Free Women of Spain. Anarchism and the Struggle for the Emancipation of Women. Bloomington: Indiana University Press. (Neuauflage AK Press, 2004), insbesondere Kapitel 1; und Ferguson, Kathy (2011): Emma Goldman. Political Thinking in the Streets. Lanham, MD: Rowman and Littlefield, insbesondere die Einführung.

2   Siehe Nozick, Robert (1974): Anarchy, State and Utopia. New York: Basic Books. Ins Deutsche übersetzt von Hermann Vetter (2004): Anarchie, Staat, Utopia. München: Olzog.

3   Siehe ebenfalls: Martha A. Ackelsberg (1991), Kapitel 1; sowie unter anderem auch Ferguson, Kathy (2011) und Ward, Colin (1973): Anarchy in Action. London: George Allen and Unwin.

4   Dieser Begriff [im Original: prefigurative politics] stammt aus Epstein, Barbara (1993): Political Protest and Cultural Revolution. Nonviolent Direct Action in the 1970s and 1980s. Berkeley: University of California Press. Er wurde seither von vielen Theoretiker*innen, einschließlich einiger Autor*innen in diesem Band, verwendet.

C. B. Daring, J. Rogue, Abbey Volcano und Deric Shannon

Queerness trifft auf Anarchismus, Anarchismus trifft auf Queerness

Dieses Buch soll eine Art Einführung sein – eine ›Einführung‹ in zweifacher Hinsicht. Queere Politik und Anarchismus sind nicht völlig voneinander getrennte Themen, doch es ist keine leichte Aufgabe, Texte zu finden, die diese Verbindung artikulieren. Wir glauben, dass queere Politik und Anarchismus einander viel zu bieten haben und sind begeistert von den Verbindungen, die manche Menschen in ihren Texten, Organisationsformen, Kämpfen und täglichen Leben gezogen haben. Daher halten wir eine Einführung in die Schnittpunkte von anarchistischer und queerer Politik für sinnvoll.

Wir meinen ›Einführung‹ aber auch in einem anderen Sinne. Wir möchten unsere anarchistischen Genoss*innen besser mit queerer Politik und unsere queeren Freund*innen besser mit Anarchismus vertraut machen, weil wir diese Verbindung für enorm fruchtbar halten. Wir hoffen, dass diese Sammlung in dem Sinne eine Einführung darstellt, dass sich zwei Ideen begegnen oder besser kennenlernen, denn wir meinen nicht, dass Queers und Anarchist*innen zwei separate unterschiedliche Gruppen sind (das sind sie nicht). Noch wollen wir behaupten, dass Queers und Anarchist*innen stets eine fundierte Ahnung von der jeweils anderen Politik haben.

Wir behaupten nicht, dass diese Idee vollkommen neu ist. Diese Arbeit wird bereits von vielen wahrgenommen. Wenn wir nur mal etwa die letzten fünf Jahre betrachten, wird deutlich, dass sich Gruppen mit einer Vielfalt von Theorien, Praktiken und Lebensweisen – von *Bash Back!* über *Black and Pink* bis hin zu *Queers Without Borders*, um nur einige zu nennen – bereits auf den Weg gemacht haben, den Anarchismus zu queeren. Zu dieser Essay-Sammlung, die du nun in Händen hältst, haben Menschen mit unterschiedlich starkem Engagement in diesen und anderen Gruppen beigetragen.

Wir haben diesen Band zusammengestellt, um einige der Ideen und Debatten dieses Zusammendenkens zu präsentieren. Dabei haben wir wohlgemerkt versucht, Texte auszuwählen, die nicht für eine akademische Leserschaft geschrieben wurden. Viele queere Theorietexte sind kompliziert und schwer zu verstehen. Wir finden zwar, dass komplizierte, schwierige Texte sehr wohl ihren Platz haben, wollten hier jedoch eine Sammlung für eine breite Leserschaft zu Verfügung stellen.

Nach diesen Worten wollen wir kurz in dieses Buch einführen. Der Anarchismus ist von Fehlinformationen und Verzerrungen geprägt, also sollte jeder Text, der Überlegungen zum Anarchismus vorstellt, eine kurze Erklärung zum Standpunkt der Autor*innen enthalten. Zugegebenermaßen ist der Anarchismus ein diverses Gebiet und keine einheitliche Bewegung. Obwohl auch wir, als Herausgeber*innen dieses Bandes, keine einheitliche Sichtweise auf die Bedeutung und Dimensionen des Anarchismus haben, hoffen wir, dass eine kurze Erläuterung des Begriffs jenen Leser*innen die Inhalte der Essays besser verständlich macht, die mit dem Anarchismus wenig vertraut sind. Ebenso ist ›queer‹ ein kontroverser Begriff, der in vielen verschiedenen Bedeutungen verwendet wird und einer Ausdifferenzierung bedarf. Wir wollen mit dieser Einführung nicht die großen Debatten über Definitionen und Bedeutungen in den anarchistischen, queeren und anarchistisch-queeren Kreisen beenden, sondern eher den Zugang zu den Texten in diesem Band erleichtern und bestenfalls noch einen Rahmen für notwendige weitergehende Diskussionen schaffen.

Anarchismus

Im Laufe der Geschichte wurden viele Werke über den Anarchismus geschrieben und die Bewegung hat viele historische Phasen des Rückzugs und des Wiederauflebens gesehen. Im Moment beobachten wir ein Wiederaufleben des Interesses an anarchistischen Ideen. Seit dem Kampf von Seattle 1999 – als eine lockere Koalition aus Umweltschützer*innen, Gewerkschafter*innen, Anarchist*innen, Feminist*innen und vielen anderen die Konferenz der Welthandelsorganisation blockierte – hat der Anarchismus eine offenkundige Renaissance erlebt, welche in vielen Fällen mit der Bewegung der Globalisierungskritiker*innen und -gegner*innen in Verbindung steht. Ebenso wurde die Occupy-Wall-

Street-Bewegung unter anderem von Anarchist*innen initiiert, die sich im Weiteren stark an ihr beteiligten.[1] In beiden Fällen haben die etablierten Medien uns Anarchist*innen verteufelt und Falschinformationen über uns verbreitet.

Das ist gewiss nichts Neues. Schon 1928 erklärte Alexander Berkman in seiner Einführung in den Anarchismus: »Der Anarchismus hat viele Feinde, die natürlich die Wahrheit verschweigen werden. [...] Ihre Zeitungen und Publikationsorgane – die kapitalistische Presse – sind ebenfalls gegen ihn.«[2] So begann er sein Buch mit einer Liste dessen, was der Anarchismus nicht ist:

> Er bedeutet nicht Bomben, Aufruhr oder Chaos. Er bedeutet nicht Raub und Mord. Er bedeutet nicht einen Krieg jeder gegen jeden. Er bedeutet nicht eine Rückkehr zur Barbarei oder in die Anfänge der Menschheit. Anarchismus ist das genaue Gegenteil all dessen. Anarchismus heißt daß Sie frei sein werden; daß niemand Sie versklaven, Sie herumkommandieren, Sie berauben oder mißbrauchen wird.[3]

Es gibt eine lange Geschichte der Verzerrungen des Anarchismus und viele anarchistische Autor*innen haben Jahre damit verbracht, diese Missverständnisse richtigzustellen.

»Die Lust der Zerstörung ...«

Versucht man jedoch, den Anarchismus mit ausschließlich friedlichen Begriffen zu beschreiben, vernachlässigt man seine destruktiven Impulse. Damit meinen wir natürlich nicht, dass Anarchist*innen sich an mutwilliger Zerstörung weiden, wie es oft in den Karikaturen in den Massenmedien dargestellt wird. Anarchist*innen kritisieren jedoch die bestehende Gesellschaft und jeder Versuch, das zu leugnen oder zu ignorieren, setzt dem Anarchismus unnötige Grenzen. Wir wollen uns lieber anschauen, was genau der Anarchismus ablehnt und zerstören will.

Die anarchistische Analyse der heutigen Gesellschaft kommt beispielsweise zu dem Schluss, dass die kapitalistischen Eigentumsverhältnisse auf einer Art legalisiertem Raub basieren. Das heißt, dass wir ein System unterhalten (und mit unseren Gesetzen schützen), in dem Dinge wie Wohnraum, Essen, Wasser – Dinge, die alle Menschen brauchen, um ein würdevolles und selbstbestimmtes Leben zu führen – sich in Privatbesitz befinden und für Profit gehandelt werden. Gleichzeitig lassen wir zu, dass sich die Mittel zur Produktion dieser Dinge, wie auch alles andere, in Privatbesitz befinden. Und indem die meisten von uns arbeiten gehen, machen wir die Besitzer*innen dieser Mittel mit unserer Arbeit noch reicher. Anarchist*innen fordern dazu auf, sich gegen diesen legalisierten Raub zu stellen – gegen das System, das wir Kapitalismus nennen.

Außerdem leben wir in Gesellschaften, in denen wir uns von den Entscheidungsprozessen entfremdet haben. Während wir in unserem Arbeitsleben von Bossen gemietet werden, werden wir in anderen Bereichen von politischen Bossen regiert. Wenn wir uns gegen die Befehle dieser politischen Bosse auflehnen, kann die Polizei uns schlagen, entführen, einsperren oder sogar töten. Die Entscheidungen, die unser Leben bestimmen, werden derweil von Politiker*innen getroffen, die uns angeblich ›repräsentieren‹. Anarchist*innen sind der Meinung, dass wir die politische Repräsentation abschaffen sollten – die Institution, die wir Staat nennen.

Anarchist*innen plädieren weiterhin für Veränderungen unserer selbst und haben immer wieder argumentiert, dass der Prozess der Loslösung von Institutionen ebenso einen Prozess bedeutet, in dem wir unseren Alltag und unsere Weltsicht verändern. Der italienische Anarchist Errico Malatesta schrieb zum Beispiel: »Zwischen dem Menschen und seiner sozialen Umgebung besteht ein wechselseitiger Aktionsbezug. Die Menschen machen die Gesellschaft zu dem, was sie ist, und die Gesellschaft macht die Menschen zu dem, was sie sind, und das Ergebnis ist folglich ein Teufelkreis. Um die Gesellschaft zu verändern, müssen die Menschen geändert werden, und um die Menschen zu ändern, muß die Gesellschaft geändert werden.«[4] Das setzt den Kampf gegen und in manchen Fällen auch das Verlernen der Herrschaftsverhältnisse voraus, zu denen wir Rassismus, Ableism, Sexismus, Heterosexismus und viele weitere zählen. Anarchist*innen sind für die Abschaffung aller Arten von Macht über andere – der Systematisierung der Herrschaft, die wir oft als Hierarchie bezeichnen.

Anarchist*innen verkörpern also in der Tat eine destruktive Lust – die Lust, der Herrschaft ein Ende zu setzen, jede Macht über andere zu zerstören, die Mittel zu vernichten, mit denen arbeitende Menschen beraubt und ausgebeutet werden. Darin besteht der negative Aspekt des Anarchismus. Versuche, dies zu beschönigen, was oftmals zu Zwecken populistischer Propaganda geschieht, verleugnen die lange Geschichte tapferer Kämpfe gegen ausbeuterische Systeme und Herrschaftsbeziehungen. Es ist jedoch nicht so, dass der Anarchismus ein rein negatives Projekt ist. Wir sollten uns also nicht nur anschauen, wogegen, sondern auch, wofür Anarchist*innen kämpfen.

»… ist zugleich eine schaffende Lust.«

Zwar ist es wichtig anzuerkennen, dass Anarchist*innen mit der bestehenden Gesellschaft brechen wollen und dies eine negative Politik beinhaltet, doch genauso sollte man berücksichtigen, dass sie, historisch gesehen, eine produktive Politik verfolgt haben. In der Zerstörung liegt auch die Schöpfung. Der Anarchismus ist also ebenso ein schöpferisches Unternehmen – das zeigten historische Versuche der Anarchist*innen, alternative Institutionen zu errichten, oder, um es mit den Worten der *International Workers of the World* auszudrücken: »Eine neue Gesellschaft in der Hülle der alten zu erschaffen.«

Anstelle des Privateigentums und des systematisierten Raubs fordern Anarchist*innen ein kollektives Eigentumsrecht der Gesellschaft beziehungsweise die völlige Abschaffung von Eigentum. Das mag in einer Gesellschaft, die Eigentum als heilig betrachtet, absurd klingen, doch Anarchist*innen arbeiten mit einer speziellen Definition von Eigentum: Eigentum meint den Anspruch auf Dinge, die man weder benutzt noch in seinem Besitz hält. Das Konzept des Eigentums wird dem des Besitzes gegenübergestellt, also Dingen, die wir benutzen, oder Häusern, in denen wir wohnen (kein Anarchist und keine Anarchistin will dir also dein Haus oder deine Gitarre wegnehmen). So beuten Arbeitgeber*innen und Hausherr*innen die Arbeiter*innen aus, indem sie Eigentum an den Dingen und Orten beanspruchen, die sie weder nutzen noch bewohnen, und dann Mieten und Wertschöpfung von denjenigen beziehen, die die eigentlichen Nutzer*innen sind. Anstelle des Privateigentums stellen sich die Anarchist*innen ein Gesellschaftssystem vor, in dem die Produktion den Bedürfnissen der Menschen dient statt den Profiten von Kapitalist*innen.

Außerdem fordern die Anarchist*innen anstelle eines Staates, der über der Gesellschaft steht und sie regiert, von den Bürger*innen selbstverwaltete Gremien wie Nachbarschaftsversammlungen, Arbeitsvereinigungen, Gemeinderäte und dergleichen. Wir würden Entscheidungen, die unser Leben bestimmen, kollektiv fällen, anstatt sie Politiker*innen oder den Launen des Marktes zu überlassen. Die öffentliche Sicherheit sowie die kollektive Entscheidungsfindung würden dann durch partizipatorische Netzwerke, die auf einer Selbstverwaltung durch direkte Demokratie in nachbarschaftlichen und kommunalen Graswurzelversammlungen basieren, organisiert werden, anstatt durch Repräsentation, Polizei und Gefängnisse – sprich: Bürokratie.[5]

Hierarchischen Gesellschaftsverhältnissen setzen Anarchist*innen eine menschliche Gemeinschaft entgegen, die auf Autonomie, Solidarität und gegenseitiger Hilfe basiert. So bedeutet der Kampf gegen Staat und Kapitalismus gleichzeitig einen Kampf gegen die *weiße* Vorherrschaft, das Hetero-Patriarchat und alle anderen Formen der Unterdrückung und Ausbeutung. Anarchist*innen fordern eine Gesellschaft, die auf einem hochgradig egalitären Ethos aufbaut, weil kein menschliches Wesen Macht über ein anderes haben sollte. Anarchist*innen argumentieren, dass »der Kampf gegen den Kapitalismus gleichzeitig ein Kampf gegen die Zwangsinstitutionen der politischen Macht sein muß, da in der Geschichte die ökonomische Ausbeutung Hand in Hand mit politischer und sozialer Unterdrückung gegangen ist«.[6] Anstelle der *weißen* Vorherrschaft, einer Welt der Menschen ohne Behinderung, des Patriarchats, der Heteronormativität und aller anderen Herrschaftsverhältnisse würden eine Reihe von Gesellschaftsverhältnissen treten, in denen Gruppen nicht hierarchisch in Bezug auf ihren Zugang zu wirtschaftlicher, politischer und kultureller Macht organisiert sind.

Diese kurze Einführung verschafft bloß einen sehr groben Überblick über den Anarchismus und wir empfehlen jedem* und jeder* Interessierten, sich selbst mit den vielen Webseiten, Büchern, Zeitschriften etc. zu beschäftigen, die es zu dem Thema gibt. Manche Anarchist*innen mögen mit unserer Darstellung nicht einverstanden sein – wie gesagt, der

Anarchismus ist eine vielfältige Strömung. Wir wollen daher betonen, dass wir hier nicht für die gesamte Strömung sprechen, sondern unsere eigenen Interpretationen darlegen.

Queer

Der Begriff >queer< ist nicht weniger kontrovers. Er wurde im Englischen traditionell zur Beschreibung von etwas Komischem oder Schrägem verwendet. In neuerer Zeit wurde der Begriff als Schimpfwort gegenüber Menschen verwendet, die als lesbisch und / oder schwul wahrgenommen werden – insbesondere gegenüber effeminierten Männern. Im modernen Sprachgebrauch wird >queer< oft als Überbegriff für viele verschiedene Identitäten der LGBT->Buchstabensuppe< verwendet – die aus unterschiedlichen Gruppierungen sexueller Minderheiten besteht, welche wiederum selbst kontrovers darüber diskutieren, wer >ein Recht< auf diese Identitätskategorien hat und wer nicht.

Ein Grund, weshalb >queer< zum Überbegriff für viele Arten sexueller und geschlechtlicher Minderheiten wurde, waren eben jene Debatten über Zugehörigkeit, Kontexte und Denkweisen über unser sexuelles und geschlechtliches Selbst, die nicht auf Identitäten basierten. Diese Flut an Schriften über Theorie, Körper, Geschlechter, Begierden, Sexualität und vieles mehr wird oft als >Queer-Theorie< bezeichnet, mit der eine >queere Politik< verbunden ist und die häufig in denselben historischen Momenten zutage trat. Gruppen wie *ACT UP* und *Queer Nation* oder Events wie die *Queeruption*-Festivals, die an verschiedenen Orten stattfanden, hatten oftmals einschneidende Auswirkungen auf die Sichtweise der Teilnehmer*innen bezüglich (der Grenzen von) Identität.

Begleitend dazu nahm die an Bedeutung gewinnende Queer-Theorie Identitätskategorien kritisch unter die Lupe. Die Flut an queeren Theorien basiert zum Teil auf der Arbeit des französischen Intellektuellen Michel Foucault. In seiner berühmten Studie der Sexualität fand er heraus, dass >Homosexualität< als Identitätskonstruktion bis zu den Anfängen der Sexualwissenschaft zur Mitte des 19. Jahrhundert zurückverfolgt werden konnte.[7] Homosexualität ist also eine Erfindung. Das bedeutet nicht, dass es vor dieser Zeit keine gleichgeschlechtlichen sexuellen Aktivitäten gegeben hat, sondern dass diese Aktivitäten erst durch komplexe historische Prozesse in eine Identität verwandelt wurden – einschließlich sie umgebender Grenzen und in manchen Fällen strenger Unterscheidung zwischen Zugehörigen und Nichtzugehörigen. Das, was eine Person tut (eine Handlung), wurde zu dem, was diese Person ist (einer Identität). Foucault zufolge wurde die Homosexualität zu einer Kategorie der menschliche Spezies.

Die verfügbaren Kategorien für das, was wir mittlerweile ›sexuelle Orientierung‹ nennen, entwickelten sich in diesem historischen Prozess der Identitätsformung. Sie reduzieren komplexe Begehren und Beziehungen darauf, welches Geschlecht eine Person und die von dieser begehrten Person haben. Das ist insofern von großer Bedeutung, als dass Identität eine entscheidende Rolle in der Selbstwahrnehmung spielt, sowie in dem Prozess, in dem wir »zu sozial lebensfähigen Wesen werden«.[8] Diese sozial konstruierten Identitäten führten dazu, dass manche Menschen unsichtbar gemacht wurden – was ein weiterer Auslöser für die Entwicklung der queeren Theorie und Politik war.

Denkt mal darüber nach: Uns wird eingeredet, dass wir entweder hetero, homo oder bi sind – also uns zu 100% vom anderen Geschlecht, zu 100% vom selben oder 50 / 50 von beiden Geschlechtern angezogen fühlen. Das sind wir. Ein Gutteil der Gesellschaft hat diese Einteilung verinnerlicht und sogar eine repressive Hierarchie daraus gemacht. Das Verständnis von Sexualität und Geschlecht in Form von strikten, leicht identifizierbaren und streng kontrollierten Identitäten beraubt also Menschen ihrer Sichtbarkeit, die nicht in unsere engen verfügbaren Kategorien für eine lebensfähige soziale Existenz passen – das gilt nicht nur für Sexualität, sondern auch (und natürlich damit einhergehend) für das soziale und biologische Geschlecht. Diese Kategorisierung schließt Menschen aus, deren sexuelles Begehren wandelbar ist oder deren Genderinszenierung nicht unseren begrenzten Wahl- und Selbstverständnismöglichkeiten in Bezug auf ›Sexualität‹ entsprechen. Menschen, die ihr Geschlecht auf eine Weise wahrnehmen, die sich nicht in diesen engen Schubladen wiederfindet, wurden unsichtbar gemacht. Eine flexiblere, durchlässigere, weiter gefasste, inklusive Kategorie war notwendig, und so stellte ›queer‹ in vielen Fällen einen Versuch dar, diesen Raum zu schaffen – in gewissem Sinne eine Anti-Identität. ›Queer‹ war ein Wort, mit dem man spielen konnte.

Ein Adjektiv und ein Verb

›Queer‹ bot Raum für Kritik an Identität und spielte mit Theorie, Körpern, Macht und Begehren, ohne auf einfache Definitionen zu reduzieren. Die Sichtweisen auf Sexualität, das soziale und biologische Geschlecht sowie unzählige weitere Ideen in Bezug auf queere Theorie und Politik bieten noch immer viel Stoff für Diskussionen. Wir hoffen, dies in diesem Sammelband deutlich zu machen. Das Wort ›queer‹ weist auch in seiner Verwendung eine hohe Flexibilität auf – so wird es (im Englischen) zuweilen noch als Substantiv verwendet, jedoch auch als Adjektiv und als Verb.

Anstelle des Substantivs – ein weiterer Marker von Identität – wird ›queer‹ oft als Adjektiv benutzt. Dann ist es vielmehr ein Ausdruck der Positionierung, anstatt dass das Wesen einer Person beschrieben würde. ›Queer‹ kann also als Verhältnis, als kontextabhängiger Gegenpol zum Normalen betrachtet werden.[9] Halperlin beschreibt dies am besten: »Queer ist per Definition etwas, das nicht normal ist, nicht legitim oder dominant. Es bezieht sich nicht auf etwas Bestimmtes. Es ist eine Identität ohne Essenz. So markiert ›queer‹ also keine Positivität, sondern eine Positionierung gegenüber der Norm – eine Positionierung, die sich nicht auf Lesben und schwule Männer beschränkt, sondern jeder*m offen steht, der*die sich aufgrund seiner*ihrer Sexualpraktiken ausgegrenzt fühlt.«[10] Die normativen Erwartungen der Gesellschaft schaffen eine binäre Spaltung zwischen Verhaltensweisen, die jeweils als ›normal‹ und ›abnormal‹ gelten. Verhaltensweisen (oder Begehren, Gedanken etc.), die in die Kategorie ›normal‹ fallen, sind dominant, verständlich, sichtbar und vielfach mit Macht verbunden. Andere Verhaltensweisen fallen in die Kategorie ›abnormal‹ und sind somit untergeordnet, unverständlich, unsichtbar, werden unterdrückt, verdrängt und verfolgt.

Was dabei als ›abnormal‹ gilt, hängt davon ab, was als ›normal‹ gilt. Veränderungen auf der einen Seite bewirken also Veränderungen auf der anderen. In diesem Sinne bildet ›queer‹ eine Parallele zur Kategorie ›abnormal‹ und steht dem entgegen, was ›normal‹ ist. So wie sich das Normale verändern kann, kann sich auch das Abnormale, das Queere verändern. Daher kommt die Definition von ›queer‹ als Positionierung – was als queer gilt, ist nicht festgelegt, sondern vom Kontext abhängig und von dem, was als normal bezeichnet wird. Die Bezeichnung ›queer‹ beschränkt sich nicht nur auf ›Schwule‹ oder ›Lesben‹, weil viele Sexualpraktiken als abnormal gelten – manche davon haben nicht primär mit dem Geschlecht zu tun (zum Beispiel bestimmte Sexpraktiken wie BDSM und Arten, sich zu kleiden oder sexuelle Beziehungen zu führen, wie Nicht-Monogamie oder Sexarbeit). Normale Sexualität in unserer Gesellschaft meint nicht nur, hetero zu sein, sondern zielt darüber hinaus auf eine bestimmte Form der Heterosexualität ab – das glückliche Ehepaar in einer langjährigen Beziehung. Sie ist mit einer Reihe weiterer Normen verbunden, sodass man von ›Heteronormativität‹ spricht – einer ganz bestimmten Form der Heterosexualität, die die mit ihr verbundenen Normen verstärkt: Lebensgemeinschaft, Fortpflanzung, Ehe, monogame Beziehung etc. Dementsprechend können wir queere Sexualpraktiken und Geschlechtsformen analysieren, die davon zeugen, dass »Hierarchien innerhalb der Heterosexualität existieren«. Damit schaffen wir uns die Rahmenbedingungen, um Nicht-Monogamie, Sexarbeit, BDSM und vieles mehr sowohl im Hinblick auf gleichgeschlechtliche als auch auf andere Beziehungen zu diskutieren.[11]

Das bedeutet nicht, dass all diese Sexual- und Geschlechtspraktiken auf dieselbe Art und Weise erlebt oder im selben Maße unterdrückt werden. Auch das ist vom Kontext abhängig und steht mit anderen Identitäten oder Klassenzugehörigkeiten in Verbindung, die Menschen zugeschrieben werden. Es ist also für alle vom Heteropatriarchat Marginalisierten und Unterdrückten strategisch sinnvoll, sich zum Kampf zusammenzuschließen. Dazu brauchen wir eine Herangehensweise, unter der wir die vielfältigen marginalisierten Sexual- und Geschlechtspraktiken untersuchen können. Das bedeutet nicht, dass das Heteropatriarchat alle Abweichler*innen gleich behandelt, sondern dass es viel zu tun gibt und dass eine Befreiung uns alle einschließen muss, wenn sie von Bedeutung sein soll.

Neben der gesellschaftlichen Konstruktion von Sexualität und Gender können wir auch das biologische Geschlecht selbst aus einer kritischen Perspektive betrachten, wie uns die intersexuelle Bewegung gelehrt hat. Das biologische Geschlecht wird in unserer Gesellschaft in ein binäres System gepresst – männlich und weiblich – welches die Vielfalt an möglichen hormonellen, sexuellen und sogar chromosomalen Zusammensetzungen von Menschen verkennt sowie die Zwanghaftigkeit der staatlichen Bemühungen, unsere Geschlechter bei der Geburt festzulegen, ignoriert. Das anzuerkennen, ermöglicht uns eine ganzheitlichere Politik in Sachen Sexualität, biologischem und sozialem Geschlecht. Außerdem schafft es einen theoretischen Raum, in dem wir unsere naturalisierten Vorstellungen über andere Identitäten queeren können. Dies hilft beispielsweise, wenn wir Menschen, die zwischen den verfügbaren Kategorien von ethnischer Zugehörigkeit existieren und deren Identität sich in Abhängigkeit vom jeweiligen Kontext verändert, betrachten – vielleicht sind sie in einem bestimmten Kontext *weiß* und in einem anderen Latino. Wie könnte eine Politik aussehen, die Identitäten nicht als festgelegt, monolithisch und dauerhaft betrachtet?

Jenes antagonistische Verhältnis zum Normalen hat zu einer Anti-Vereinnahmungs-Ethik geführt, welche oftmals queere Politik von der schwul-lesbisch-bi-trans-Mainstream-Politik unterscheidet.[12] So wird die ›Heilige Dreifaltigkeit‹ schwul-lesbischer Politik – gleichgeschlechtliche Ehe, die Aufhebung des Verbots von Homosexuellen in der US-Armee sowie die Inklusion von Homosexuellen in den strafrechtlichen Tatbestand der Hasskriminalität – häufig von queeren Aktivist*innen abgelehnt und kritisiert.[13] Das spiegelt sich auch in der Tendenz zur radikalen Politik und Kritik am Staat wider. Schließlich zwingt der Staat uns mit aller Macht Identitätskategorien auf und seine Bediensteten folgen dabei einer Logik, nach der alle Arten von Körpern und Begehren in diese engen Kategorien passen müssen. Ebenso wie unsere Gesellschaft Identitäten fest eingrenzt, ahndet der Staat mit aller Härte jede Grenzüberschreitung. Queere Menschen leiden besonders in den Gefängnissen des Staates.[14] Diese Ambivalenz gegenüber dem Staat ist ein verbreitetes Merkmal queerer Politik. Zudem sind queere Communitys oft vom Antikapitalismus und vom Kampf für die Befreiung der

Arbeiterklasse geprägt, was sich gut mit anarchistischen Werten verträgt (ein weiterer Grund dafür, dass diese Sammlung längst überfällig war!).

Jene Positionierung in Bezug auf die Norm wirkt sich auch auf die Bedeutung von ›queeren‹ als Verb aus. Da queere Theorie und Politik hauptsächlich aus den Forschungsbereichen Sexualität, Gender und Geschlecht entstanden sind, bezeichnet der Prozess des Queerens oft das Hinzufügen einer fehlenden Analyse in diesen Bereichen zu einer bestehenden Theorie oder Gedankenkonstruktion. So wollen wir also das Queeren des Anarchismus beginnen, indem wir fehlende Analysen über Gender, Sexualität und Geschlecht dort hinzufügen, wo sie überholt scheinen oder nicht existieren. Genauso gut kann das Verb aber auch einen Prozess beschreiben, in dem eine Gedankenkonstruktion ins Eigenartige gerückt wird, um dominante Sichtweisen und unterschwellige Annahmen zu destabilisieren. Das Queeren des Anarchismus kann also auch bedeuten, den Anarchismus eigenartig zu machen, durch Erkenntnisse aus der queeren Theorie und Politik neue Sichtweisen auf den Anarchismus zu schaffen, die ihn neu definieren / weiterentwickeln.

Anarchismus queeren

In diesem Band finden sich all diese Verwendungen von ›queer‹ – als Substantiv, Adjektiv und Verb. Anstatt alle Texte auf eine einzige, einheitliche Verwendung des Wortes festzulegen, haben wir unterschiedliche Kapitel in dem Wissen zusammengestellt, dass sie nicht immer kohärent sind. Das Ziel dieses Buchs ist es, Gespräche voranzubringen, deshalb haben wir eine große Vielfalt von Ansätzen und Ausdrucksweisen zugelassen. Die Leser*innen werden daher auch Texte hierin finden, die sozusagen den Theoriediskurs queeren, indem sie ihre Ideen nicht als theoretischen Essay, sondern auf kreativere Arten formulieren. Dieser Prozess des Zusammentragens und Lektorierens dauerte mehr als drei Jahre, überdauerte Wechsel im Herausgeber*innen-Kollektiv und sah manche Autor*innen bis zum Schluss an unserer Seite sowie andere, zu denen wir den Kontakt in diesem langen Zeitraum verloren.

Im Anfangsstadium beschlossen wir, dieses Buch wie die meisten Anthologien in Abschnitte zu unterteilen. Wir wollten das Material in theoretische Texte, praktische Texte und Reflektionen eigener Lebenserfahrungen sortieren. Am Ende stellten wir jedoch fest, dass fast jedes Kapitel alle drei Elemente enthielt. Wir beschlossen also, die Texte in einer sinnvollen Reihenfolge anzuordnen, die die Gedankenvielfalt zur Schau stellt, aber nicht auf eine feste Aufteilung beschränkt ist – selbst wenn wir Letzteres versucht hätten, wären die Übergänge fließend geworden. Was wir allerdings versucht haben, war, die Texte so anzuordnen, dass sie zunächst in den theoretischen Hintergrund einführen, auf dem im weiteren Verlauf aufgebaut wird, sodass den Leser*innen hoffentlich ein besseres Verständnis ermöglicht wird, wenn sie chronologisch vorgehen.

Wir beginnen mit Ryan Conrad, der viel Kritik an den Eingliederungsstrategien und der Gleichberechtigungsrhetorik der lesbisch-schwulen Mainstream-Bewegung äußert. Conrad will mit seiner Kritik an den Eingliederungszielen aufzeigen, dass wir mehr einfordern können als Gleichberechtigung in den bestehenden Institutionen – wir könnten sogar eine neue Welt erschaffen. J. Rogue benennt Lehren, die Anarchist*innen aus der trans-feministischen Bewegung ziehen können, und zeigt dadurch auf, wie wir unseren Feminismus erneuern und eine anarchistische Gender-Politik aufbauen könnten, die differenziert und ganzheitlich ist. Abbey Volcano begibt sich in die radikale queere Theorie und plädiert dafür, beim Umkehren von Hierarchien Vorsicht walten zu lassen und unsere Politik nicht nur auf simpler Opposition zu begründen. Stacy alias sallydarity untersucht bestehende Gender-Theorien und leistet eine queere anarchistische Analyse, die als Anregung für Auswege aus unseren aktuellen Denk- und Verhaltensweisen im Bezug auf Gender dienen kann. Jamie Heckert erforscht Wege, wie wir den Anarchismus queeren und eigenartig machen können. Dabei benennt er das Bedürfnis nach kreativen Arten von Politik, die nicht nur auf antagonistischer Opposition beruhen. Farhang Rouhani erzählt, wie er ein queeres Gemeindezentrum eröffnete und welches Chaos mit dem Aufbau und Betrieb solcher Räume verbunden ist – wo Identitätskategorien gleichzeitig hinterfragt, erschaffen, destabilisiert und manchmal von den Teilnehmer*innen gefeiert werden. Jerimarie Liesegang verbindet den Kampf gegen den Staat mit dem Kampf für die Befreiung von trans Menschen. Jerimarie argumentiert, dass der Staat eine zwanghafte Geschlechterzuordnung betreibe und eine Trans-Befreiung somit die Abschaffung des Staates voraussetze.

Anschließend tritt Benjamin Shepard für das Queeren der anarchistischen Organisationsstrukturen ein, was uns zu einem Genussaktivismus führen könnte. Das geht einher mit dem Prinzip der Schadensreduzierung, das wir in unseren Kämpfen für eine bessere Welt und in unseren Konzeptionen queerer Strategien berücksichtigen sollten, um zu ermöglichen, dass politische Interventionen anders wahrgenommen werden. Gayge Operaista ist der Meinung, dass der Klassenkampf eine zentrale Komponente queerer Organisationsformen sein sollte, da Klasse keine simple ›Identität‹ sei und wir uns als eine Klasse gegen den Kapitalismus organisieren sollten. Das *CRAC Collective* queert die Theorie, indem es einen Comic beisteuert. Darin unterhalten sich Menschen darüber, wie Gender-Fragen ihre politische Aktivität sowie ihr Leben als Radikale und Anarchist*innen beeinflussen. Stephanie Grohmann untersucht, welchen Einfluss die Wirtschaft auf unsere heutigen Konzepte von Sexualität und Gender hat und schlägt vor, dass wir »die Ökonomie queeren« oder unser Verständnis von der Wirtschaft verändern sollten, um deren Auswirkungen auf andere Bereiche unseres Lebens zu erkennen – vor allem im Bezug auf unser biologisches und soziales Geschlecht. Sandra Jeppesen berichtet aus ihrer persönlichen Erfahrung darüber, welche Rolle das Queeren des Anarchismus im Leben von Menschen einnehmen kann, die zwar vermeintlich heterosexuelle Beziehungen haben, sich aber nicht mit Heterosexualität identifizieren.

Schließlich schreibt Susan Song über die Überschneidungen von anarchistischer Politik und polyamoren Sexualpraktiken sowie Beziehungen. C. S. Becerra führt eine Medienanalyse am Beispiel von *Sex and the City* durch und untersucht, wie die Pop-Kultur unser Verständnis von Geschlechtern und Sexualität prägt. Sie legt überzeugend dar, dass Anarchist*innen solche Analysen nutzen können, um aufzuzeigen, wie die Kultur unsere Sichtweisen auf uns selbst und unsere Beziehungen beeinflusst. C. B. Daring argumentieren, dass Anarchist*innen Sexarbeit nicht moralistisch betrachten sollten, wie es bei ›radikalen‹ Positionen zur Arbeit in der Sexbranche allzu oft der Fall ist. Jason Lydon bringt queere anarchistische Politik mit dem Kampf gegen den gefängnisindustriellen Komplex in Verbindung. Liat Ben-Moshe, Anthony J. Nocella II. und AJ Withers zeigen Parallelen zwischen Behinderung und Queerness auf und schlagen vor, dass wir die Kämpfe gegen Heteronormativität und andere Formen der Unterdrückung und Ausgrenzung mit dem Kampf gegen Ableism (die Diskriminierung von Behinderten) vereinen sollten. Saffo Papantonopoulos ist der Meinung, dass Heterosexualität keine Identität, sondern eine Reihe von sozialen Beziehungen ist, und eine umfassende Befreiung nach anarchistischen Prinzipien somit bedeutet, dass diese sozialen Beziehungen an der Wurzel gepackt, offengelegt und zerstört werden müssen. Hexe verbindet BDSM-Praktiken spielerisch mit dem Anarchismus und nutzt die sexuelle Analogie, um den Anarchismus zu queeren.

Wir halten diese vielen starken Verbindungen zwischen anarchistischer und queerer Politik für bemerkenswert. Aber, wie man so schön sagt, probieren geht über studieren. Wir hoffen, dass es dieser Anthologie in ihrer Vielfältigkeit gelingt, Wege aufzuzeigen, wie wir es schaffen können, die oft traurigen, gewalttätigen und langweiligen Landschaften dieser Welt zu verändern und neue Welten zu erschaffen. Wir sind der festen Überzeugung, dass aus diesem Zusammentreffen von Anarchismus und Queerness viele weitere fruchtbare Projekte – und mit diesen auch eine Vielzahl an Partnerschaften – entstehen werden.

Übersetzt von Magarita Ruppel

1 Siehe z.B. Aragorn!, (Hg.) (2012): Occupy Everything: Anarchists in the Occupy Movement, 2009–2011. Berkeley, CA: LBC Books.

2 Berkman, Alexander (1928): ABC des Anarchismus. Zitiert nach: https://anarchistischebibliothek.org/library/alexander-berkman-abc-des-anarchismus.pdf (S. 5).

3 Ebd.

4 Malatesta, Errico (1977): Gesammelte Schriften Band 1. Berlin: Karin Kramer Verlag.

5 Siehe hierzu »An Anarchist FAQ« auf http://infoshop.org/AnAnarchistFAQ.

6 Rocker, Rudolf (1938): Anarchismus und Anarcho-Syndikalismus. Original London. Hier zitiert nach: https://www.marxists.org/deutsch/referenz/rocker/1938/anarsyndik/kap1.htm

7 Siehe Foucault, Michel (1983): Sexualität und Wahrheit: Der Wille zum Wissen. Frankfurt am Main: Suhrkamp.

8 Butler, Judith (2009): Die Macht der Geschlechternormen und die Grenzen des Menschlichen. Frankfurt am Main: Suhrkamp.

9 Siehe insbesondere Warner, Michael (1999): The Trouble with Normal: Sex, Politics, and the Ethics of Queer Life. Cambridge, MA: Harvard University Press.

10 Original: Halperin, David (1995): Saint Foucault: Towards a Gay Hagiography. Oxford: Oxford University Press. S. 62.

11 Original: Heckert Jamie (2004): »Sexuality / Identity / Politics«. In: Changing Anarchism: Anarchist Theory and Practice in a Global Age. Hg. von Jonathan Purkis und James Bowen. Manchester, UK: Manchester University Press. S. 111.

12 Siehe vor allem Bernstein Sycamore, Mattilda, Hg. (2004): That's Revolting!. Queer Strategies for Resisting Assimilation. Brooklyn, NY: Soft Skull Press.

13 Siehe insbesondere Conrad, Ryan (Hg.) (2010): Against Equality. Queer Critiques of Gay Marriage. Lewiston, ME: Against Equality Press; sowie Conrad, Ryan (Hg.) (2011): Against Equality. Don't Ask to Fight Their Wars Lewiston, ME: Against Equality Press.

14 Siehe z.B. Stanley, Eric A. und Smith, Nat, Hg. (2011): Captive Genders. Trans Embodiment and the Prison Industrial Complex. Oakland, CA: AK Press.

Ryan Conrad

Homo-Ehe und queere Liebe

> Liebe, das stärkste und größte Element allen Lebens, Vorbotin der Hoffnung, Freude, Ekstase; Liebe, die alle Gesetze und Konventionen herausfordert; Liebe, die freiste, mächtigste Formerin menschlichen Schicksals; wie kann eine so allumfassende Macht in gleicher Bedeutung verwendet werden mit jenem kleinen, armseligen Unkraut, das Staat und Kirche ausgesät haben, der Ehe?
>
> Emma Goldman, *Ehe und Liebe* (1911)

Mainstream-Organisationen für die Rechte von Schwulen und Lesben wenden in den USA zuweilen eine verwirrende und widersprüchliche Rhetorik an, um im kontroversen Streit um die Homo-Ehe ihre moralische Überlegenheit zu demonstrieren. Diese Organisationen bemühen einerseits das affektive Argument, dass jeder Mensch das Recht hat, zu lieben, wen er will, und andererseits sachlichere Argumente, die den gleichberechtigten Zugang zu einer Vielzahl von staatlichen Vorteilen und Privilegien einfordern. Durch diese Gefühlsschiene und den Appell an unseren Sinn für Gleichberechtigung wurden viele dazu verleitet, sich in die kurzsichtige Debatte um die Homo-Ehe zu stürzen, anstatt ihre Energien in sinnvollere Bahnen zu lenken. In ihrem Essay *Ehe und Liebe* riss Emma Goldman 1911 die Ehe in Stücke, indem sie scharf deren Verstärkung vorgeschriebener Geschlechterrollen, patriarchaler Strukturen und der Kleinfamilie kritisierte. Sie beschrieb ebenso kritisch und ausführlich, wie der Begriff der Liebe herangezogen wurde, um das staatliche und kirchliche Zwangskonstrukt zu rechtfertigen, das wir Ehe nennen. Ich setze heute mit Queerness dort an, wo sie vor hundert Jahren aufgehört hat.

Als 2009 die nationale Kampagne für die Einführung der Homo-Ehe in meinem überwiegend armen und ländlichen Bundesstaat Maine Fuß fasste, wehrte ich mich verzweifelt mit Händen und Füßen dagegen. Selbst nun nach dieser gescheiterten, abartig elitären Kampagne[1] weigern sich die lesbisch-schwulen Organisationen und die professionellen

Aktivist*innen, die sie tragen, vehement, kritisch zu hinterfragen, in Bezug worauf wir, als queere und trans Akteure, überhaupt Gleichheit anstreben. Wollen wir wirklich die Inklusion in die Institution Ehe, einen gesellschaftlichen Vertrag, der uns explizit darin einschränkt, wie wir unser erotisches und emotionales Leben organisieren? Wollen wir zudem wirklich eine gesellschaftliche Institution stärken, in der unsere direkten Bedürfnisse und der Zugang zu kollektiven Vorteilen von dieser einen Artikulation der Partnerschaft abhängen? Oder haben sich einfach viele von uns von einer vagen Vorstellung von Gleichberechtigung mit all ihren leeren Versprechungen[2] zu dem Glauben verleiten lassen, dass die Homo-Ehe ein erstrebenswertes Ziel sei?

Schwul-lesbische Mainstream-Organisationen bauen ihre Kampagnenstrategie und ihre beschämende Rhetorik auf zwei konkurrierenden Diskursen auf, die hier grob untersucht werden sollen. Wenn man diese konkurrierenden Diskurse zerlegt, erkennt man, dass die Ehe nur wenig mit Liebe zu tun hat und der Kampf der schwul-lesbischen Mainstream-Organisationen um die Homo-Ehe die Chancen auf eine gleichberechtigte queere Zukunft weiter in die Ferne gerückt hat – eine Zukunft, die einst in den mutigen Köpfen von radikalen queeren und trans Leuten entstand, die sich in ACT UP, *Queer to the Left* oder der *George Jackson Brigade* organisierten, und auch heute noch bei radikalen Graswurzelorganisationen wie *Queers for Economic Justice*, *La Gai – Queer Insurrection* oder *Gay Shame* präsent ist, um nur einige von ihnen zu nennen.

Der erste Diskurs beinhaltete eine hoch affektive und emotional geladene Rhetorik, die das Recht betonte, alle dürften lieben, wen sie wollten. Die Botschaft der Kampagnen für die Homo-Ehe reproduziert aktiv das Bild der Ehe als Institution, die durch und um den Begriff der Liebe organisiert ist. Protest-Slogans wie »Wer sonst kämpft für die Liebe!?« oder »Ich habe das Recht, zu lieben, wen ich will!« vermitteln den Eindruck, dass es bei der Debatte um die Homo-Ehe vorrangig um Liebe geht. Wie etliche Historiker*innen jedoch aufgezeigt haben,[3] ist Liebe nie das zentrale Element der Ehe gewesen, sondern der Handel mit Frauen als Besitztümern mittels eines patriarchalen Mitgiftsystems, welches sich zur abgemilderteren häuslichen Vertragsknechtschaft entwickelte, die Goldman in ihrer Schrift so überzeugend dekonstruiert hat. Auch wenn die meisten offenkundig gewalttätigen Dynamiken der Ehe heutzutage in den USA nachgelassen haben, setzen sich die strukturelle und individuelle Gewalt fort.

Fast die Hälfte aller Erst-Ehen wird geschieden.[4] Wenn die Ehe tatsächlich das liebevolle, fürsorgliche, soziale Sicherheitsnetz ist, als das die Anwält*innen der Familienwerte sie darstellen, dann fragt man sich doch, wie es zu dieser erstaunlich hohen Scheidungsrate kommt. Mögliche Gründe sind vielleicht, dass in den USA fast 7,8 Millionen Frauen bereits Opfer einer Vergewaltigung durch ihren Partner geworden sind[5] oder dass häusliche Gewalt die häufigste Ursache von Verletzungen bei Frauen zwischen 15 und 44 Jahren ist.[6] Vielleicht liegt es auch daran, dass in 68 Prozent aller Fälle von sexuellem Kindesmissbrauch die Täter*innen Familienangehörige sind.[7] Empirismus mal beiseite, die sogenannten gesunden und privatisierten Familienstrukturen, durch die die eheliche Institution Gewalt minimieren will, dürfen nicht nachgeahmt werden, wenn wir uns als radikale queere und trans Gemeinde der Gewalt in unseren eigenen Kreisen und Familien (ob selbst gewählt oder nicht) entgegenstellen wollen.

Dem eben besprochenen, affektiven Diskurs wird noch ein sachlicherer Ansatz hinterhergeschoben. Diese Argumentation stützt sich auf einen krassen US-amerikanischen Individualismus, der schwule und lesbische Organisationen hervorgebracht hat, die ihren Diskurs auf Rechte fokussieren, um das zu erreichen, was in ihren Augen absolute Gleichberechtigung ist. Hier finden wir zahlreiche LGB- und manche T-Aktivist*innen, die verbissen um die 1.138 Rechte kämpfen, welche ihnen die staatlich anerkannte Ehe bringen würde. Diese staatlichen Vorteile und Privilegien, wie sie im *Defense of Marriage Act*[8] enthalten sind, betreffen in großer Mehrheit den Transfer von Geld und Eigentum (einschließlich der Kinder, da im Rahmen der Ehe Kinder nur als Eigentum betrachtet werden können). Der klare Schwerpunkt auf Eigentumsrechten zeigt deutlich, dass die Ehe wenig mit Liebe zu tun hat, sondern eher mit Vorteilen und Privilegien, die vom Staat an diejenigen ausgeteilt werden, die bestimmten, von der Kirche festgelegten moralischen Vorstellungen folgen.

Organisationen für die Homo-Ehe benutzen also diesen Diskurs über ›gleichberechtigten‹ Zugang zu staatlichen Vorteilen und Privilegien in einem Zuge mit einer überaus effektiven Liebesrhetorik. So erzeugen sie einerseits emotionale Reaktionen und setzen andererseits strategischere / sachlichere Argumente für die Homo-Ehe ein. Diese zweigleisige Kampagne hat erfolgreich viele LGBT-Aktivist*innen für sich gewinnen können, die ihre Energien besser in andere Projekte hätten stecken können. Warum fordern wir als queere und transgender Bewegung für soziale Gerechtigkeit nicht den Zugang zu den verbotenen Früchten der Ehe (z.B. Krankenversicherung, Reisefreiheit usw.) für alle Menschen, ob homo- oder heterosexuell oder sonst was, und nicht nur für Bürger*innen in ehelichen Partnerschaften?

Glücklicherweise wird dieser Diskurs auf lange Sicht scheitern, denn die Behauptung, die Ehe basiere auf Liebe, ist haltlos, wenn sie nur durch eine Nachahmung der hyperkonservativen Werterhetorik der christlichen Rechten aufrechterhalten werden kann. Die normalisierende Funktion der Behauptung, dass liebevolle Familien nur in den engen Grenzen einer klassischen Kleinfamilienstruktur (homo- oder heterosexuell) existieren können, wird stets bestimmten Familien das Existenzrecht zusprechen und andere als tödliche Bedrohung darstellen.[9] Wie der Historiker John D'Emilio in seinem Artikel *The Marriage Fight Is Setting Us Back* feststellt, finden Schwule und Lesben meist größere Akzeptanz bei solchen Heteros, die von konservativen Familienbildern abgerückt sind und weniger traditionelle, queere Arten gefunden haben, ihr erotisches sowie familiäres Leben zu organisieren.[10]

Die lächelnden, *weißen* Familien in idyllischen Vorstadtgärten auf den Plakaten der Kampagnen für die Homo-Ehe unterschieden sich nicht von den lächelnden, *weißen* Familien in idyllischen Vorstadtgärten auf den Plakaten der Propaganda gegen die Homo-Ehe. Nicht nur visuell gab es zwischen den Kampagnen keinen Unterschied als den der Geschlechterverteilung der Paare, auch die begleitende Rhetorik der Familienwerte war nahezu identisch. Die betonte Darstellung der Kleinfamilie (homo- oder heterosexuell) als Garant für finanzielle Sicherheit, moralische Werte und die physische Sicherheit des Kindes sollte uns alle zutiefst bestürzen. Diese Logik der familiären Sicherheit wird seit drei Jahrzehnten von feministischer Kritik infrage gestellt, die die Kleinfamilie als Haupttatort von sexueller Gewalt gegen Kinder problematisiert. Kein rhetorischer Appell kann das verschleiern oder aus der Welt schaffen.[11]

Diese neoliberale Vorstellung der Kleinfamilie als einzigem Ort, an dem emotionale und wirtschaftliche Sicherheit erzeugt wird, wird von der aktuellen Bewegung für die Rechte Homosexueller wiederbelebt. In einer bizarren historischen Wendung kehren Schwule und Lesben den radikalen neuen ›Familien‹-Konstruktionen, die viele Heterosexuelle befreit haben, den Rücken.

Der Neoliberalismus, den ich hier grob als konzentrierte Privatisierung jeglichen Aspekts unseres täglichen Lebens definiere, benötigt diesen affektiven Diskurs, der beteuert, dass die Kleinfamilie eine problemfreie Festung der Sicherheit und des Schutzes sei, während der Rest der Welt als Bedrohung von außen angesehen wird. Indem sie den Schutz der schwulen und lesbischen Kleinfamilie fordern (eine rückständige Nachahmung der heterosexuellen Forderungen aus den 1950ern), bringen die Aktivist*innen der Homo-Ehe die Privatisierung des sozialen Sicherheitsnetzes voran.

Wenn nämlich der Kampf um die Homo-Ehe geführt wird, um eine Krankenversicherung auch für gleichgeschlechtliche Paare zu ermöglichen, dann ist der Staat nicht mehr gefordert, eine vom familiären Status unabhängige Krankenversicherung für alle einzuführen. In den 1980ern kämpften Schwule und Lesben noch für eine flächendeckende Krankenversicherung, denn im Zuge der AIDS-Epidemie kümmerten sie sich um diejenigen, denen der Staat die grundlegendste medizinische Versorgung verweigerte. Heute fordern sie das Gegenteil, indem sie die Meinung vertreten, dass nur staatlich geschlossene Beziehungen eine Krankenversicherung verdienen.

Die Kampagnen für die Homo-Ehe und die damit einhergehende, verwirrende Rhetorik sind zusammen mit einigen anderen Themen unter dem Banner der Gleichberechtigung in den USA zusammengeschlossen worden.[12] Diese Rhetorik der Gleichberechtigung ist bestenfalls kurzsichtig und stellt unsere queeren Zukunftsvisionen nicht nur als unerreichbar, sondern auch als unvernünftig dar. Sie drängt uns dazu, unsere Zeit und Energie in einen verzweifelten Kampf zu stecken, um gleichberechtigte Teilnehmer*innen in repressiven und archaischen Institutionen zu werden, anstatt unsere Träume von einer queeren Utopie zu verfolgen.[13] Außerdem hat die Rhetorik der Gleichberechtigung ein Vakuum für homosexuellen Pragmatismus geschaffen,[14] in welchem unsere queere politische Vorstellungskraft verkümmert ist und in dem es weder Zeit noch Platz gibt für Ideen von gerechteren Wegen, die materiellen und affektiven Bedürfnisse von uns als größerer Gemeinde zu befriedigen.

Die Frage bleibt: Wie wehren wir radikale queere und trans Leute uns gegen die aufkommende Hegemonie des regenbogenfarbenen Neoliberalismus und die Kanalisierung unserer Energien in kurzsichtige Kampagnen, die bloß die hierarchischen Systeme und Institutionen reproduzieren, die wir eigentlich abschaffen wollen? Wie bringen wir den Widerspruch unserer Wut und Kritik an der sogenannten Gleichberechtigung mit der Tatsache in Einklang, dass unser materielles Leben in den meisten Fällen davon abhängt, mittels genau jener Maßnahmen, die das Ziel unserer Kritik sind, Zugang zu Ressourcen zu erlangen? Ich habe keine konkrete Lösung für dieses Problem, aber ich glaube, wir sollten mehr Räume und Zeit für lebendige Diskussionen hierüber schaffen, offener und öffentlicher mit unserer Kritik an der Ehe umgehen, Koalitionen mit anderen, die von der Ehe nicht profitieren, bilden, zusammen andere Welten erdenken und neue Wege erträumen, um unsere materiellen und affektiven Bedürfnisse zu befriedigen.

Übersetzt von Magarita Ruppel

1   Siehe Conrad, Ryan (2009): Against Equality, in Maine and Everywhere. In: UltraViolet Newsletter, Dezember 2009.

2   Das Versprechen einer Krankenversicherung, von Freizügigkeit über Landesgrenzen hinaus, Erbschaft von Eigentum etc. Diese Versprechen gelten nur, wenn beide oder eine*r der Partner*innen, die eine Ehe eingehen, über eine gewisse Menge Geld / Eigentum / Besitz verfügen, einen guten Arbeitsplatz und die Staatsbürgerschaft haben. Viele Menschen, auf die das nicht zutrifft, profitieren also materiell nicht von der Ehe.

3   Siehe Haeberle, Erwin J. (1983): Die Sexualität des Menschen. Handbuch und Atlas (Unter Mitwirkung von Ilse Drews). Berlin / New York: de Gruyter. Siehe

Teil 3, Kapitel 11 für einen geschichtlichen Überblick über die Ehe von der Antike bis zur Moderne.

4 Laut offiziellen Zahlen des US Census Bureau und des National Center for Health Statistics.

5 Centers for Disease Control and Prevention / National Centers for Injury Prevention and Control (2003): Costs of Intimate Partner Violence against Women in the United States. Atlanta, Georgia.

6 Justizausschuss des US-Senats, 102. Kongress (Oktober 1992): Violence against Women. A Majority Staff Report. S. 3.

7 Informationen auf http://www.childhelp.org.

8 Bundesgesetz der USA, das u.a. folgende Punkte enthält: 1) Kein US-Bundesstaat oder andere politische Unterteilung innerhalb der Vereinigten Staaten (Kommune, Territorium, Bezirk etc.) muss eine Verbindung zwischen Menschen des gleichen Geschlechts als Ehe behandeln oder Rechte daraus gewähren, selbst wenn die Verbindung in einem anderen Bundesstaat als Ehe gilt. 2) Für die Bundesregierung bezeichnet ›Ehe‹ eine rechtliche Verbindung zwischen Mann und Frau und ›Ehepartner‹ ist eine Person des jeweils anderen Geschlechts. [Anmerkung d. Übers.]

9 Ich würde so gerne einmal Propaganda für Homo-Ehen sehen, die auch solche queeren Familien zeigt, wie ich sie kenne: Zwei Leder-Daddys und ihr Twink-Hausjunge [Ein Twink ist in der Schwulenszene der Begriff für einen jung aussehenden, schlanken Mann mit höchstens geringfügiger Körper- und Gesichtsbehaarung und wenig ›typischen‹ Männlichkeitseigenschaften wie zum Beispiel Muskeln], queere polyamore kollektive Haushalte oder die Zusammenschlüsse von queeren / trans Stricher*innen, die noch immer so manche Stadtzentren bevölkern (wie z.B. Sylvia Riveras und Marsha P. Johnsons *STAR House*).

10 Siehe The Gay and Lesbian Review, November / Dezember 2006.

11 Siehe Angelides, Steven (2004): Feminism, Child Sexual Abuse and the Erasure of Child Sexuality. In: Gay and Lesbian Quarterly. S. 141–177.

12 Die Homo-Ehe, die Aufhebung des Verbots von Homosexuellen in der US-Armee sowie die Inklusion von Homosexuellen als betroffene Gruppe in den strafrechtlichen Tatbestand der Hasskriminalität [politisch motivierte Straftat, bei der das Opfer von dem*der Täter*in vorsätzlich unter dem Kriterium der Zugehörigkeit zu einer gesellschaftlichen Gruppe oder auch biologischem Geschlecht gewählt wird und sich die Tat gegen die gewählte Gruppe als Ganze bzw. gegen eine Institution, Sache oder ein Objekt richtet [Anmerkung d. Übers.]) bilden zusammen die Heilige Dreifaltigkeit des homosexuellen Neoliberalismus. Mehr zur Intersektionalität dieser ›Gleichberechtigungsfragen‹ findet sich im Online-Archiv von *Against Equality* unter www.againstequality.org.

13 Ich verwende den Begriff der Utopie hier nicht naiv als physischen Raum oder als andere Zeit, sondern eher als Modus der kritischen Nachforschung. Meine Idee ist, dass wir stets versuchen sollten, unsere höchsten und gerechtesten Zu-

kunftsvorstellungen im Hier und Jetzt zu verwirklichen. Warum nach weniger streben als nach dem Horizont des Werdens?

14 Mehr zu diesem Phänomen und seiner Terminologie siehe Muñoz, Jose Esteban (2009): Cruising Utopia. The Then and There of Queer Futurity. New York: New York University Press.

J. Rogue

Anarcha-Feminismus ohne Essenzialismus: Von trans-feministischen Bewegungen lernen

Der Trans-Feminismus entstand durch die Kritik am radikalen und am Mainstream-Feminismus. Historisch betrachtet bestanden innerhalb der feministischen Bewegung interne Hierarchien. Viele Women of Color, Frauen der Arbeiterklasse, Lesben und andere sprachen sich gegen die von *weißen*, wohlhabenden Frauen dominierte Bewegung und ihre Tendenz aus, sie zu übertönen und ihre Bedürfnisse zu übersehen. Anstatt auf diese marginalisierten Stimmen zu hören, zogen Mainstream-Feministinnen es jedoch weiterhin vor, sich hauptsächlich für die Interessen *weißer* privilegierter Frauen einzusetzen. Insgesamt hat das feministische Milieu diese hierarchischen Tendenzen noch immer nicht überwunden und verschiedene Gruppen haben die eigene Marginalisierung immer wieder thematisiert – ganz besonders trans Frauen. Der Prozess, Unterdrückungssysteme weitergefasst zu verstehen und zu begreifen, wie sie miteinander verknüpft sind, hat den Feminismus vorangebracht und er ist ein Schlüsselelement anarcha-feministischer Theorie. Doch zuerst sollten wir einen kurzen Blick auf die Geschichte des Feminismus werfen – ganz besonders auf die Zeit, die häufig als ›Zweite Welle‹ bezeichnet wird.

Im Allgemeinen beschreiben historische Narrative des Feminismus, in denen dieser in ›Wellen‹ nachgezeichnet wird, die Zweite Welle als eine turbulente Periode, in der verschiedene Visionen miteinander konkurrierten. Ich werde im Folgenden diese Perspektive einnehmen, obwohl mir klar ist, dass das Narrativ an sich problematisch ist, ganz besonders der Fokus auf den westlichen und US-amerikanischen Feminismus.[1] Ich stamme aus den Vereinigten Staaten, sie sind der Kontext, in dem ich politisch aktiv bin und lebe. Man kann aus diesem speziellen Narrativ generelle Tendenzen des Feminismus herleiten – besonders dort, wo ich herkomme. Dennoch möchte ich anerkennen, dass dieses Vorgehen, auch wenn es deskriptiver Natur ist, die Art Ausgrenzung darstellt, die ich in diesem Kapitel kritisieren möchte.

Auch möchte ich darauf hinweisen, dass sich aus meiner Argumentation notwendigerweise wichtige Trennlinien ergeben, Kategorisierungen jedoch problematisch sein können (und wie könnte ein Trans-Feminismus sich dieser Problematik nicht bewusst sein?). Es gibt linke, radikale, marxistische und sozialistische Feminismustheorien, auf die dieses spezielle Narrativ nicht zutrifft. Ich möchte aber betonen, dass es mir als hilfreich dabei erscheint, Vergangenheit und Gegenwart theoretisch zu beschreiben, um eine radikal andere, feministische und anarchistische Zukunft aus ihnen herzuleiten.

In den späten Sechziger- und Achtzigerjahren des 20. Jahrhunderts entstanden neue Arten des Feminismus. Viele Feministinnen zog es zu einer von vier Feminismustheorien, die miteinander konkurrierten und sehr unterschiedliche Erklärungsansätze für die Unterdrückung von Frauen lieferten – und diese Theorien waren entscheidend dafür, wer in der feministischen Praxis dazugehörte und wer nicht.

Ganz wie ihre geschichtlichen Vorfahrinnen der ›Ersten Welle‹, deren hauptsächliches Ziel das Wahlrecht gewesen war, hielten linke Feministinnen einen revolutionären Bruch mit der existierenden Gesellschaft für unnötig. Ihnen ging es vielmehr darum, die ›gläserne Decke‹ zu durchbrechen, die Frauen von höheren politischen und wirtschaftlichen Machtpositionen abschnitt. Linke Feministinnen waren der Meinung, dass die existierenden institutionellen Gegebenheiten unproblematisch seien. Ihre Aufgabe war es, dafür zu sorgen, dass die Frau dem Mann im Kapitalismus gleichgestellt wäre.

Ein anderer theoretischer Ansatz, der manchmal als radikaler Feminismus bezeichnet wird, argumentierte für ein Verlassen der ›männlichen Linken‹, die als hoffnungslos reduktionistisch empfunden wurde. Tatsächlich beklagten sich viele Frauen aus dem Civil Rights Movement und der Anti-Kriegsbewegung über den hartnäckigen Sexismus innerhalb der Bewegung, da ihnen häufig die Sekretärinnenarbeit aufs Auge gedrückt wurde und männliche Führungsfiguren sexuellen Druck auf sie ausübten, was zu einer allgemeinen Entfremdung von linker Politik führte. Laut vieler radikaler Feministinnen dieser Zeit ließen sich diese Vorgänge hauptsächlich auf das Patriarchat und seine Systematiken zurückführen – auf die organisierte und institutionalisierte Unterdrückung von Frauen durch Männer. Für diese Feministinnen war der Kampf gegen das Patriarchat die größte Hürde, die es auf dem Weg zu einer freien Gesellschaft zu überwinden galt, da Gender unsere älteste und tiefgreifendste Hierarchie darstellte.[2] So wurde eine sauber definierte >sisterhood< zu einem wichtigen Element ihrer Politik.

Marxistische Feministinnen hingegen sahen die Unterdrückung der Frau tendenziell in der wirtschaftlichen Sphäre verankert. Hier war der Kampf gegen den Kapitalismus der >wichtigste< Kampf, denn: »Die Geschichte aller bisherigen Gesellschaft ist die Geschichte von Klassenkämpfen«. Darüber hinaus waren marxistische Feministinnen der Überzeugung, die ökonomische >Basis< der Gesellschaft habe entscheidenden Einfluss auf ihren kulturellen >Überbau<. Der einzige Weg, Männer und Frauen gleichberechtigt miteinander leben zu lassen, wäre insofern, den Kapitalismus zu zerstören – denn eine neue, egalitäre Wirtschaftsordnung würde zu einem neuen, egalitären Überbau führen. Dies war die deterministische Natur der ökonomischen Basis. Engels hat diese Argumentation äußerst eloquent ausgearbeitet.[3]

Aus dem Austausch zwischen dem marxistischen und dem radikalen Feminismus entstand ein weiterer theoretischer Ansatz, genannt >DualSystemsTheorie<.[4] Sie entstand aus dem heraus, was als >sozialistischer Feminismus< bezeichnet wurde. Die Dual-Systems-Theorie besagt, Feministinnen müssten »eine Theorie entwickeln, die in gleichem Maße das Patriarchat wie den Kapitalismus kritisiert«.[5] Durch diesen Ansatz konnten vielerlei Streitigkeiten darüber beigelegt werden, welcher Kampf nun >primär< ausgefochten werden müsse (also der gegen das Patriarchat oder der gegen den Kapitalismus), er ließ jedoch an anderer Stelle noch immer zu wünschen übrig. Schwarze Feministinnen beispielsweise kritisierten, dieser Ansatz ließe eine strukturelle Analyse von *race* außen vor.[6] Und was war überhaupt mit Unterdrückung, die auf sexueller Orientierung, Behinderung, Alter usw. basierte? Ließen sich all diese Dinge ausschließlich auf das kapitalistische Patriarchat zurückführen? Und, für dieses Kapitel von zentraler Bedeutung: Was war mit den Erfahrungen von trans Personen – von trans Frauen ganz besonders?

Aus dieser historischen Leerstelle des Feminismus ergab sich die Notwendigkeit eines Trans-Feminismus. Der Trans-Feminismus stützt sich auf die Grundlagen, die in nicht *weiß* dominierten Frauenbewegungen, ganz besonders in der Schwarzen Frauenbewegung, entwickelt wurden. Vorwürfe des Rassismus, Klassismus oder der Homophobie werden in der Frauenbewegung häufig als ›spalterisch‹ oder ›sekundär‹ abgetan (wie oben erwähnt). Die lautesten Stimmen proklamierten (und proklamieren noch immer) die Vorstellung einer ›universellen weiblichen Erfahrungswelt‹, die auf der Gemeinsamkeit unter Frauen basiert und theoretisch ein Gefühl der ›sisterhood‹ stärkt. Tatsächlich jedoch wird so die Definition von ›Frau‹ immer weiter in dem Versuch zurechtgestutzt, sämtliche Frauen in eine Schublade zu pressen, die nur für die dominanten Gruppen der Frauenbewegung passt: *weiß*, wohlhabend, heterosexuell und nicht behindert. Diese ›Beschneidung‹ von Identität reproduziert – bewusst oder unbewusst – unterdrückerische und ausbeuterische Systeme. Frauen, die nicht in diese Schublade passen und derartiges Verhalten kritisiert haben, wurde häufig vorgeworfen, sie seien spalterisch und unloyal. Dieses hierarchische ›Frausein‹ der Frauenbewegung spiegelt in vielerlei Hinsicht die dominante Kultur und ihren Rassismus, Kapitalismus und ihre Heteronormativität wider.

Dieses Vorgehen findet sich noch immer, wenn im Mainstream-Feminismus versucht wird, Gemeinsamkeiten zu finden und sich auf das zu konzentrieren, was von den lautesten Stimmen zum ›Frauenthema‹ erklärt wird – als gäbe es die Erfahrungen, die Frauen machen, nur in einem losgelösten Vakuum, das nichts mit anderen Formen der Unterdrückung und Ausbeutung zu tun hat. Ein intersektionaler Ansatz, wie ihn der nicht rein *weiße* und der Trans-Feminismus fordern, ermöglicht es, Unterdrückung zu analysieren und uns so zu organisieren, dass Unterschiede diskutiert werden können, anstatt sie abzutun.[7] Dieser Ansatz wurde von nicht-*weißen* Feministinnen entworfen und besagt, dass man die Position von Frauen nicht diskutieren kann, ohne ihre Klasse, Ethnie, Sexualität, eine Behinderung und auch alle anderen Aspekte ihrer Identität und Erfahrungswelt miteinzubeziehen. Unterdrückerische und ausbeuterische Kräfte existieren nicht getrennt voneinander. Sie sind eng miteinander verwoben und verstärken einander, sodass eine selektive Betrachtung (beispielsweise Sexismus ohne Rassismus, Kapitalismus usw.) nicht zu einem klaren Verständnis des kapitalistischen Systems führen kann. Dies stimmt mit der anarchistischen Sichtweise überein, dass wir gegen sämtliche Formen der Unterdrückung und Ausbeutung gleichzeitig kämpfen müssen; den Kapitalismus und den Staat abzuschaffen, führt nicht automatisch dazu, dass sich Rassismus und das Patriarchat plötzlich wie von Zauberhand in Luft auflösen.

Die Vorstellung einer ›universellen weiblichen Erfahrungswelt‹ hat ebenfalls den Gedanken hervorgerufen, Frauen seien vor Patriarchat und Unterdrückung in Sicherheit, wenn sie sich mit ebenjenen ›universellen‹ Frauen umgeben. Das Konzept der ›Schutzräume‹ für Frauen (in denen sich ausschließlich Frauen aufhalten dürfen) ist in der frühen Phase der lesbischen Frauenbewegung entstanden, die überwiegend aus *weißen*, ökonomisch weniger bedrohten Frauen bestand und die hauptsächlich den Sexismus kritisierte, ohne andere Formen der Unterdrückung miteinzubeziehen. Diese Vorstellung, ein ausschließlich von Frauen besetzter Raum sei automatisch ›sicher‹, lässt nicht nur die intime Gewalt außen vor, die zwischen Frauen herrschen kann, sondern missachtet obendrein andere Arten von Gewalt, die Frauen erfahren können – rassistische Gewalt beispielsweise oder Armut, Freiheitsentzug oder andere Formen der staatlichen und ökonomischen und sozialen Gewalt.[8]

Das trans-feministische Manifest, das unter dem Einfluss trans-feministischer Pionierinnen wie Sandy Stone, Sylvia Rivera und Riveras *Street Transvestite Action Revolutionaries* (STAR) verfasst wurde, erklärt: »Der Trans-Feminismus glaubt daran, dass wir unsere eigenen Genderidentitäten darauf basierend konstruieren, was sich für uns selbst richtig, bequem und ehrlich anfühlt, in unserem eigenen Leben und in unseren Beziehungen innerhalb sozialer und kultureller Unfreiheit«.[9] Die Betrachtung von Gender als soziales Konstrukt ist ein Schlüsselkonzept des Trans-Feminismus und spielt in anarchistischen Ansätzen des Feminismus ebenfalls eine zentrale Rolle. Der Trans-Feminismus kritisiert die Vorstellung einer ›universellen weiblichen Erfahrungswelt‹ und argumentiert gegen die biologistisch / essenzialistische Annahme, unser Geschlecht bestimme unsere Genderidentität. Andere Arten des Feminismus argumentierten essenzialistisch und verbanden mit der Vorstellung einer ›weiblichen Einheit‹ eine Struktur der Ähnlichkeiten, eine Art ›Ur-Frausein‹. Diese Vorstellung von Weiblichkeit bezieht sich zumeist auf das, was wir zwischen den Beinen haben. Doch wie genau sollen die beiden X-Chromosomen eine Weiblichkeit definieren? Wenn man Menschen, die eine Gebärmutter haben, als Frau definiert, bedeutet dies im Umkehrschluss, dass Menschen, die eine Hyserektomie hatten, keine Frauen sind? Unsere Genderidentität auf die Biologie zu reduzieren, bedeutet, Frauen als diejenigen zu definieren, die Kinder austragen können. Dies scheint einem Feminismus komplett entgegengesetzt zu sein. Genderrollen sind in der radikalen Linken seit jeher auseinandergenommen worden. Bei der Vorstellung, Frauen besäßen einen angeborenen Mutterinstinkt, seien sensibler und friedfertiger, trügen gerne Pink und bei all den anderen Vorurteilen, die es dort draußen gibt, handelt es sich um soziale Konstrukte und nicht um angeborene Eigenschaften. Wenn diese (unterdrückerischen) Genderrollen nicht definieren, was Frauen sind, und wenn es der Arzt, der ein ›W‹ auf der Geburtsurkunde einträgt, ebenfalls nicht tut,[10] dann ist es logisch, anzuerkennen, dass nur die Individuen selbst ihr Gender für sich definieren können – vielleicht brauchen wir so viele Gender, wie es Menschen gibt, oder mehr noch, vielleicht sollte man Gender abschaffen. Und auch wenn diese Vorstellung vielleicht bei manchen Menschen Panik hervorruft, wird sie dadurch nicht weniger legitim in Bezug auf Identität, Erfahrung oder alle anderen schwierigen politischen Projekte, die vor uns liegen. Komplexe Angelegenheiten zu simplifizieren oder dafür zu kämpfen, die Art, wie uns Gender beigebracht wird, aufrechtzuerhalten, hilft uns nicht dabei, zu verstehen, was das Patriarchat ist und wie es funktioniert. Stattdessen verhindert man so einen revolutionären Feminismus.

Da ich selbst das mangelnde Verständnis für Trans-Themen in radikalen Kreisen erlebt habe, erscheint es mir wichtig zu betonen, dass nicht alle trans Personen sich dafür entscheiden, ihren Körper operativ ihrer Genderidentität anzupassen. Diese Entscheidung muss jeder Mensch für sich treffen. Hierbei handelt es sich um eine äußerst persönliche Entscheidung, die häufig völlig irrelevant für theoretische Genderkonzeptionen ist. Es gibt viele Gründe dafür, sich körperlich zu verändern, sei es ein Haarschnitt oder dass man Hormone nimmt. Eine Motivation mag sein, dass man sich in einer Welt voller strikter Definitionen von ›weiblich‹ und ›männlich‹ leichter bewegen können möchte. Eine andere wäre, in den Spiegel zu sehen und äußerlich (unserer allgemeinen Vorstellung entsprechend) das Gender zu sehen, das man innerlich empfindet. Für manche Menschen definiert sich Gender noch immer über die physische Konstruktion ihrer Genitalien. Doch allzu oft reagieren radikale Aktivist*innen, die mit der Politik von trans Personen nicht vertraut sind, überaus heftig, wenn es um deren individuelle Entscheidungen ihren Körper betreffend geht – und verkennen so den Kern der Sache. Anstatt über die Motive für persönliche Entscheidungen von trans Personen zu spekulieren (als wären sie nicht zahlreich und unendlich variabel), ist es weitaus produktiver, die Vorstellung anzugreifen, die Biologie sei unser Schicksal.[11] Sicherlich würden wir alle davon profitieren, das binäre Gendersystem zu stürzen und Genderrollen zu dekonstruieren – denn das ist es, was Revolutionär*innen tun, anstatt wild darüber hin und her zu diskutieren, was andere Menschen mit ihrem Körper tun sollten oder auch nicht.

Bisher existieren feministische Theorien, die die Erfahrungen von trans Personen mit einschließen, fast ausschließlich in akademischen Kreisen. Nur sehr wenige Intellektuelle aus der Arbeiterklasse forschen in diesem Feld und die Fachsprache ist für den Durchschnittsmenschen nicht besonders zugänglich.[12] Dies ist umso bedauerlicher, da die Themen, die der Trans-Feminismus behandelt, alle Menschen etwas angehen. Kapitalismus, Rassismus, Staat, Patriarchat und der medizinische Sektor beeinflussen die Art, wie jede*r von uns Gender erfährt. Von diesen Institutionen wird ein enormer Druck ausgeübt, um menschliche Erfahrungen zu beschränken, und das gilt für alle Menschen, ob nun trans oder nicht (manche ziehen den Begriff cis vor). Staat und Kapitalismus spielen in der Erfahrungswelt von trans Personen eine unmittelbare Rolle. Der Zugang zu Hormonen und Geschlechtsumwandlungs-OPs, so man ihn sich wünscht, kostet jede Menge Geld und viele Menschen werden gezwungen, jede Menge bürokratischer Tänzchen aufzuführen, um ans Ziel zu gelangen. Bei trans Personen ist die Wahrscheinlichkeit überproportional hoch, dass sie in Armut leben. In radikalen, queeren und trans-feministischen Kreisen wird das Thema Klasse häufig diskutiert, und das im Zusammenhang mit unserer Identität – es wird für anti-klassistische Politik argumentiert, nicht zwingenderweise für anti-kapitalistische.[13]

Die Konzepte, die der Trans-Feminismus für sich entdeckt hat, helfen uns, Gender zu verstehen, doch die Theorien müssen aus dem akademischen Rahmen ausbrechen und sowohl in der Arbeiterklasse als auch in sozialen Bewegungen im Allgemeinen in die Praxis umgesetzt werden. Das soll nicht heißen, dass es keine Beispiele für trans-feministische Organisierung gibt, sondern dass trans-feministische Prinzipien innerhalb der Bewegung breite Anwendung finden müssen. Selbst die Schwulen- und Lesbenbewegung hat in der Vergangenheit trans Personen zurückgelassen – beispielsweise im Kampf gegen arbeitsrechtliche Diskriminierung, in dem der Schutz der eigenen Genderidentität nicht verankert ist. Wieder zeichnete sich eine Hierarchie in der Wichtigkeit ab: Die Schwulen- und Lesbenbewegung des Mainstreams geht zu häufig Kompromisse ein (trans Personen haben dann das Nachsehen) statt eine Befreiungsstrategie zu wählen, die alle Menschen einschließt. Häufig herrscht in reformistischen sozialen Bewegungen ein Gefühl von ›Freiheitsknappheit‹, man meint, ein Mehr an Freiheit sei so schwer zu erkämpfen und die Möglichkeiten seien so eingeschränkt, dass man plötzlich in Konkurrenz zu anderen diskriminierten Gruppen steht. Dies steht in direktem Gegensatz zu einem Intersektionalismus, denn Menschen werden so dazu gezwungen, einen Teil ihrer Identität aufzugeben, um einen anderen politisch zu forcieren. Wie kann man sich im Kampf gegen die Unterdrückung von Gender engagieren, wenn man dabei gleichzeitig verstärkt rassistisch diskriminiert wird? Wo fängt dieser Teil von Identität und Erfahrung an und wo hört er auf? Der Anarchismus bietet eine mögliche Gesellschaft an, in der Freiheit alles andere als knapp ist. Er bietet einen theoretischen Rahmen, der ein Ende aller Hierarchien fordert, und wie Martha Ackelsberg bemerkt: »Er bietet eine Sicht auf die Natur und den Prozess sozialer revolutionärer Veränderungen (z.B. dass die Mittel dem Zweck entsprechen müssen und dass wirtschaftliche Angelegenheiten zwar von zentraler Bedeutung, aber eben nicht die einzige Quelle hierarchischer Machtstrukturen sind), die von unschätzbarem Wert für die Frauenbewegung sein können.«[14]

Anarchist*innen müssen eine Theorie der Arbeiterklasse entwickeln, die sich der Heterogenität bewusst ist. Die anarchistische Bewegung kann von der Entwicklung eines anarchistischen Ansatzes zu Genderthemen aus der Arbeiterklasse profitieren, der die Lektionen des Trans-Feminismus und der Intersektionalität beachtet. Hierbei geht es nicht so sehr darum, Anarchist*innen dazu zu bekommen, Teil der trans-feministischen Bewegung zu werden, sondern darum, dass wir Anarchist*innen uns an den Mujeres Libres ein Beispiel nehmen und ihre Prinzipien des (Trans-)Feminismus in unsere politische Arbeit innerhalb der Arbeiterklasse und der sozialen Bewegungen übernehmen. Eine zeitgenössische anarchistische Gendertheorie, die in der Arbeiterklasse verwurzelt ist, erfordert ein echtes und integratives Verständnis des Trans-Feminismus.

Übersetzt von Dietlind Falk

1 Tripp, Aili Mari (2006): The Evolution of Transnational Feminisms. Consensus, Conflict, and New Dynamics. In: Myra Marx und Aili Mari Tripp (Hg.): Global Feminism. Transnational Women's Activism, Organizing, and Human Rights. New York City: New York University Press. S. 51–75.

2 Firestone, Shulamit (1975): Frauenbefreiung und sexuelle Revolution. Frankfurt a.M.: Fischer TB.

3 Engels, Friedrich (1984): Der Ursprung der Familie, des Privateigentums und des Staats. In: Marx-Engels-Werke 21. S. 25–173

4 Hartmann, Heidi (1981): The Unhappy Marriage of Marxism and Feminism: Towards a More Progressive Union. In: Lydia Sargent (Hg.): Women and Revolution. Boston: South End Press.;
Young, Iris (1981): Beyond the Unhappy Marriage: A Critique of the Dual Systems Theory. In: Lydia Sargent (Hg.): Women and Revolution. Boston: South End Press.

5 Young, Iris (1981): Beyond the Unhappy Marriage: A Critique of the Dual Systems Theory. In: Lydia Sargent (Hg.): Women and Revolution. Boston: South End Press. S. 44.

6 Joseph, Gloria (1981): The Incompatible Menage à Trois:. Marxism, Feminism, and Racism. In: Lydia Sargent (Hg.): Women and Revolution. Boston: South End Press.

7 Für eine anarchistische Analyse von Intersektionalität siehe: J. Rogue and Deric Shannon: »Refusing to Wait: Anarchism and Intersectionality«, http://the-

anarchistlibrary.org/HTML/Deric_Shannon_and_J._Rogue__Refusing_to_Wait__Anarchism_and_Intersectionality.html (Zugriff 11.04.2017).

8 Siehe besonders die Diskussionen rund um das Michigan Women's Music Festival.

9 Emi Koyama, »The Transfeminist Manifesto«, http://eminism.org/ readings/ pdf-rdg/tfmanifesto.pdf (Zugriff 16.05.2017).

10 Mit Blick auf die Intersexbewegung müssen wir vielleicht auch die soziale Konstruktion des biologischen Sex neu analysieren.

11 Bornstein, Kate (1998): My Gender Workbook. New York and London: Routledge.

12 Einige bemerkenswerte Beispiele sind unter anderem die Schriften von Mattilda Bernstein Sycamore, Leslie Feinberg und Riki Ann Wilchins.

13 Obwohl dies nicht unbedingt eine starke Tendenz ist, fordern ebenso viele verwegene Queers tatsächlich ein Ende des Kapitalismus ein.

14 Siehe »Lessons From The Free Women of Spain. An Interview with Martha Ackelsberg by Geert Dhondt via Email, April 8-9, 2004«. In: Martha Ackelsberg: Free Women of Spain. Anarchism And The Struggle For The Emancipation Of Women. AK Press 2004. S. 221-229.

Abbey Volcano

Begrenzungspolizei

Anarchismus als eine soziale Bewegung, als ein Konzept, als eine Praxis handelt ebenso sehr von Erschaffung wie von Zerstörung. Mikhail Bakunin schrieb: »Die Lust der Zerstörung ist zugleich eine schaffende Lust!«[1] Außerdem ist Anarchismus nicht ausschließlich darauf ausgerichtet, Strukturen wie Kapitalismus und den Staat zu zerstören (obwohl wir Anarchist*innen das auf jeden Fall wollen). Vielmehr streben wir danach, alle institutionalisierten Hierarchien zu zerschlagen. Wir lehnen *jede* Form der erzwungenen Herrschaft ab. Aber stell dir vor, Kapitalismus, Staat, *weiße* Vorherrschaft, Patriarchat usw. würden ›entfernt‹ (wenn das nur so einfach wäre)? Was würde übrig bleiben? Bedauerlicherweise nicht viel, könnte man meinen. Anarchist*innen werden also kreativ sein müssen. Wir würden versuchen, neue Wege zu finden, wie wir miteinander und mit unserer nicht-menschlichen Umwelt umgehen, wie wir uns lieben, kennen, miteinander spielen usw. wollen. Wenn wir keine neuen sozialen Beziehungen gestalten, werden wir wohl im schlechtesten Fall auf die momentan bestehenden zurückfallen, im besten Fall werden wir unser kreatives Potential verschwenden. Anarchist*innen sind schon im Hier und Jetzt dabei, neue Formen des Miteinander-Lebens und Aufeinander-Beziehens zu erschaffen. Dieses Kapitel formuliert einige Gedanken dazu, wie dies auch im Bezug auf Sexualität gelingen kann, ohne dass dabei die erzwungenen sozialen Beziehungen, die uns derzeit beengen, reproduziert werden.

Eine queere anarchistische Theorie könnte also damit beginnen, die Grenzen zwischen den ›Identitäten‹ einzureißen (und deren Existenz schlechthin infrage zu stellen), indem sie deutlich macht, dass Menschen (wie auch die gesamte Welt) komplex und nicht einfach kategorisierbar sind – zumindest nicht wirklich. Das bedeutet, die normativen Annahmen zu sprengen, die benutzt werden, um einen Status quo aufrecht zu erhalten, der einige von uns in der sozialen Rangordnung höher platziert als andere, je nach unseren sexuellen oder Gender-Praktiken. Dieser Vorgang wird treffend mit dem Begriff ›Heteronormativität‹ beschrieben, der eine Kultur bezeichnet, die heterosexuelle, cis-geschlechtliche,[2] duale, monogame und dauerhafte Beziehungen als die einzig mögliche und stimmige Form der Beziehung anerkennt und institutionalisiert.

Manchmal (allzu oft) werden neue, ›queere‹ Normen erschaffen, die unsere derzeitigen, normativen Sexualitätsstrukturen ersetzen sollen, anstatt an den hierarchischen und institutionalisierten Grenzen der Heteronormativität zu rütteln. In diesem Prozess werden Hierarchien umkehrt, statt sie abzuschaffen. Anstatt anzuerkennen, dass eine hierarchisch organisierte Sexualität unser grundlegendes Problem ist, stellen wir die derzeitigen normativen Erwartungen auf den Kopf und spiegeln somit nur die gegenwärtige institutionalisierte Sexualität verkehrt herum, indem wir hierarchieversessen eine neue ›queere Sexualität‹ verordnen. Das könnte so aussehen, dass nicht-monogame Lebensweisen, Genderqueerness und BDSM beispielsweise gegenüber anderen Sexualitäten und Gendern aufgewertet werden.

Anstatt eine Welt zu erschaffen, in der Sexualität einigermaßen befreit ist, haben wir neue Begrenzungen, neue Einschränkungen geschaffen – wir haben einfach die Hierarchie verkehrt und jene ausgeschlossen, die wir für ›nicht queer genug‹ befinden.

Denk mal daran, wie oft du schon mit einer Gruppe von Leuten zusammengesessen hast, die es gut meinten, als sie in etwa sagten:

»Als eine Person aus der Arbeiter*innenklasse muss ich sagen, ...« (zustimmendes Nicken in der Runde).

»Ich, als eine von Armut betroffene Frau, verstehe das so ...« (noch mehr Nicken).

»Als eine von Armut betroffene Lesbe of Color denke ich, ...« (noch mehr, heftiges Nicken, verbunden mit dem rückversichernden Blick, ob auch jede*r Anwesende die eigene, eindeutige Zustimmung zur Kenntnis nimmt).

Und so weiter.

Diese Art der Darbietung wird auch ›Unterdrückungsolympiade‹ genannt. Menschen in dieser Situation scheinen ein Spiel miteinander zu spielen – ein großer Wettstreit darum, wer authentischer, wer unterdrückter ist und deswegen inhaltlich richtiger liegt. An diesem Punkt wird Identität zum Fetisch; ein essenzialistisches Verständnis besiegt den

Verstand und ein paternalistischer Glaube an die Überlegenheit des weisen, noblen Wilden setzt die Frage nach der Sinnhaftigkeit außer Kraft. Oftmals ersetzt diese Strategie der Zustimmung zur ›marginalisiertesten Person im Raum‹ eine kritische Analyse von *race*, Gender, Sexualität etc. Diese Taktik zeugt von intellektueller Faulheit, ihr fehlt es an politischer Tiefe und sie ist letztendlich nichts anderes als das Schmücken mit Alibi-Minderheitenangehörigen.

Es hat eine gewisse Berechtigung, unsere Erfahrungen mit den unterschiedlichsten, aufgezwungenen und zugeschriebenen Identitäten in unseren Gesprächen in den Vordergrund zu stellen. Menschen machen aufgrund dieser sozialen Konstruktionen sehr unterschiedliche Erfahrungen und wir sollten diese Unterschiede berücksichtigen und anerkennen. Aber wenn diese Unterschiede zu Kennzeichen von Authentizität und ›Korrektheit‹ werden, stellt das für Anarchist*innen ein Problem dar. Schließlich geht es uns darum, hierarchische Beziehungen aufzulösen und nicht darum, neue hierarchische Beziehungen von den Rändern aus zu erschaffen.

Queer-Theorie hat sich der beunruhigenden Aufgabe angenommen, Identität – und im weiteren Sinne Identitätspolitik – durch eine destabilisierende Linse zu betrachten. Eine anarchistische queere Theorie zeigt uns effektivere Wege auf, uns aufeinander zu beziehen, als die Unterdrückungsolympiade (ein Spiel, in dem sowieso niemand jemals wirklich gewinnt). Für eine anarchistische Politik bezüglich Sexualität und Gender bedeutet das, stets darauf zu achten, existierende Hierarchien nicht zu reproduzieren, so wie die Unterdrückungsolympiade es tut: Manche Stimmen werden für authentischer als andere erklärt und neue Hierarchien erschaffen, die die alten ersetzen.

In diesem Text möchte ich nun auch einen kurzen Blick darauf werfen, wie meiner Meinung nach radikale queere Ansätze und Räume oftmals bestehende Hierarchien verinnerlichen, anstatt sie zu überwinden (oder sie zu destabilisieren).

Ich möchte deutlich machen, dass dies kein Appell ist, zur Heteronormativität zurückzukehren oder damit aufzuhören, unsere Queerness und all die Dinge, die wir begehren, zu feiern. Es ist vielmehr ein Appell anzuerkennen, dass die Arten, auf die wir vögeln, lieben und uns selber gendern, nicht schon an sich revolutionär sind. Aber ein politisches Verständnis, das eine hierarchische Ordnung von Menschen aufgrund ihrer sexuellen und / oder Genderpraktiken ablehnt – und das, von besonderer Wichtigkeit, Menschen nicht in bestimmte Praktiken drängt, nur um authentischer ›queer‹ zu sein – wird auf jeden Fall radikale Folgen haben.

Sind wir nicht alle sehr öffentliche Schlampen?

In den folgenden drei Abschnitten werde ich einige Gewohnheiten aus radikal queeren Kreisen skizzieren, um sie einerseits zu kritisieren, aber auch um zu zeigen, was wir von ihnen lernen können. Wie ich schon oben erwähnte, ist das verzwickt und kompliziert.

Während die meisten radikalen Queers, die ich kenne (oder von denen ich weiß) daran arbeiten, Strukturen abzubauen, die normative Annahmen über sexuelle Identität oder zu erwartendes Verhalten (re-) produzieren, kann es passieren, dass wir unbeabsichtigt diese Normen erneut unserem Kampf einschreiben und uns entlang ihrer Logik organisieren (ohne es zu bemerken).

Zum Beispiel werden Promiskuität und Sex in der Öffentlichkeit in den USA weitgehend missbilligt. Sexualität soll im Privaten in monogamen Beziehungen gelebt werden.[3] Das öffentliche Zeigen von Zuneigung wird in den USA akzeptiert, solange es sich dabei um heterosexuelle Zuneigung handelt, die im Kino in die Kategorie FSK 12 fallen würde. Gibst du gleichgeschlechtliche Liebe hinzu und erhöhst auf FSK 16, wird wahrscheinlich jemand die Polizei rufen (zumindest wirst du einiges an Verachtung und missbilligende »ts ts« ernten und meist als Zugabe noch ein paar Prügel).

In manchen Fällen fanden Razzien in Nachtclubs und Verhaftungen von Einzelpersonen aufgrund ›riskanter‹ sexueller Aktivitäten statt.[4] Wir haben in den USA Gesetze gegen Sodomie, BDSM und andere Formen nicht normativer sexueller Aktivität (sie sind in den verschiedenen Bundesstaaten unterschiedlich). Menschen, die ein Begehren spüren, das entweder tatsächlich kriminalisiert wurde und / oder kulturell missbilligt wird (was nicht zwingend geringere Konsequenzen hat), befinden sich in der Position, dass sie gegen sexuelle Normen verstoßen, wenn sie ihr sexuelles Begehren ausleben (ob sie es nun >genießen<, diese Normen herauszufordern, oder nicht). Unser eigenes Begehren zu hinterfragen, ist ein wichtiger Schritt auf dem Weg dahin, die institutionalisierten, gelenkten, erzwungenen, organisierten und kontrollierten Sexualitäten, die uns zur Verfügung stehen (und uns ausmachen), loszuwerden. Dabei ist es möglich, institutionalisierte sexuelle Kategorien und ihren (verfügbaren) Ausdruck zu hinterfragen, ohne deshalb unbedingt ins gegenteilige Extrem umzuschwenken, wo wiederum andere sexuelle Praktiken oder andere Erwartungen vorherrschen. Stellt beispielsweise jemand infrage, dass Promiskuität ein nichtnormatives sexuelles Begehren sei, so bedeutet das nicht per se, dass, wer solche Normen infrage stellt, selbst promiskuitiv sein muss. Insofern kann ich den Status quo normierter Sexualität und Gendererwartung ablehnen und gegen ihn kämpfen, ohne dabei selbst eine nichtnormative Sexualität zu praktizieren. Wir stellen als radikale Queers nicht sexuelle Handlungen (oder das Unterlassen derselben) an sich infrage, sondern wir kämpfen dagegen an, dass Sexualität und Sex *kategorisiert und eingeordnet* werden in hierarchische Systeme, die manche Begehren und Praktiken privilegieren und andere abwerten.

Gelegentlich beobachte ich die Tendenz unter radikalen Queers, davon auszugehen, dass die meisten (alle) radikalen Queers nichtnormative sexuelle Begehren und Praktiken leben würden (zum Beispiel gehen sie davon aus, dass radikale Queers generell promiskuitiv und nichtmonogam leben, es genießen, mit wem auch immer aus Spaß rumzumachen, auf BDSM stehen usw.).[5] Ich habe das ziemlich oft erlebt und glaube nicht, dass die Leute diese Annahmen bewusst treffen.

Das Schwierige an normativen Annahmen bezüglich Sexualität und Gender ist ihre Unsichtbarkeit. Deswegen müssen wir auch auf einem konzeptuellen Level kämpfen. Wir müssen nicht nur die als automatisch wahrgenommene Entwicklung und Aufrechterhaltung des Status quo angreifen, sondern wir müssen außerdem die Vorstellung der Notwendigkeit durch etwas anderes ersetzen – etwa durch das Bewusstsein, dass wir überhaupt keinen Status quo brauchen, der einverständliche Sexualpraktiken regelt, oder durch ein deutliches Bewusstsein über die Beschädigungen und Begrenzungen, die die derzeitigen Zustände bedeuten und aufrecht erhalten.

Ich selbst bin eine eher schüchterne und zurückhaltende Person. Es gab Zeiten, in denen ich mich oft von meinem Freundeskreis unter Druck gesetzt gefühlt habe, promiskuitiv zu sein und mit nichtnormativem Sex zu experimentieren. Damals nahmen meine Leute einfach an, dass ich selbstverständlich mit meinen radikal queeren Freund*innen rummachen wollen würde, dass ich selbstverständlich auf die Play Party gehen und keine exklusive Beziehung mit nur einer Person führen wollen würde.

Diese Annahmen können vergleichsweise einfach in einer ehrlichen Unterhaltung ausgeräumt werden. Allerdings sind die Erwartungen, den neuen ›queeren‹ Normen zu entsprechen, extrem problematisch in einem Kampf, dem es ursprünglich genau darum ging, die Existenz ebensolcher Annahmen und Begrenzungen zu kritisieren.[6]

Diese Fehler unterlaufen uns leicht und sind in unserem Kampf erwartbar. Wir scheinen es so sehr verinnerlicht zu haben, einem richtigen und korrekten Weg entsprechen zu wollen, dass wir sehr gut aufpassen und uns als Individuen wie auch als Gruppe aufmerksam reflektieren müssen, damit wir von dieser Haltung abweichen können. Die essenzialistische und unerträgliche Dynamik der Unterdrückungsolympiade hingegen scheint einen korrekten Weg zu *erfordern*, da sie darauf ausgerichtet ist, zu quantifizieren, zu isolieren und verschiedene, einander überschneidende Unterdrückungsmechanismen hierarchisch zu ordnen. Es ist wichtig, sicherzustellen, dass wir das, wogegen wir kämpfen, nicht widerspiegeln. Umgekehrte Hierarchien sind nicht besser als ihr Original (obwohl sie möglicherweise nach mehr Spaß aussehen!). Es ist nachvollziehbar, dass viele auf normierte Erwartungen reagieren, indem sie das genaue Gegenteil davon tun und sich dadurch einen Mehrwert und Befreiung versprechen – wir alle haben irgendwann schon einmal zu einem bestimmten Grad in dieser Weise auf ein hierarchisches System reagiert.

Aber zu verstehen, dass diese Art der Reaktion genau das ist – eine Reaktion nämlich – ist wichtig. Anstatt zu reagieren, indem wir das Gegenteil tun, müssen wir Wege finden, uns vorwärts zu bewegen, anstatt uns unter umgekehrten Vorzeichen erneut Zwänge aufzuerlegen.

Ein systemisches Verständnis davon, wie Sexualität, Geschlecht und Gender hierarchisch geordnet und organisiert (und begrenzt) werden, ist viel erfolgversprechender als eine Reaktion, die sich dadurch auszeichnet, dass wir genau das Gegenteil von dem tun, was uns einschränkt. Wer mehr dazu wissen will: Nietzsche hat ausführlich zu diesem Thema geschrieben, das er *Ressentiment* nennt.[7] Nicht nur setzen wir nach wie vor Begrenzungen und schaffen neue, hierarchische sexuelle Erwartungen, wenn wir eine befreite Sexualität als eine verstehen, die das genaue Gegenteil der derzeit sozial anerkannten und realisierbaren ist, sondern wir definieren darüber hinaus Sexualität dann noch immer durch das, was uns ursprünglich beengt hat.

Selbst wenn das ›Gegenteil‹ Befreiung bedeutet, werden wir noch immer durch die originäre Form definiert und begrenzt, da schließlich das Gegenteil immer durch seinen Ursprung definiert ist. Ein Großteil des radikal queeren Projekts basiert auf dem Kampf gegen die Schaffung und Aufrechterhaltung ›des Normalen‹, das benutzt wird, um uns alle und unser Begehren zu disziplinieren.

Würde bitte mal aufstehen, wer wirklich queer ist?

In diesem Abschnitt möchte ich versuchen, den Begriff ›queer‹ als *eine Position in einem Kontext* anstelle einer stabilen oder gefestigten Identität zu entwickeln, wie in ›queerer Heterosexualität‹ beispielsweise, um ein kontroverses Beispiel zu nennen. Um dieses Anliegen deutlich zu machen, ist die folgende Frage geeignet: Wer wird aufgrund ihrer*seiner Sexualität mehr unterdrückt, unsichtbar gemacht und ausgegrenzt – ein *weißer* schwuler Mann der Oberschicht, der in Castro lebt [ein schwuler, bürgerlicher Stadtteil San Franciscos], oder eine arme, der Arbeiter*innnenklasse angehörende heterosexuelle Frau of Color, die im Bible Belt lebt und mehrere heterosexuelle Beziehungen führt, offen promiskuitiv lebt und stolz darauf ist? Wir können uns vorstellen, dass eine heterosexuelle Beziehung in diesem Kontext stärker marginalisiert wird, als es im Vergleich dazu bei der nicht-heterosexuellen Beziehung dieses Beispiels der Fall ist. Auf diese Frage gibt es keine Antwort – eine Vielzahl an spezifischen Kontexten hat auf diese hypothetischen Beziehungen Einfluss. Beabsichtigt war, mit dieser Frage deutlich zu machen, dass heterosexuelle Beziehungen nicht immer akzeptierter oder realisierbarer sind als nichtheterosexuelle.

Es kann gut sein, dass nichtheterosexuelle Beziehungen, die normativ-heterosexuelle Beziehungen spiegeln, weniger Unmut erregen als heterosexuelle Beziehungen, die nichtnormativen Sex beinhalten oder mehr als zwei Menschen umfassen.

Ich möchte damit nicht sagen, dass andere sich überschneidende gesellschaftliche Faktoren diese Szenarien nicht beeinflussen, natürlich tun sie das. In der Tat beeinflussen *race*, Klassenzugehörigkeit, Gender, Sexualität, Herkunft, Wohnort, Kultur etc. entscheidend, ob das Liebesleben einer Person als normativ und akzeptabel bewertet wird oder eben nicht. Diese simple Tatsache unterstreicht, dass die Genderzusammensetzung einer Beziehung (hetero oder nicht) nicht immer der entscheidende Faktor dafür ist, ob sie akzeptiert wird.

Wir sehen an dieser Stelle, dass es sehr wohl wirksame Arten gibt, auf die sich heterosexuelle Beziehungen oder Liebe (oder Sex) dem ›Normalen‹ entziehen, während nichtheterosexuelle Beziehungen sehr wohl ›das Normale‹ spiegeln können und nicht zwangsläufig kritisch geprüft oder als ›abnormal‹ verstanden werden (natürlich wird das vor allem dadurch entschieden, welche anderen überlappenden Faktoren vorliegen, meistens *race*, Klasse, Gender und Wohnort).

Es erscheint also sinnvoll, ›queer‹ als einen Begriff zu verstehen, der sich in Bezug auf die Norm konstituiert und nicht als Identitätslabel für ›LGBT‹ (oder eine längere Version der Buchstabensuppe).

Ich fand es schon immer interessant, herauszufinden, wieso einige Praktiken in der Geschichte identitätsstiftend wurden und andere nicht. Sedgwick beschreibt das so:

> Es ist interessant, dass aus den vielen möglichen Unterscheidungslinien für die sexuelle Aktivität einer Person (das Bevorzugen bestimmter Sexualpraktiken, bestimmte erogene Zonen, physische Merkmale, Häufigkeit von Sex, Alters- oder Machtbeziehungen, Anzahl der Menschen, die an Sex beteiligt sind usw.) ausgerechnet eine, die Genderzugehörigkeit des begehrten Menschen nämlich, an der Jahrhundertwende als die eine Linie übrig blieb, entlang derer die nun allgegenwärtige Kategorie ›sexuelle Orientierung‹ entstand.[8]

In der Queer-Theorie ist *queer* ein beweglicher Begriff, der sich nicht auf eine einzige Definition bringen lässt. Vielmehr ist es so, dass queer als etwas verstanden werden kann, das in Konflikt steht mit dem ›Normalen‹

oder Legitimen. Daher gibt es auch nichts Konkretes, das queer in jedem Fall bedeutet, was wiederum queer zu einer Identität ohne Essenz macht. So gesehen können wir, wie oben aufgezeigt, nach Hierarchien zwischen heterosexuellen Beziehungen suchen. Eine heterosexuelle Partnerschaft zwischen zwei cisgeschlechtlichen und monogamen Menschen, die ihre Sexualität hinter verschlossenen Türen ausleben, unterscheidet sich erheblich von heterosexuellen Beziehungen, die nichtmonogames Leben, offene BDSM-Praktiken oder käuflichen Sex beinhalten. Ich habe im Herbst 2010 eine kleine Studie an der Universität von Syracuse durchgeführt, in der eine überwältigende Mehrheit der Studierenden angab, dass Kinder sehr gut in homosexuellen Beziehungen aufwachsen könnten, wenn diese monogam seien. Gleichzeitig gaben sie an, dass Kinder nicht in heterosexuellen Beziehungen aufwachsen sollten, an denen mehr als zwei Menschen beteiligt sind. In diesem Fall war nicht die Zusammensetzung der an der Beziehung beteiligten Gender, sondern die Art der Beziehung, die gelebt wird, dafür entscheidend, ob die Beziehung akzeptiert wird. Gleichgeschlechtliche Beziehungen wurden als genauso akzeptabel bewertet wie heterosexuelle, solange sie ansonsten der Norm entsprachen. Jedoch wurden Beziehungen, ob hetero- oder homosexuell, die mehr als eine*n Partner*in oder mehr als eine Beziehung beinhalten, als nicht akzeptabel für das Aufwachsen von Kindern bewertet. Offensichtlich waren in diesem Szenario die Arten der Beziehungen für die Interviewten entscheidend und nicht die beteiligten Gender.

Zwang zur Polybeziehung?

In diesem Abschnitt möchte ich auf einige persönliche Erfahrungen eingehen, in denen ›queer‹, zumindest teilweise, synonym mit ›nichtmonogam‹ verwendet wurde. Ich habe erlebt, wie Menschen in queeren Communitys dazu gedrängt wurden, sexuell aktiv zu sein, etwas, das wir außerhalb dieser Communitys sofort als Zwang bezeichnen würden. Noch absurder: Ich habe erlebt, wie monogame gleichgeschlechtliche Paare von Poly-Heterosexuellen als ›nichtqueer‹ bezeichnet wurden, da sie zu ›normal‹ oder ›homonormativ‹ seien.[9] Hier sehen wir erneut, wie Sexualität in etwas gezwängt wird, das wir *sind*, und nicht als etwas betrachtet wird, das wir tun – was bedeutet, sich von einer radikal queeren Sicht der Dinge ab- und einer Überwachung von Begrenzungen von Identität und Praxis zuzuwenden. Letztendlich sind wir Anarchist*innen, weil wir die Polizei loswerden wollen – nicht um sie selbst zu sein!

Außerdem schafft dieses Bewachen der Grenzen von Identität und Lebenspraxis eine beunruhigende >außerhalb und gegen<-Haltung gegenüber einer dem >Mainstream< näheren LGBT-Community. Natürlich sind nicht alle Menschen in dieser Mainstream-Community unser Mitstreiter*innen, aber eine Menge von ihnen könnte es sein (obwohl das auch von strukturellen Faktoren abhängt, insbesondere von ihrer ökonomischen und politischen Stellung). Das bedeutet nicht, dass wir die LGBT-Community nicht kritisieren sollten, zu nennen wären da beispielsweise die zwingend vorgeschriebene Monogamie, Homonormativität, Rassismus innerhalb der Bewegung, unkritischer Einsatz für Homoehe oder der problematische Kampf für eine Gesetzgebung gegen Hasskriminalität oder die Forderung nach Gleichstellung Homosexueller in der Armee und was es noch alles gibt. Das heißt, dass wir die Mainstream-Homocommunity nicht als >die Bösen< hinstellen und unsere kollektive Nase rümpfen sollten, wenn sich irgendwer selbst mit dem Label >lesbisch< beschreibt. Ich habe erlebt, wie queere Personen behaupteten, jede Person, die sich als >lesbisch< beschreibt, sei unterdrückerisch. Das ist lächerlich und bringt uns zurück zu unserer vorherigen Diskussion um Ressentiments.

Auf zu queereren Schlussfolgerungen

Queer ist in seiner Definition ein andauernder und niemals abgeschlossener Prozess, somit ist dieser Text in keiner Weise als das letzte Wort zu queeren Gedanken und Praktiken zu verstehen. Außerdem sollte ich, wenn ich schon dabei bin, erwähnen, dass ich nicht vorschlagen will, dass wir alle weniger öffentlich Schlampen sein sollten oder weniger polyamourös usw. (es ist tatsächlich so, dass ich diese Dinge manchmal genieße!). Und wir alle, besonders jene von uns, die die meiste Zeit in einem angenehmen Umfeld mit queeren Freund*innen verbringen, müssen uns immer wieder klarmachen, dass die Mehrheitsgesellschaft uns noch immer drängt, nicht öffentlich queer zu sein, sondern einem heterosexuellen, monogamen, cisgeschlechtlichen Standard zu entsprechen, der uns verdummt, beschränkt und ... naja ... einfach langweilt.

Wenn wir Bewegungen aufbauen wollen, wirkt eine inselhafte, subkulturelle Selbstbezogenheit wie ein Fluch auf die Schaffung breit getragener Massenbewegungen. Wir benötigen aber dringend eine Massenbewegung, wenn wir den Kapitalismus, den Staat und all das andere Schlechte, das damit zusammenhängt, überwinden wollen. In diesem Prozess, der vermutlich niemals zu einem definitiven Ende gelangen wird, werden noch deutlich queerere Schlussfolgerungen notwendig sein.

Übersetzt von Melike Cinar

1   Michail Bakunin (1968): Philosophie der Tat. Eingeleitet und herausgegeben von Rainer Beer. Köln. S. 95f.

2   ›Cisgeschlechtlich‹ meint Menschen, deren bei der Geburt zugewiesenes Geschlecht mit dem empfundenen übereinstimmt, das Gegenstück zu transgeschlechtlich also.

3   Hier benutze ich eine vereinfachende Binarität, um mein Argument klar zu machen. Natürlich gibt es viele Beispiele öffentlich akzeptierter Promiskuität, wie die von heterosexuellen, alleinstehenden jungen Männern.

4   Garrison, Chad: »St. Louis Police Raid Swingers Club ›Red 7‹. Consenting Adults Beware!« In: River Front Times vom 19.05.2011. http://www.riverfronttimes.com/newsblog/2011/05/19/st-louis-police-raid-swingers-club-red-7-consenting-adults-beware (Zugriff 14.12.2016).

5   Von Glitzer fange ich gar nicht erst an!

6   Zu queeren Normen siehe auch Gayge Operaistas Artikel in diesem Sammelband.

7   Siehe Nietzsche, Friedrich (1988): Zur Genealogie der Moral. Eine Streitschrift. Ditzingen: Reclam.

8   Eve Kosofsky Sedgwick (1990): The Epistemology of the Closet. Berkeley, CA: University of California Press. dt: Eve Kosofsky Sedgwick (2003): Epistemologie des Verstecks. In: Andreas Kraß (Hrsg.): Queer Denken.

9   ›Homonormativität‹ beschreibt dieselben Prozesse der Privilegierung von und des Verständnis Aufbringens für homosexuelle Beziehungen, die entlang heteronormativer Standards aufgebaut sind.

stacy aka sallydarity

Gendersabotage

Schaut euch doch an, wie eure Kinder aufwachsen. Von frühester Kindheit an angehalten, ihre natürliche Liebe zu zügeln – von allen Seiten beschränkt! ... Kleine Mädchen dürfen kein Wildfang sein, dürfen nicht barfuß gehen, dürfen nicht auf Bäume klettern, dürfen nicht schwimmen lernen ... Kleine Jungen werden für Mädchenhaftigkeit, als dumme Weicheier verlacht, wenn sie Handarbeiten verrichten wollen oder mit einer Puppe spielen. Wenn sie dann erwachsen werden, heißt es: >Oh! Männer kümmern sich einfach nicht um Haushalt oder Kinder, wie Frauen es tun!< Warum sollten sie auch? Wo ihr ihnen diese natürlichen Anlagen doch mit viel Mühe ausgetrieben habt? >Frauen sind einfach nicht so hartgesotten wie Männer.< Zieht irgendein Tier oder irgendeine Pflanze so auf, wie ihr eure Töchter aufzieht, und das Tier wäre auch nicht hartgesotten. Könnte mir jetzt jemand erklären, wieso eines der Geschlechter einen Alleinanspruch auf sportlichen Wettkampf haben sollte? Warum irgendein Kind seine Gliedmaßen nicht nach seinem Gefallen nutzen können sollte?
Dies sind die Auswirkungen eures Reinheitsanspruchs, eurer Ehegesetze. Das habt ihr vollbracht – schaut es euch an!

Voltairine de Cleyre, Sex Slavery (1890)

Was mich zu einer trans Person macht, ist, dass mein Geburtsgeschlecht, weiblich, in Widerspruch zu meinem Genderausdruck, der männlich interpretiert wird, zu stehen scheint. Ich bestehe auf meinem Recht, diesen sozialen Widerspruch leben zu dürfen. Eigentlich hoffe ich, lange genug zu leben, um Leute fragen zu hören: >Was hat mich eigentlich denken lassen, dass es hier einen Widerspruch gibt?<

Leslie Feinberg, Trans Liberation (1998)

Anarchafeminist*innen und Anarchist*innen allgemein müssen eine neue Diskussion zum Thema Gender führen. Im Feminismus wurde ein andauernder interner Streit darüber geführt, ob die Bedeutung der Unterschiede zwischen Männern und Frauen maximal zu überhöhen oder quasi zu verleugnen sind. Im Moment erleben wir bei vielen Anarchist*innen und Feminist*innen den Einfluss neuer Gedanken zu

Gender, die die konkreten Konzepte von ›Frau‹ und ›Mann‹, sogar ›weiblich‹ und ›männlich‹ infrage stellen (z.b. die Queer-Theorie). Jedoch weigern sich manche radikale oder anarchistische Feminist*innen hartnäckig, was die Infragestellung der Sinnhaftigkeit einer Kategorie ›Frau‹ angeht. Derweil sind Identitätspolitiken in anarchistischen Kreisen unter Beschuss geraten. Anarchist*innen kritisieren, dass identitätsorientierte Projekte oft von einer großen Homogenität gekennzeichnet seien (repräsentiert allein durch die lautesten Befürworter*innen eines Projekts), wobei sie die enorme Bedeutung des Widerstands gegen rassistische Unterdrückung oder gegen Diskriminierung aufgrund von Gender, Sexualität oder Klassenzugehörigkeit verkennen.[1] Jedoch beinhaltet das, was Identitätspolitik genannt wird, oftmals Essenzialismus, also *die Vorstellung, dass es essenzielle Unterschiede zwischen zwei Gruppen gibt*. Im Falle des Feminismus sind es häufig *weiße* Menschen mit Klassenprivilegien, die für ›die Bewegung‹ sprechen dürfen und regelmäßig die Erfahrungen von Frauen of Color und armen Frauen ausblenden und transgender und transsexuelle Personen ausgrenzen, wenn sie ihrer politischen Arbeit ein universelles Konzept von *Frauen* zugrunde legen. Die übliche radikalfeministische Perspektive auf die Funktionsweise von Genderunterdrückung (›das Patriarchat‹) legitimiert Frauen, Dominanz auszuüben (durch Kapitalismus, *weiße* Vorherrschaft etc.) und lässt männliche Dominanz natürlich und unvermeidlich erscheinen. Falls die Kritik an Identitätspolitik darin besteht, dass Identitäten verstärkt werden, dann könnte es einen queertheoretisch beeinflussten Anarchafeminismus geben, der von der Kritik nicht betroffen ist: Er würde diese Kritik sogar teilen und zugleich die Auswirkungen gruppenbezogener Ausgrenzung hervorheben.

Wir werden dazu gebracht, zu glauben, es sei natürlich, dass Menschen sich Gesetzen unterordnen – dass wir regiert werden müssen. Die Legitimität auferlegter Staatsgewalt wird auch durch die scheinbar natürlichen Unterschiede zwischen Menschen verstärkt. Die Unterschiede zwischen Menschen sind als maßgeblich erklärt worden, um so eine Aufteilung zu ermöglichen, die auf Dominanz und Unterordnung basiert. Um das zu tun, müssen diese Unterschiede scharf abgegrenzt sein (oder werden) – es muss eine Grenze gezogen werden, durch die eine

Dichotomie entsteht, sodass es keine Verwirrung darüber gibt, wer wo in der Hierarchie steht. Es dauert lange, Jahrhunderte sogar, bis unsere Auffassung der menschlichen Natur verhärtet. Es braucht dazu Gesetze und, schlimmer noch, Disziplin, hauptsächlich in Form von Terror und Gewalt, um uns einen Sinn für Hierarchie einzuhämmern. Ungeachtet der Möglichkeit, dass der Staat und Kapitalismus möglicherweise auch ohne diese verhängten Grenzen funktionieren könnten, müssen diese Grenzen dennoch eingerissen werden.

Um Befreiung zu erreichen, müssen wir das binäre Gendersystem ablehnen, das uns in zwei einander ausschließende Kategorien einteilt. Das Gendersystem unterdrückt nicht nur mittels einer Hierarchie der Kategorien, sondern auch in Bezug auf den Ausdruck von Gender – Maskulinität gilt als überlegen und jede Person wird in ihre Gender-Schubalde gepresst. Die Bedeutung, die Gender / Geschlecht zugeschrieben wird, muss als ein politisches Konstrukt entlarvt werden, eines, das benutzt wurde, um eine klassenübergreifende Allianz zwischen Männern zu bilden, um Heterosexualität, die Rolle der Frau und die Ausbeutung der Frau in- und außerhalb ihres Zuhauses natürlich erscheinen zu lassen.

Auch wenn für manche eine Art Freiheit erreichbar sein mag, so sind wir doch Gefangene einer Genderbinarität und wenn wir uns nicht angemessen verhalten, gibt es eine ganze Menge Gefängniswärter*innen, die nur darauf warten, uns wieder in unsere Zellen zu befördern. Eindeutig werden Menschen, die nicht in diese Genderschubladen passen, als eine Bedrohung gesehen und durch Drohungen oder Diskriminierung, verbale Schmähungen, Schikanen und / oder Gewalt zu disziplinieren gesucht. Damit will ich nicht sagen, dass das Übertreten von Gendergrenzen oder Devianz an sich revolutionär sind, aber, dass wir Gender überwinden oder genderbezogene Machtverhältnisse zerstören müssen, quasi als Teil einer Dekolonisierung.

Es ist entscheidend, dass Feminist*innen diese Genderschubladen nicht verstärken, aber ebenso entscheidend ist es, dass Anarchist*innen unseren Bedarf, diese Anliegen von der Peripherie in die Mitte zu holen, nicht runterspielen. Die Existenz dieser Identitäten, die durch Machtverhältnisse geschaffen werden, sollte nicht verleugnet werden, stattdessen sollte sie vielmehr untersucht werden und ihr in Machtkontexten widerstanden werden.

Während Geschlecht üblicherweise mit biologischen Unterschieden beschrieben wird, ist Gender benutzt worden, um die vorgeschriebenen sozialen Differenzen zwischen weiblich und männlich zu beschreiben, um jeden Menschen als entweder weiblich oder männlich zu definieren, Attribute, die in der Geschichte und an verschiedenen Orten auf der Erde keineswegs gleichbedeutend und unveränderlich waren. Ein Zankapfel zwischen einigen Feminist*innen und Genderüberschreiter*innen (nicht, dass sich die beiden gegenseitig ausschließen) ist die Definition von Gender. Ich stimme Leuten wie Kate Bornstein darin zu, dass Gender an bestimmte Konzepte wie Genderrollen oder geschlechtliche Identität gebunden ist.[2] Aus Ermangelung einer besseren Begrifflichkeit werde ich ›Genderschicht‹ benutzen, um die jeweiligen hierarchischen binären Kategorien von Gender zu benennen. Meiner Meinung nach ist ›geschlechtliche Identität‹ ein weiterer Aspekt von Gender, der durchaus etwas mit der Genderschicht zu tun hat, aber etwas anderes beleuchtet. Statt ›geschlechtliche Identität‹ werde ich ab jetzt ›Genderneigung‹ schreiben, da Identität an sich problematisch ist. Sie würde ohne die Genderschicht anders aussehen, sollte aber nicht mit ihr verwechselt werden, obwohl diese beiden Aspekte von vielen Feminist*innen vermischt wurden.

Wir sind uns vermutlich einig, dass die Genderschicht ein soziales Konstrukt ist. Wir könnten aber noch weiter gehen und uns fragen, ob unsere Idee von biologischen Unterschieden zwischen weiblich und männlich existierte, bevor sie eine Hierarchie bildeten. Oder aber ob sie von ähnlicher Bedeutsamkeit war, bevor durch die westliche Kultur unser heutiges Verständnis dieser Unterschiede geprägt wurde.[3] Die schiere Möglichkeit, dass es keine natürlichen Unterschiede zwischen den Geschlechtern gibt – dass diese Geschlechter nur aus politischen / sozialen Gründen bestehen – kann fast jeden Menschen beunruhigen. Solche Überlegungen existieren beinahe ausschließlich im akademischen Bereich[4] und spielen im Alltag der meisten Leute keine Rolle.

Andererseits gab es in der gesamten Menschheitsgeschichte diverse Vorstellungen davon, was die physischen Unterschiede zwischen Menschen mit unterschiedlichen Organen anging, die mit Geschlecht / Gender in Verbindung gebracht wurden. In Anbetracht der Erfahrungen von Intersexpersonen[5] und transgender / transsexuellen Menschen kann es nur sinnvoll sein, Gender / Geschlecht als Kontinuum der menschlichen Natur zu betrachten. In unterschiedlichen Kulturen, von denen den meisten keine westliche Zivilisierung[6] widerfahren ist, gibt es andere Vorstellungen über Gender und Sexualität, die uns nicht nur zeigen, dass der westliche Dualismus und seine Begleithierarchien atypisch und manipuliert sind, sondern auch, dass das Argument, moderner Kapitalismus würde nichtnormative Gender und deren Ausdruck begünstigen, am Kern der Sache vorbeigeht. Denn in der Tat ist der Übergang zum Kapitalismus eine der Hauptursachen für die Vereinnahmung von Genderausdruck und Sexualität und deren Reglementierung innerhalb eines binären Systems gewesen. Es ist wenig wahrscheinlich, dass wir jemals vollständig begreifen werden, wo das Konzept Geschlecht seinen Ursprung hat, noch wo die Genderhierarchie begonnen hat, dabei könnte uns dieses Verständnis grundsätzliche Erkenntnisse über die Entstehung von Hierarchien ermöglichen.[7] Ob nun biologische Eigenschaften von Menschen vormals unbedeutend waren oder nicht – durch die zunehmende Bedeutung, die diesen Unterschieden beigemessen wurde und wird, sind Geschlecht und Gender (da Geschlecht gegendert ist, benutze ich die beiden Begriffe gelegentlich im Wechsel, um dasselbe zu benennen) zu Teilen einer Hierarchie und die Konstruktion der Unterscheidung von Männern und Frauen zu einem fortlaufenden Prozess geworden.

Frauen als andere Gattung

> Wir können jedenfalls mit Sicherheit sagen, dass die Sprache der Hexenjagd die Frau als eigene Gattung ›produzierte‹.[8]
>
> Silvia Federici

Wir richten unseren Blick hauptsächlich auf Europa, um die Konstruktion einer Genderbinarität und -hierarchie zu verstehen, da Europa durch Kolonisation und Imperialismus seine Vorstellungen der ganzen Welt gewaltvoll aufgezwungen hat.[9] Vor der Hexenverfolgung verfügten Bäuerinnen in Europa über gewisse soziale Macht, trotz der geschlechtergetrennten Wirklichkeit der Arbeit und christlicher Misogynie. Sie waren maßgeblich an Revolten gegen den Feudalismus und später den Kapitalismus beteiligt. Es ist kein Zufall, wie Silvia Federici in ihrem Buch *Caliban und die Hexe* beschreibt, dass die Hexenverfolgung im 16. und 17. Jahrhundert, und mit ihr die Folterung und Ermordung Hunderttausender Frauen,[10] in Verbindung mit dem Übergang zum Kapitalismus und der Kolonisation Amerikas stand.

Federici erläutert außerdem, wie im Interesse des Kapitalismus die Ausbeutung der Frauen durch unbezahlte Arbeit im Haushalt, ›Reproduktionsarbeit‹ genannt (die Versorgung von Nachwuchs und viele weitere Tätigkeiten inbegriffen), genauso wie die Versklavung von Menschen in Amerika als natürlich konstruiert wurden, um im Interesse des Kapitalismus als natürlich, freiwillig und vertraglich vereinbart gelten zu können. Durch diese Rechtfertigung von Ausbeutung gelang es Kapitalist*innen, mittels der Entmenschlichung von unbezahlten Arbeiter*innen (zumeist Frauen) die Tatsache zu verstecken oder zu legitimieren, dass die betroffenen Menschen in dieser Angelegenheit keinerlei Wahl hatten.

Hexenverfolgung war nicht nur ein Mittel der Aufstandsbekämpfung. Der Vorwurf der Hexerei und der Prostitution diente oft dazu, Diebstahl und andere Angriffe auf das Eigentum (ob wahr oder erfunden) zu bestrafen, die zu jener Zeit angesichts der Privatisierung von Ländereien[11] und dem Ausschluss der Frauen von bezahlter Arbeit anstiegen. Besondere Bedeutung kam der neuen Nachfrage von Arbeitskraft durch den Kapitalismus zu (teilweise aufgrund abnehmender Bevölkerungszahlen). Diese führte zur Konstruktion monogamer heterosexueller[12] Ehe als natürlichem Zustand durch die erzwungene Abhängigkeit der Frauen von Männern und zur Kriminalisierung von sexuellen Handlungen, die nicht der Reproduktion dienten.

Bäuerinnen wurden in zunehmendem Maße für Verbrechen wie Abtreibungen und Empfängnisverhütung bestraft, im Falle von Hexenverfolgung auch für die angebliche Schuld an Unfruchtbarkeit und Impotenz von Männern sowie für Kastrationen und Kindestötungen. Queere

Bäuer*innen wurden insbesondere in Europa mittels Terrorakten diszipliniert, (daher kommt der Begriff *faggot* [>Schwuchtel<], der eigentlich Reisigbündel meint[13]), aber auch während der Kolonisation Amerikas wurden Homosexuelle und *two-spirit*-Menschen ermordet und der Fortbestand solcher Identitäten und Lebensweisen war nicht mehr oder nur im Untergrund möglich.[14]

Federici betont, dass die Terrorkampagnen gegen Frauen in diesem Ausmaß ohne das staatliche Interesse nicht möglich gewesen wären, auch wenn einige Bauern sich an diesen beteiligten oder sie unterstützten und auch die Kirchen eine wichtige Rolle spielten.[15] Das Interesse der herrschenden Klasse daran, die Unterschiede zwischen den Geschlechtern zu verstärken, ist eindeutig und sie erreichte dieses Ziel, indem sie bestimmte Verhaltensweisen bestrafte und Frauen terrorisierte, um sie zu disziplinieren.[16] Schon früh wurden europäische Frauen als widerspenstig, geistig schwach und kontrollbedürftig definiert. Die Hexenverfolgung diente zur Verstärkung dieser Definition, wurde zugleich aber genutzt, um Frauen in eine neue >Natur< zu zwingen: die einer häuslichen, moralischen und mütterlichen (aber dennoch weiterhin kontrollbedürftigen) Frau.[17] Es ist bemerkenswert, dass nicht nur der Kapitalismus eine bedeutende Rolle bei der Erschaffung der weitverbreiteten Vorstellung von der Natur der Frau inne hat, sondern dass es auch eindrückliche Beispiele dafür gibt, wie die Herrschenden in jedweder ökonomischen Konstellation (nicht nur im Kapitalismus) versuchen, ihre Herrschaft auf unterschiedlichen Wegen zu begründen, häufig aber, indem sie Sexualität kontrollieren und Geschlechternormen verstärken. Während also das Konzept von Frauen und Männern als zwei verschiedene Gruppen bereits vor der Hexenverfolgung existierte, gab es nun eine neue Bedeutsamkeit dieser Unterschiedlichkeit, mit einer klaren Binarität in der Folge.

Die Auffassung von unveränderbaren Unterscheidungen zwischen Menschen musste ihnen als Ganzes regelrecht eingeprügelt werden. Sie sorgte für eine schwerwiegende Entfremdung von Männern und Frauen und marginalisierte jene, die von der Norm abwichen, wenn sie nicht gleich vernichtet wurden. Die Menschen zu zwingen, unter den Bedingungen des Kapitalismus zu arbeiten, verlangte darüber hinaus eine neue Auffassung des Körpers als Maschine oder Instrument, und so auch die Kriminalisierung diverser gemeinschaftlicher Aktivitäten und nicht-reproduktiver Sexualität.[18] Die Unterwerfung von Arbeiter*innen und die fortschreitende Unterwerfung von Frauen erhielten den Anschein der Natürlichkeit. Obwohl es keine antikapitalistische historische Forschung zur Formung des Menschen zu geben scheint, ist es eindeutig, dass eine solche (Um-)Formung Bestandteil der Hexenverfolgung, des Übergangs zum Kapitalismus und auch des Kolonialismus war.

Wenn wir erörtern, was die Natur des Menschen ausmacht, müssen wir stets kritisch hinterfragen, auf welche Weise Konzepten wie Hierarchie oder der Notwendigkeit von Hierarchie der Anstrich der Natürlichkeit verliehen wurde.[19] So schrieb Andrea Smith beispielsweise: »Das Heteropatriarchat[20] ist für die Erschaffung des US-Imperiums von grundlegender Bedeutung. Patriarchat ist die Logik, in der soziale Hierarchie naturalisiert wird. So wie Männer natürlicherweise Frauen aufgrund von biologischen Gegebenheiten dominieren sollen, so sollen die sozialen Eliten einer Gesellschaft auch natürlicherweise alle anderen beherrschen, durch die nationalstaatliche Form der Regierung, die auf Herrschaft, Gewalt und Kontrolle aufgebaut ist.«[21]

In einer Rede sagte sie: »Aus diesem Grund war die erste Maßnahme der Kolonisierenden in der Geschichte des Genozids an indigenen Völkern, das Patriarchat in indigenen Communitys zu installieren. Das bevorzugte Instrument der Kolonisierenden ist sexualisierte Gewalt. Sexualisierte Gewalt dient dem Kolonialismus und *weißer* Überlegenheit dazu, Frauen of Color zu einem Ziel von Vergewaltigung, unsere Ländereien überfallbar und unsere Ressourcen ausbeutbar zu machen.«[22]

Ein Beispiel dafür, dass die Kolonialisierung der ›Neuen Welt‹ zum Teil durch die Vertiefung der Spaltungen zwischen den Geschlechtern erreicht wurde,[23] ist der Einfluss, den ein französischer Jesuit auf indigene Menschen in Kanada (namentlich die Montagnais-Naskapi) ausübte. Die Montagnais-Naskapi hatten keine Begriffe von Privateigentum, Autorität oder männlicher Überlegenheit, was sie laut den Französ*innen unverzüglich zu ändern hätten, so sie verlässliche Handelspartner*innen werden wollten. Die Französ*innen lehrten die Naskapi-Männer, ihre

Kinder zu disziplinieren und »›ihre‹ Frauen zur Ordnung zu rufen.«[24] Es gab Hexenjagden in Teilen Amerikas (Federici erwähnt Mexiko und Peru), bei denen alle Indigenen und Afrikaner*innen dämonisiert wurden, häufig aber richteten sie sich stärker gegen Frauen als gegen Männer.[25] Kolonialisierung ist ein noch immer andauernder Prozess, der auch mittels patriarchaler Indoktrination und sexualisierter Gewalt an Indigenen Schulen verläuft.[26]

Genderschicht und *Race*

Die Geschlechter-/Genderhierarchie ist mit *race*, Kolonisation und Kapitalismus untrennbar verbunden. Beispielsweise wurden versklavte Frauen weitestgehend genauso wie versklavte Männer behandelt, bis der Import von Sklav*innen verboten wurde. Ab diesem Zeitpunkt wurden versklavte Frauen dazu gebracht, mehr Kinder zu bekommen, und sie wurden zunehmend zum Ziel sexualisierter Gewalt durch *weiße* Männer.[27] Weiblichkeit, womit hier eine kulturelle und soziale Vorgabe dessen, was für ›echte‹ Frauen angemessen sei, gemeint ist, wurde als ein Unterscheidungsmerkmal von Klasse (und *race*) konstruiert, gleichsam künstlich gestalteter Gärten, die zeigen: der Besitzer hat es nicht nötig, sein Land zum Anbau von Nahrungsmitteln zu nutzen. Frauen, die nicht arbeiten mussten, wurden angehalten, unnatürlich »schwächer, empfindlich, abhängig, ›lilienweiß‹, häuslich« zu sein. Daher »beinhaltete die Herstellung der *weißen race* die politisch bedingte Zerstörung des vorherigen Frauenbildes, um Frauen der Kategorie ›weiß‹ einzupassen.«[28]

Race ist auch ein politisches und soziales Konstrukt. Ein politisch-soziales Konstrukt zu verstehen, kann uns helfen, andere solcher Konstrukte besser zu verstehen. Die Bacon's Rebellion (oder Virginia Rebellion) war eine der bedeutsamsten von vielen Rebellionen, in denen sich Europäer*innen in Knechtschaft auf Zeit und afrikanische Versklavte zusammentaten. In der Folge sah sich der Staat Virginia gezwungen, eine Reihe spezieller Gesetze zu erlassen, die die Freiheiten europäischer/christlicher Menschen gegenüber afrikanischen Menschen beschrieben und sicherten. Auf diese Weise wurde *race* geschaffen.

»Sklaverei war die profitabelste Variante körperlicher Arbeit im kolonialen Virginia, aber rassistische Sklaverei war die Antwort auf die Bedrohung durch subalternen Aufruhr und auf die Frage, wie die Arbeiter*innen – versklavte und freie – möglichst effizient und friedlich zur Arbeit zu bewegen waren ... *Race* entstand aus dem Bedürfnis der Oberklasse von Virginia, eine fügsame und produktive Arbeiter*innenschaft zu kreieren. Als aber den englischen Arbeiter*innen die Vorzüge des Weißseins offenbar wurden, nahmen sie dieses System bereitwillig an, das ihnen Privilegien im Austausch für die Überwachung von Sklav*innen übertrug.«[29] Während es Vorurteile und differenzbasierte Überlegenheit bereits zuvor gegeben hatte, schaffte die Erfindung von Weiß-Sein eine neue Bedeutsamkeit physischer Unterschiede, die die besondere Funktion hatte, eine klassenübergreifende Allianz zwischen *weißen* Menschen zu formieren, die bis heute fortexistiert.

Übersetzt von Melike Cinar

1 Vgl. lilith: Gender Disobedience. Antifeminism and Insurrectionist Non-dialogue. http://theanarchistlibrary.org/HTML/Lilith__Gender_Disobedience_Antifeminism_and_Insurrectionist_Non-dialogue.html (Zugriff 4.11.2016).

2 »In ihr*seinem Buch *My Gender Workbook* beschreibt Kate Bornstein Gender als aus vier Komponenten bestehend: Genderzuweisung, Genderrolle, Genderidentität und Genderzuschreibung. Die Genderzuweisung ist, was Ärzt*innen dir bei der Geburt zuweisen, man kann dies als Beschreibung des Geschlechts verbuchen (Bornstein verwendet das Wort Geschlecht [sex] ausschließlich für geschlechtliche Aktivitäten, um essentialistische Argumentationen zu vermeiden). Die Genderrolle beschreibt, was die Kultur für deine Nische hält, während Genderidentität vollkommen subjektiv ist. Genderzuschreibung bezieht sich darauf, wie andere Personen deine Gendersignale interpretieren.« Stephe Feldman: Components of Gender. http://androgyne.0catch.com/components.htm (Zugriff 14.12.2016).

3 »Nichts könnte weniger abstrakt sein als die Vorstellung einer natürlichen sozialen Gruppierung, oder sie kommt niemals vor außer im Kontext bestehender Machtverhältnisse, und das ist die Crux dieser Angelegenheit. Eine Ideologie oder Interpretation der Wirklichkeit, die das Recht der*s Unterdrückenden gegen die Natur der*s Unterdrückten abwägt – jeweils nur in Bezug zueinander denkbar und beide dem Vorgang der Aneignung angehörend – könnte kaum als Reflexion beschrieben werden (die eine Trennung von praktischen und symbolischen Ebenen voraussetzt) oder als Rationalisierung, die nicht nur dieselbe

Trennung voraussetzt, sondern auch noch einen intellektuellen Anteil an der Ausübung von Herrschaft, der in Anbetracht der nackten Tatsachen nicht immer vorhanden ist.« Guillaumin, Colette (1995): Racism, Sexism, Power and Ideology. London / New York: Taylor and Francis. S.79.

4 Judith Butler schreibt in *Das Unbehagen der Geschlechter* (Suhrkamp 2014): »Können wir noch von einem ›gegebenen‹ Geschlecht oder von einer ›gegebenen‹ Geschlechtsidentität sprechen, ohne wenigstens zu untersuchen, wie, d.h. durch welche Mittel, das Geschlecht und / oder die Geschlechtsidentität gegeben sind? Und was bedeutet der Begriff ›Geschlecht‹ (sex) überhaupt? Handelt es sich um eine natürliche, anatomische, durch Hormone oder Chromosomen bedingte Tatsache? Wie muss eine feministische Kritik jene wissenschaftlichen Diskurse beurteilen, die solche ›Tatsachen‹ für uns nachweisen sollen? Hat das Geschlecht eine Geschichte? Oder hat jedes Geschlecht eine andere Geschichte (bzw. andere Geschichten)? Gibt es eine Geschichte, wie diese Dualität der Geschlechter (duality of sex) errichtet wurde, eine Genealogie, die die binären Optionen möglicherweise als veränderbare Konstruktionen offenbart? Werden die angeblichen natürlichen Sachverhalte des Geschlechts nicht in Wirklichkeit diskursiv produziert, nämlich durch verschiedene wissenschaftliche Diskurse, die im Dienste anderer politischer und gesellschaftlicher Interessen stehen? Wenn man den unveränderlichen Charakter des Geschlechts bestreitet, erweist sich dieses Konstrukt namens ›Geschlecht‹ vielleicht als ebenso kulturell hervorgebracht wie die Geschlechtsidentität. Ja, möglicherweise ist das Geschlecht (sex) immer schon Geschlechtsidentität (gender) gewesen, so dass sich herausstellt, dass die Unterscheidung zwischen Geschlecht und Geschlechtsidentität letztlich gar keine Unterscheidung ist.« (S.23 f.) Stevi Jackson erläutert Christine Delphys Position: »Sie argumentiert, dass es vielmehr nötig ist, anzuerkennen, dass das Wahrnehmen von Differenz an sich ein sozialerer Akt ist, als die Unterschiede zwischen Männern und Frauen als naturgegeben hinzunehmen [...] Es reicht nicht aus, legt sie weiterhin dar, den Inhalt von Gender als flexibel zu betrachten, während wir weiterhin annehmen, die Hülle (die Kategorien ›Frau‹ oder ›Mann‹) sei unveränderlich. Vielmehr sollten wir die Hülle selbst als soziales Produkt betrachten.« Jackson, Stevi (1998): Contemporary Feminist Theories. Edinburgh: Edinburgh University Press. S. 136.

5 »Die soziale Konstruiertheit des biologischen Geschlechts ist mehr als eine abstrakte Beobachtung: Sie ist eine Realität, mit der viele intergeschlechtliche Menschen zu tun haben. Da es in unserer Gesellschaft nicht vorgesehen ist, dass es Menschen gibt, die sich nicht ordentlich als männlich oder weiblich einsortieren lassen, werden sie durch medizinisches Personal routiniert verstümmelt und manipuliert, in dem ihnen zugewiesenen Geschlecht zu leben ...« Koyama, Emi (2000): The Transfeminist Manifesto. In: Rory Dicker, Alison Piepmeier (Hg.): Catching A Wave. Reclaiming Feminism for the Twenty-First Cebtury. Northeastern University Press 2003. S. 244–262, hier 249f. Abrufbar unter www.eminism.org/readings/pdf-rdg/tfmanifesto.pdf (Zugriff 14.12.2016). Auf der Internetseite der *Intersex Society of North America* steht zu lesen, dass jede

hundertste Geburt vom binären Standard männlich-weiblich abweicht. www.
isna.org/faq/frequency (Zugriff 14.12.2016).

6 »Das Patriarchat basiert auf Geschlechterbinarität; demnach ist es kein Zufall,
dass Kolonisierende es besonders auf indigene Völker abgesehen hatten, die nicht
in dieses binäre Modell passten. Viele indigene Communitys kannten vielfältige
Gender – einige indigene Gelehrte vertreten gar die Ansicht, dass es in ihren
Communitys vor der Kolonisation gar kein Gender gegeben habe – obwohl
Gendersysteme in indigenen Communities variierten.« Smith, Andrea (2010):
Dismantling Hierarchy, Queering Society. In: Tikkun Magazine 25(4), S. 60. Zu
finden unter www.tikkun.org/article.php/july2010smith (Zugriff 14.12.2016).

7 Ich zögere, der Argumentation von John Zerzan im hier anschließenden Zitat zu
folgen, da es eine überwältigende Aufgabe zu sein scheint, die Bedeutung von Geschlecht und Gender vor der Hexenverfolgung und dem Kapitalismus zu bestimmen. Dennoch ist es wahrscheinlich von Bedeutung: »[Gender] ist eine kulturelle Kategorisierung und Bewertung, die auf einer geschlechtergetrennten Arbeit
fußt, die als kulturelle Einzelerscheinung größte Bedeutung hat. Wenn Gender
Ungleichheit und Herrschaft legitimiert, was müsste dann dringender infrage gestellt werden?« Zerzan, John: Patriarchy, Civilization, and the Origins of Gender.
http://theanarchistlibrary.org/library/john-zerzan-patriarchy-civilization-and-
the-origins-of-gender (Zugriff 14.12.2016). Während viele Feminist*innen die
Genderhierarchie als allem anderen zugrundeliegend ansehen, würden materia-
listische Feminist*innen anführen, dass Gender- und Geschlechtskategorien geschaffen wurden, um bereits existierende Hierarchien zu naturalisieren. Sie würden somit argumentieren, dass Gender Ungleichheit und Herrschaft nicht schuf,
sondern legitimierte. Gender mag die erste auf Kategorien basierende Hierarchie
sein, nicht aber die erste Hierarchie. Die Frage ist, ob diese Hierarchie vor den
Versuchen, die Kategorie Gender zu stabilisieren, überhaupt gegendert war.

8 Federici, Silvia (2012): Caliban und die Hexe. Frauen, der Körper und die ursprüngliche Akkumulation. Mandelbaum, S. 237.

9 An dieser Stelle möchte ich nicht behaupten, dass Genderungleichheit ausschließlich ein westliches Phänomen ist. Ich möchte vielmehr anführen, dass
die Zeit der Hexenverfolgung Gender neue Bedeutungen verliehen hat, die in
viele Teile der Welt getragen wurden. Man beachte, dass auch anthropologische
Interpretationen von Gender davon beeinflusst wurden.

10 Der geringe Anteil von Männern, die wegen Hexerei verfolgt wurden, bestand
in der Regel aus Männern, die mit als Hexen verfolgten Frauen verwandt waren.
Federici, Silvia (2012): Caliban und die Hexe. Frauen, der Körper und die ursprüngliche Akkumulation. Mandelbaum, S. 243.

11 Ebd., S. 247.

12 Die Begriffe ›heterosexuell‹ und ›homosexuell‹ wurden erst sehr viel später
benutzt.

13 Ebd., S. 243 [Homosexuelle wurden mancherorts verwendet, um die Scheiter-
haufen für die Hexen in Brand zu setzen. Anm. der Übersetzerin].

14 Vgl. Williams, Walter (1986): The Abominable Sin. The Spanish Campaign against ›Sodomy‹ and Its Results in Modern Latin America. In: Ders: *The Spirit and the Flesh*. Beacon Press. Darin verbindet Williams die Motivation zur Verfolgung Homosexueller durch die spanischen Kolonialisierenden mit dem Kampf gegen Berber und Araber während der Reconquista. Die Berber und Araber standen gleichgeschlechtlichen Beziehungen deutlich gelassener gegenüber. Außerdem nutzten die Spanier die zügellose Homosexualität in der ›Neuen Welt‹ als Rechtfertigung für ihre Eroberung.

15 Eine Art, auf die weibliche Macht in antifeudalistischen Bewegungen gebrochen wurde, bestand laut Federici darin, dass der Staat Vergewaltigungen (proletarischer Frauen) und Prostitution (zu einer bestimmten Zeit, zu anderen Zeiten wurde Prostitution aus anderen Gründen kriminalisiert) legalisierte. So wurden Frauenkörper zu neuen Gemeinschaftsgütern, während der Zugang zu Gemeindeland und anderen natürlichen Ressourcen zusehends eingeschränkt wurde. Männern wurden diese Vorzüge zugestanden, um die eher gleichberechtigten Beziehungen, die sie mit Frauen führten, zu beschädigen. Interessanterweise sollten die kommunalen Bordelle auch dazu dienen, der zügellosen Homosexualität der Zeit Einhalt zu gebieten. Federici, Silvia (2012): Caliban und die Hexe. Frauen, der Körper und die ursprüngliche Akkumulation. Mandelbaum, S.64f.

16 Es gab viel Skepsis, ob Hexerei wirklich existierte, aber die meisten, so wie Thomas Hobbes, hießen die Verfolgung als eine Form der Sozialkontrolle gut. Vgl. ebd., S. 182.

17 Ebd., S. 131.

18 Ebd., S. 173–177.

19 »Wie der vorausgehende Sozialdarwinismus, projiziert auch die Sozialbiologie zunächst die vorherrschenden gesellschaftlichen Vorstellungen auf die Natur (zumeist unbewusst, sodass Wissenschaftler*innen irrigerweise die entsprechenden Vorstellungen als ›normal‹ und ›natürlich‹ betrachten). Bookchin nennt das ›die subtile Projektion historisch bedingter menschlicher Werte‹ auf die Natur, anstelle einer ›wissenschaftlichen Objektivität‹. Danach werden die auf diese Weise produzierten Theorien wieder in die Gesellschaft und ihre Geschichte rücküberführt, um zu ›beweisen‹, dass die Prinzipien des Kapitalismus (Hierarchie, Autorität, Konkurrenz etc.) ewige Gesetze seien, die als Rechtfertigung der derzeitigen Zustände herhalten sollen. ›Was dieses Procedere bewirkt, ist,‹ so Bookchin, ›dass die menschliche Sozialhierarchien verstärkt werden, indem die Herrschaft über Männern und Frauen als immanentes Merkmal der ›natürlichen Ordnung‹ dargestellt wird. Menschliche Herrschaft wird damit als biologisch unveränderlich in den genetischen Code eingeschrieben.‹« Bookchin, Murray (1985): Die Ökologie der Freiheit. Wir brauchen keine Hierarchien. Weinheim / Basel: Beltz Zitiert in: What Does Anarchism Stand For? An Anarchist FAQ Section A.2. http://infoshop/AnarchistFAQSectionA2 (Zugriff 14.12.2016).

20 »Mit Heteropatriarchat meine ich den Umstand, dass unsere Gesellschaft fundamental auf männlicher Herrschaft basiert – Herrschaft, die auf einem binä-

ren Gendersystem aufbaut, das Heterosexualität als soziale Norm voraussetzt.« Smith, Andrea (2010): Dismantling Hierarchy, Queering Society. In: Tikkun Magazine 25(4), S. 60. Zu finden unter www.tikkun.org/article.php/july2010smith (Zugriff 14.12.2016).

21 Smith, Andrea: Indigenous Feminism without Apology. https://unsettlingamerica.wordpress.com/2011/09/08/indigenous-feminism-without-apology/ (Zugriff 14.12.2016).

22 US Social Forum 2007: Liberating Gender and Sexuality Plenary. http://www.youtube.com/watch?v=x5crWlrkszZs (Zugriff 14.12.2016).

23 Allerdings wurden allgemein, besonders nach der ersten Phase der Kolonialisierung, Männer und Frauen gleichermaßen der Teufelsanbetung bezichtigt. Dies geschah, um Europa und der Kirche gegenüber zu rechtfertigen, dass die Eroberungen eine Konvertierungsmission seien und kein Raubzug zur Bereicherung. Federici, Silvia (2012): Caliban und die Hexe. Frauen, der Körper und die ursprüngliche Akkumulation. Mandelbaum, S. 271.

24 Ebd., S. 143.

25 Die Hexenjagd in Amerika war »eine bewusst gewählte Strategie [...], die von den Autoritäten eingesetzt wurde, um Angst und Schrecken zu verbreiten, kollektiven Widerstand zu brechen, ganze Gemeinschaften zum Schweigen zu bringen und die Mitglieder dieser Gemeinschaften gegeneinander aufzuhetzen. Sie war auch eine Strategie der Einhegung, die, je nach Kontext, auf Land, Körper oder soziale Beziehungen angewandt wurde. Vor allem war die Hexenjagd, wie in Europa, eine Strategie der Entmenschlichung und damit die paradigmatische Repressionsform, durch die Versklavung und Genozid gerechtfertigt wurden.« Ebd., S. 270.

26 »Die Stärkung männlicher Macht [in Stammesräten] ist untrennbar verwoben mit einer langen Geschichte der Kolonialisierung sowie mit staatlicher Gesetzgebung und Politik, wie zum Beispiel Internate für indigene Kinder [...]. Die Funktion der Internate beispielsweise war, den Stammesgemeinschaften das Patriarchat einzuimpfen und die Kinder im Glauben an patriarchale Gendernormen zu erziehen.« Ramirez, Renya (2007): Race, Tribal Nation, and Gender: A Native Feminist Approach to Belonging. In: Meridians 7 / 2. S. 22–40.

27 Davis, Angela (1982): Rassismus und Sexismus. Schwarze Frauen und Klassenkampf in den USA. Berlin: Elefanten Press. S. 10-12.

28 Lee, Butch / Rover, Red (2000): Night Vision. Illuminating War & Class on the Neo-Colonial Terrain. New York: Vagabond Press. S. 29.

29 Olson, Joel (2004): Abolition of White Democracy. Minneapolis / London: University of Minnesota Press, S. 37. Ich denke, dass »friedlich« hier nicht das passende Wort ist, wie auch Olson anhand einiger Analysen W.E.B. Du Bois' zu den klassenübergreifenden Allianzen ausarbeitet, die die für den Kapitalismus notwendige Stabilität durch die »weitgehende Terrorisierung und Unterwerfung der restlichen Arbeiter*innenklasse« absichern.

Jamie Heckert

Anarchie ohne Opposition

Gegen etwas opponieren, bedeutet, es zu erhalten.

Ursula K. Le Guin, *Die linke Hand der Dunkelheit*

Ich habe eine Erinnerung. Es war 1984: ein Präsidentschaftswahljahr in den USA. Wir spielten in der Schule die Wahl nach. Um etwas über den Prozess zu lernen? Um früh zu üben? Ich war acht Jahre alt. Nur eine einzige Person in unserer Klasse wählte Walter Mondale, der Rest Ronald Reagan. Als das Ergebnis laut vorgelesen wurde, drehte sich das Mädchen vor mir um und fragte schnippisch: »Das warst doch du, oder?« Ich war es nicht.

Nach der Schule (am selben Tag oder an einem anderen?) fragte mich ein Junge aus meiner Klasse, ob ich Demokrat oder Republikaner sei. Auf meine Antwort »weder noch« reagierte er perplex. »Du musst eins von beidem sein«, erwiderte er mit der nachdrücklichen Sicherheit einer Person, die eine unanfechtbare Wahrheit vertritt. »Ich bin aber nichts davon«, beharrte ich. Ich wusste, dass das möglich war. Meine Eltern gingen zur Wahlurne, aber identifizierten sich mit keiner der Parteien. Vor meinem geistigen Auge verzieht sich das Gesicht des Jungen vor Empörung und Unglauben. »Du musst aber eins von beidem sein!«

Demokrat*in oder Republikaner*in? Homo- oder heterosexuell? Mann oder Frau? Kapitalist*in oder Antikapitalist*in? An-archist*in oder Archist*in?

Wir oder sie?

Ich habe eine Erinnerung von einem ganz anderen Ort und zu einer anderen Zeit: London, 2002. Ich reiste von Edinburgh nach Süden mit einer Frau vom ACE, dem sozialen Zentrum, in dem wir arbeiteten, um am *Queeruption* teilzunehmen. Es war meine erste queer-anarchistische Veranstaltung. Auf dem Weg lernte ich eine Menge über Menstruation. Dort angekommen, kam ich ins Gespräch mit einem anderen Mann. Als er herausgefunden hatte, dass ich mich als Anarchist bezeichnete, fing er an, mich auszufragen, ob ich bei diesem Gipfel-Protest dabei gewesen war. Nope. Wie ist es mit diesem oder jenem? Nein und nein. Er blickte mich verständnislos an und fragte womöglich sogar, wie ich mich als Anarchist bezeichnen konnte, wenn ich nicht bei den Gipfeln der G8, WHO, des IWF oder anderer Eliten dabeigewesen war. Ist es nicht das, was Anarchist*innen tun?

Die anarchistische Politik wird für gewöhnlich durch ihre Opposition zu Staat, Kapitalismus, Patriarchat und zu anderen Hierarchien definiert. Mein Ziel in diesem Essay ist es, diese Idee auf mehrfache Weise zu queeren. Queeren bedeutet, etwas eigenartig, unvertraut, komisch machen; es hat dieselbe altgermanische Abstammung wie das deutsche Wort überqueren. Welche neuen Möglichkeiten gewinnen wir, wenn wir lernen, die hierarchischen und binären Oppositionen, die uns stets beigebracht wurden, zu überqueren, zu verwischen, zu unterwandern, zu überfluten?

Hierarchie beruht auf Trennung. Oder besser gesagt, der Glaube an Hierarchie beruht auf dem Glauben an Trennung. Beide sind im Grunde falsch. Alle menschlichen Wesen entspringen dem Ökosystem – wir sind keine separaten, unabhängigen Wesen. Wir sind voneinander abhängige Körper, die in einer natürlichen Welt eingebettet sind, welche wiederum in einem riesigen Universum eingebettet ist. Dementsprechend sind auch alle sozialen Muster, die wir erschaffen und an die wir glauben, ausgedacht (obgleich mit realen Auswirkungen auf unseren Körpergeist). Ihre Existenz ist gänzlich abhängig von unserer Überzeugung, unserer Folgsamkeit, unserem Verhalten. Diese wiederum werden von imaginären Trennungen geformt. Möglicherweise ist die Erkenntnis, dass die miteinander verbundenen hierarchischen Oppositionen wie hetero / homo, Mann / Frau, *weiß* / Schwarz, Geist / Körper, rational / emotional, zivilisiert / wild, gesellschaftlich / natürlich und viele weitere ausgedacht sind, ein wichtiger Schritt, um diese hinter uns zu lassen. Wie können wir lernen, die Kluft zu überwinden, die nicht tatsächlich, sondern nur in unseren verkörperten Vorstellungen existiert?

Darum geht es aus meiner Sicht bei Queerness: Lernen, die Welt mit anderen Augen zu sehen, nicht nur zu sehen, was sein könnte, sondern auch, was bereits existiert (trotz der Illusion von Hierarchie). Ich schreibe diesen Essay als Einladung, den Anarchismus, das Leben anders wahrzunehmen. Ich bin weder daran interessiert, dich zu rekrutieren, noch, dich queer zu machen. Mein Anarchismus ist nicht besser als dein Anarchismus. Wer bin ich schon, dass ich urteilen könnte? Ebenso wenig ist mein Anarchismus bereits queer. Er ist stets dabei, queer zu werden. Wie? Indem ich lerne, stets zu queeren, wieder und wieder, sodass meine Perspektive, meine Politik und meine Präsenz lebendig bleiben.

Das Queeren ermöglicht die Erkenntnis, dass das Leben niemals in die Schubladen und Grenzen passt, die der Verstand sich ausdenkt. Taxonomien nach Arten und Geschlechtern, Kategorien von Ethnien und Staatszugehörigkeiten, Grenzen zwischen Nationen oder Klassen oder politischen Richtungen – sie sind Fiktionen. Sie sind niemals notwendig. Natürlich erfüllen Fiktionen einen Zweck. Vielleicht können wir ja, indem wir sie uns bewusst machen, lernen, sie freier zu handhaben, damit sie uns nicht in der Hand haben.

Von Gegensätzen und Oppositionen

> Das Problem, dem wir heute gegenüberstehen und das in nächster Zukunft gelöst werden muss, besteht in der Frage, wie jeder Mensch er selbst und gleichzeitig eine Einheit mit anderen sein kann, wie er mit allen menschlichen Wesen mitfühlen und dabei seine eigenen charakteristischen Qualitäten behalten kann. Dies scheint mir die Basis zu sein, auf der sich Masse und Individuum, wahre Demokratinnen und Demokraten mit wahrer Individualität, Mann und Frau ohne Antagonismen und Widersprüche treffen können.
>
> Emma Goldman, *Das Trauerspiel der Frauenemanzipation*

Wenn alle, die vom Anarchismus inspiriert sind, sich ganz genau darin einig wären, was er ist, wie er funktioniert und sich anfühlt, wäre das dann noch Anarchismus?

> Alle Welt weiß: Wenn Schönheit schön sein will, wandelt sie sich in Hässlichkeit. Wenn Güte als gut gelten will, wird sie zu Ungutem.
>
> Laotse

Ich beobachte, dass Anarchismus und Anarchie oft als Opposition zum Staat, zum Kapitalismus und allen anderen Formen hierarchischer Strukturen definiert werden. Befreiung statt Herrschaft. (Libertär-) kommunistisch statt kapitalistisch. Woran liegt das?

Oh, ich habe nichts gegen Opposition! Ich habe lediglich einige Fragen. Eine betrifft Grenzen – das Ziehen von Grenzen auf einer Karte und den Anspruch, sie seien die Realität. Ist das nicht eine Operation am offenen Herzen des Staates? Und passiert nicht genau das, wenn du oder ich versuchen, eine klare Linie zwischen uns, den guten Anarchist*innen, und ihnen, den bösen Anarchist*innen, zu ziehen? Wir sind dies, sie sind das.

Das Hinterfragen von Grenzen ist ein zentrales Thema der Queer-Theorie.

Die konventionelle lesbische, schwule, bisexuelle und transgender Politik basiert auf Gegensätzen: Wir sind die unterdrückte Minderheit und sie die privilegierte Mehrheit. In diesem Fall ist das Problem Ungleichheit und die Antwort gesetzlicher Schutz. Queer-Theorie stellt das in Frage und suggeriert in meinen Augen stattdessen, dass das Problem in unserem Glauben an Identitäten liegt. Die Sache mit Identitäten ist die, dass sie einander brauchen, um zu existieren: Hetero ist nicht homo, homo ist nicht hetero und Bisexualität verwirrt die Leute noch immer. Das führt uns zu vielerlei Arten der Kontrolle – wir lernen, uns selbst und einander zu fragen, ist er wirklich ...? Ist sie wirklich ...? Bin ich wirklich ...? Wir werden dazu angehalten, zu glauben, dass unser subjektives Geschlecht und unsere Partnerwahl uns sagen, wer wir sind und wo wir uns in einer sexuellen Hierarchie befinden, die in unserer Vorstellung existiert. Während die staatlich orientierte LGBT-Politik versucht, Hierarchien wie hetero / homo oder cis / trans zu hinterfragen, dabei aber die Identitäten beibehält, fragt queere Politik, ob die Identitäten nicht selbst mit ihren Grenzen und ihrer Kontrolle staatsgleich sind.

Ich habe ähnliche Fragen zu anarchistischen und anderen Identitäten. Wie viel Energie, die direkt in nicht-staatsförmige Lebensweisen fließen könnte, wird darauf verschwendet, anarchistisch genug zu wirken? Ich weiß, ich bin nicht der Einzige, der an Anarcho-Perfektionismus leidet!

So habe ich miterlebt, wie eine Menge Energie darauf verwendet wird, darüber zu diskutieren, ob dies oder das wirklich anarchistisch ist oder nicht, ob dies oder das wirklich Anarchismus ist oder nicht.

Auf der anderen Seite hatte ich einmal eine interessante Konversation mit einem Mann, der eine Möbel-Firma besaß. Wir waren uns in vielem einig und er schien sehr am Anarchismus interessiert. Ich schlug ihm vor, die Firma seinen Angestellten als Kooperative zu überlassen, wenn er in Rente ginge. Er erwiderte wehmütig: »Aber ich bin doch ein Kapitalist.«

Welche Art Politik wäre möglich, wenn wir alle lernten, uns weniger an bestimmte Bezeichnungen zu halten und stattdessen mehr auf die Komplexität unserer Wünsche zu hören? Meine Sorge ist, dass Opposition – eine Politik der Gegensätze, die gegeneinander stehen, sich aufeinander stützen – dem Zuhören im Wege stehen könnte.

Eine Gedächtnis-Geschichte:[1] Vor ein paar Jahren lebte ich in einem ehemaligen Bergbaudorf in der Nähe von Edinburgh. Ich war sehr beunruhigt, als ich jeden Morgen hörte, wie die alleinerziehende Mutter aus der Arbeiterschicht von nebenan ihre Kinder mit den schlimmsten Ausdrücken anschrie. Sie fluchte, schrie manchmal, sie würde sie hassen. Es war kaum zu ertragen. Wie konnte ich sie darauf ansprechen? Dann belegte ich einen Kurs in gewaltfreier Kommunikation – einer Strategie ohne Opposition (mehr dazu im Folgenden). Ich lernte dort, mich so mitzuteilen, dass es ihr leichter fallen würde, meine Gefühle und Wünsche anzuhören. Die Gelegenheit kam, als ich einen Ball in ›meinem‹ Garten fand (wir besitzen das Land nicht, wir sind Teil davon) und sie in ›ihrem‹ war. Ich warf den Ball über die Hecke und fragte sie, wie sie mit ihrer Situation als alleinerziehende Mutter zurechtkam. »Das ist bestimmt sehr schwer«, sagte ich. Dann erzählte ich ihr, dass ich Angst bekam, wenn ich sie morgens schreien hörte, weil es mich an Dinge aus meiner eigenen Kindheit erinnerte.[2] Sie sagte nichts dazu, aber das Schreien hörte auf und ihre Tochter fing an, mit mir zu reden.

Vor Kurzem erwies sich diese Kommunikationsstrategie erneut als nützlich. Auf dem Weg nach London, wo ich über Wissenschaft und Aktivismus reden sollte, geriet ich mit einem selbsternannten Konservativen in eine Unterhaltung über Politik. Terrorismus kam zur Sprache und ich stellte die Frage, ob wir besser seien als die; ich zitierte ein Chumbawamba-Shirt: »War is terrorism on a bigger budget« (dt.: Krieg ist Terrorismus mit größerem Budget). Der Mann schaute mich nachdenklich an und hinter ihm lachte ein Franzose, der aussah wie ein Hippie, und schrieb es auf. Auf einmal stand ein anderer sehr großer, sehr wütend aussehender Mann auf und fragte, ob ich gerade gesagt hätte, Krieg sei Terrorismus. Ich nickte und er erwiderte: »Ich bin in der Armee.« Er wirkte außer sich und ich befürchtete, dass er mich schlagen wollte. Dann versetzte ich mich in seine Lage und versuchte nachzuempfinden, was er fühlte, was er brauchte. Ich blickte ihm in die Augen und fragte vorsichtig: »Sind Sie wütend, weil Sie sich Respekt für sich und Ihre Armeekollegen wünschen?« Er wandte den Blick ab, sein Gesicht und seine Schultern entspannten sich und er murmelte: »Jeder hat wohl das Recht auf seine eigene Meinung.«

Was wäre passiert, wenn ich mich auf eine Konfrontation eingelassen hätte?

Wie könnte ein Anarchismus aussehen, der sich nicht von seinen Gegensätzen Grenzen setzen lässt? Wie könnte der Anarchismus stetig gequeert werden und zum Zuhören über Identitäts- und Ideologiegrenzen hinweg angeregt werden? Ich möchte nicht darauf hinaus, dass der Anarchismus alles enthalten sollte, sondern dass interessante Dinge passieren könnten, wenn Leute, die vom Anarchismus inspiriert sind, mit Menschen in Kontakt treten, die die Dinge anders sehen und machen. Dabei sollte es nicht nur darum gehen, die anderen vom Anarchismus zu überzeugen, sondern vielleicht sogar darum, nicht zu urteilen.

> Jenseits von richtig und falsch gibt es einen Ort.
> Hier können wir einander begegnen.
>
> Rumi

Ich sehne mich nach Ehrlichkeit, Komplexität und Hingabe. Ich möchte nicht dazu angehalten oder gezwungen werden, aus einer Liste von Optionen zu wählen, die vordefiniert, vorbestimmt, vorverurteilt sind. Ich möchte eine Diskussion. Verbindung. Austausch. Die Möglichkeit, zuzuhören und angehört zu werden: geben und nehmen, nehmen und geben. Lasst uns neue Möglichkeiten der Identitäten, Beziehungen, politischen Richtungen entdecken. Lasst uns zusammenkommen.

Das ist es, was mich immer wieder zum Anarchismus zieht. Und nicht nur zum Anarchismus; dafür bin ich zu promiskuitiv.[3] Mein Anarchismus kennt keine klaren Linien, keine Grenzen, keine Reinheit, keine Gegensätze. Wie alles Lebendige. Und ich mag meinen Anarchismus lebendig.

Okay, ich will ehrlich sein. Mein Anarchismus kann auch starr sein, zugeknöpft und oppositionell. Ich kenne die Genugtuung, die darin liegt, sich selbst für radikaler als die anderen zu halten. Dabei besteht aber die Gefahr, ›nicht radikal genug‹ zu sein oder gar kein richtiger Anarchist. Es hält einen außerdem davon ab, sich mit anderen Menschen zu verstehen, zusammenzuarbeiten, sich zu begegnen. Wenn mein Anarchismus also starr ist, wie gut stehen dann die Chancen, Anarchie zu erleben?

Geschichten anders lesen

Aber diese Geschichten waren kein Evangelium, keine Art von höherer Wahrheit. Sie waren Versuche der Wahrheitsfindung, Versuche, das Heilige wahrzunehmen. Es wurde nicht von einem verlangt, zu glauben, nur zuzuhören.

Ursula K. Le Guin, *Der Erzähler*

Ein Freund von mir, der sowohl akademisch als auch aktivistisch unterwegs ist, äußerte sich neulich abfällig über Queer-Theorie, sie sei bloß »die Lehre einer anderen Lesart von Romanen«. Und tatsächlich war eines der ersten Bücher, das als Queer-Theorie bezeichnet wurde, Eve Sedgwicks *Between Men*, das von der englischen Literatur im 19. Jahrhundert handelt. Es ist auch eine Studie über Unterdrückungsmuster bestimmter kultureller Normen in Sachen Liebe, Sex, Freundschaft, Gender und Intimität. Die Entdeckung dieser Muster gelang durch eine andere Lesart der Romane. Dass man aufmerksam macht auf Liebe und Begehren zwischen Männern in scheinbar heterosexuellen Romanen, soll nicht unbedingt bedeuten, dass die Geschichte in Wahrheit davon handelt. Vielmehr rüttelt es an unserer Vorstellung davon, wie die Dinge wirklich sind und was möglich ist.

Unterscheidet sich das so sehr von Pjotr Kropotkins Schriften? *Gegenseitige Hilfe in der Tier- und Menschenwelt* präsentierte eine andere Lesart der Theorie Darwins, die sich von jener unterschied, die als Rechtfertigung für den Imperialismus genutzt wurde. Darwins Begriff ›survival of the fittest‹ wurde lange als Überleben des Stärksten, des Dominanten, des Maskulinsten, des am meisten ›Fortgeschrittenen‹ ausgelegt. Bei Kropotkin hingegen – und auch bei Darwin, wie ich glaube – bedeutet es, dass die am besten an ihr Ökosystem angepassten Lebewesen überleben. Man könnte auch sagen, diejenigen, die kooperieren.

Ist also Kooperation besser als Konkurrenz? Ist queer besser als geradlinig? Sind das die richtigen Antworten? Sollte ich so mein Leben führen?

So wie ich das sehe, geht es weder bei Queerness noch bei Anarchie, zumindest im Moment, darum, die richtigen Antworten zu finden oder die richtige Art zu leben. Bei beiden geht es um die Erfahrung, mit anderen, mit sich selbst in Kontakt zu treten. Mir fällt es fast immer schwerer, mit jemandem in Kontakt zu treten, der darauf besteht, dass seine Geschichte *die* Geschichte, seine Wahrheit *die* Wahrheit sei. Wo ist da noch Raum für meine Geschichte, meine Wahrheit? Deine Geschichte, deine Wahrheit? Wie können unterschiedliche Menschen, Wesen, Geschichten und Stimmen es schaffen, gemeinsam zu existieren, wenn eine einzige Geschichte den gesamten Raum einnehmen will? Wie die Zapatist*innen möchte ich lieber in einer Welt leben, »in der alle Welten Platz haben«.

Ein Prinzip der Permakultur, die ein ethisches Schöpfungssystem oder vielleicht eine Revolution unter dem Deckmantel der Pflanzenkunde darstellt, ist, dass die Ränder die produktivsten Bereiche eines Systems sind. Wo der Fluss auf das Ufer trifft, der Wald auf die Wiese, das Meer auf die Küste, gibt es eine Fülle an Leben. Je mehr sich der Anarchismus, ein weitverzweigter Fluss in unserem sozialen Lebensraum, mit Morast und Stein, mit Erde und Seele vermischt, umso mehr werden vielfältige Lebensformen davon profitieren.

Im Gegensatz dazu steht das moralische hohe Ross auf kaltem, unfruchtbarem und einsamem Land. Ich weiß es – ich war bereits dort und kehre ab und an noch dorthin zurück. Erbitterte Rationalität und Intellektualität lassen keinen Raum für Zweifel und die Komplexität von Gefühlen. Die Wärme gegenüber sich selbst und anderen schwindet angesichts der Kälte im Herzen. Die Kälte mag eine Schutzfunktion gegen den Schmerz sein, weil man zuviel Gewalt und Grauen gesehen hat. Aber ein kaltes Herz ist doch immun gegen Freude. Und wie queer wäre das Leben schon ohne Freude? Indem ich mich auf meinem hohen Ross immer mehr vom Schmerz distanziere und abspalte, laufe ich Gefahr, zu vergessen, dass mein Herz sich nach Gemeinschaft, Vitalität und Spiel sehnt. Vielleicht ist es weniger ein Vergessen, sondern eher ein Lernen, nicht mehr zuzuhören. Denn Schmerz ist ein Signal, ein Zeichen dafür, dass man lebt, eine Erinnerung an die eigenen Wünsche. Lernen, nicht mehr zuzuhören. Ist das nicht auch das Wesen des Staates?

Die Sorge um sich

> Doch kommt es auch vor, daß das Spiel zwischen der Sorge um sich und der Hilfe des anderen eingreift in bereits bestehende Beziehungen, denen es eine neue Tönung und eine größere Wärme verleiht. Die Sorge um sich – oder der Anteil, den man an der Sorge nimmt, die die anderen um sich selbst haben sollen – erscheint somit als eine Intensivierung der gesellschaftlichen Beziehungen.
>
> Michel Foucault, *Sexualität und Wahrheit 3: Die Sorge um sich*

In einem queer-anarchistischen Essay stellt Sian Sullivan die Frage, ob eine andere Welt möglich ist.[4] Wenn Staat / Imperium / Kapital von der stetigen Erschaffung hierarchischer Spaltungen zwischen und innerhalb der Menschen abhängen, wie können wir dann Raum für das vermeintlich *Andere* schaffen? Eine Politik als nicht-hierarchisch, anarchistisch, feministisch, sicher oder queer zu erklären, macht dieselbe nicht wie durch Zauberei zu einer solchen. Dazu braucht es eine andere Art der Zauberei – Praxis.

Diese Hierarchien sind nicht nur >da draußen<. Sie sind auch hier drinnen: in unserer Körperhaltung, in unseren Gedanken, in unseren emotionalen Reaktionen, darin, wie wir die Welt zu sehen lernen, und in unserer Vorstellungskraft des Realen und Möglichen. Diese Hierarchien erwachsen aus unserer Beziehung zu uns selbst, zu anderen Menschen und zum Rest der Welt. Und das ist okay.

(Habt etwas Geduld mit mir!)

Da gibt es diesen Sozialpsychologen namens Thomas Scheff, der untersucht hat, warum sich Menschen konform verhalten (beziehungsweise warum es schwer fällt, queer zu sein).[5] Ausgehend von einer eher kropotkinschen Perspektive auf Evolution befand er, dass Menschen ihrer Natur nach kooperativ sind und die Erhaltung dieser Kooperation eine grundlegende Funktion unserer Emotionen ist. Wir fühlen uns gut (>stolz<), wenn unsere sozialen Bindungen stark sind, und wir fühlen uns schlecht (>beschämt<), wenn unsere Beziehungen gefährdet sind, weil wir auf sie angewiesen sind, um zu überleben. Nun, das ist alles schön und gut, um miteinander auszukommen. Das Problem beginnt, wenn wir uns für unsere Scham schämen und in einen Teufelskreis der Selbstgeißelung geraten. Scheff nennt das >pathologische Scham< und er erklärt damit, warum wir Menschen uns Dingen anpassen, von denen wir wissen, dass sie nicht gut für uns, für andere Menschen oder für den gesamten Planeten sind. Deshalb sage ich, dass es okay ist, wenn sich Hierarchien entwickeln. Wenn ein*e gute*r Anarchist*in zu sein, bedeutet, dass man immer gegen Hierarchien sein muss, dann laufen anarchistische Beziehungen ständig Gefahr, nicht anarchistisch genug zu sein, und der Teufelskreis der pathologischen Scham, der Starrheit, des Staates wird verstärkt. Demut könnte einen Mittelweg darstellen, der gesellige Rand zwischen exzessivem Stolz und pathologischer Scham.[6]

Seither hat ein anderer radikaler Sozialpsychologe ein noch komplexeres emotionales Modell der Herrschaft entwickelt. Marshall Rosenberg, der Entwickler der Gewaltfreien Kommunikation (GfK), war der Meinung, dass Konformität und Dominanz in unseren alltäglichen Beziehungen beginnen.[7] Er beschrieb das Konzept der emotionalen Sklaverei – das Sich-verantwortlich-Fühlen für die Gefühle anderer.

Was passiert, wenn der edle anarchistische Wunsch nach Freiheit und Gleichheit in diesem Käfig gefangen gehalten wird? Ich sehe in mir und in anderen ein überwältigendes Pflichtgefühl, Gleichheit für alle zu erlangen, mich und andere frei zu machen. Alles in Ordnung zu bringen.

Was, wenn bereits alles in Ordnung ist, selbst Schmerz und Scham?

Rosenberg beschreibt eine radikal einfühlsame Perspektive, nach der absolut jede*r sein*ihr Bestmöglichstes gibt, um lebensnotwendige Wünsche / Bedürfnisse zu befriedigen (z.b. Ordnung, Gemeinschaft, Spiel, Nahrung, Obdach usw.). Das Böse gibt es nicht; man braucht sich nichts zu widersetzen. Stattdessen könnten wir lernen, uns in die Bedürfnisse der anderen einzufühlen und unsere eigenen zu artikulieren. Wir mögen sicherlich unterschiedlicher Meinung sein, mit welchen Strategien wir diese Ziele erreichen. Es macht mich noch immer wütend, wenn ich Strategien sehe, die die Bedürfnisse einiger erfüllen und anderer ignorieren (wie etwa Krieg, Privateigentum oder Tyrannei). Jemandem die Schuld dafür zu geben, mag vorübergehend gut tun. Das Problem ist aber, wenn ich anderen Menschen vorwerfe, noch nicht vollkommen anarchistisch zu sein, dann muss ich mir das schließlich selbst vorwerfen. Ich bin auch kein vollkommener Anarchist. Wie könnte ich das sein? Wo sollte ich das gelernt haben? Wie alle anderen übe ich noch.

Deshalb präsentiere ich euch die absolut queere Idee von einem Anarchismus, der nicht auf Opposition basiert, sondern auf der Akzeptanz aller Dinge, wie sie sind. Auf der Grundlage dieser Akzeptanz könnten wir uns fragen, was man tun kann. Wie kann man Anarchie bestärken, statt sie einzufordern, zu erzwingen? Welche Lebens- und Beziehungsarten können wir praktizieren, die die Bedürfnisse aller nach Leben, Liebe und Freiheit noch besser befriedigen? Und wie könnten wir lernen, den Schmerz zu akzeptieren, den wir fühlen, wenn das nicht klappt, anstatt uns mit Groll und Schokolade abzulenken? Und wie könnten wir lernen, nicht so hart zu uns zu sein, wenn wir merken, dass wir uns zu Strategien der Ablenkung oder gar der Herrschaft haben hinreißen lassen?

Stille in Bewegung

> Zieht das vor, was positiv und vielfältig ist, zieht die Differenz der Einför-
> migkeit, die Flüsse den Einheiten, die beweglichen Verknüpfungen dem
> System vor. Geht davon aus, dass das, was produktiv ist, nicht sesshaft, son-
> dern nomadisch ist.

Michel Foucault, Vorwort zu *Anti-Ödipus*

Körper müssen sich bewegen, spielen, wohl befinden. Die Sitzkultur
führt zu vielen Leiden. Körper werden in Reih und Glied gehalten, in
Stühlen an Arbeitsplätzen oder Schultischen. Körper folgen einer Ordnung. Und dasselbe gilt für Gedanken und Gefühle.

An etwas festzuhalten – an Scham, Groll, jeglicher Emotion oder
jeglicher Geschichte darüber, wie die Welt wirklich ist – bedeutet, festgehalten zu werden. Das ist keine Freiheit. Locker zu lassen, heißt, weniger festgehalten zu werden. Das ist für mich Freiheit. Keine Opposition,
keine Spannung zwischen Intimität und Abstand. Stattdessen ein sanfter
Tanz, der aus einer tiefen Stille herrührt.

Anarchist*in oder queer zu werden, ist nicht leicht. Grenzen zu
überqueren, zu erkennen, dass es sie nicht einmal gibt, ist eine radikale Transformation für alle, die im Glauben an diese Grenzen aufgewachsen sind. Doch es muss kein Kampf sein. Gegen die bestehende
Welt ankämpfen, gegen meine Erfahrung ankämpfen, das wider-
strebt mir. Sicher, die Welt ist nicht so, wie ich sie mir erträume. Warum sollte sie so sein? Um meinen oder deinen Schmerz zu stillen?
Das Weglaufen vor dem Schmerz ist eine lautstarke Angelegenheit.
Sie lenkt ab.

Um zu lernen, sich selbst zuzuhören, sein »Leben sprechen zu
lassen«,[8] braucht man Ruhe und Frieden. Ich kenne das von mir, dass
ich mich sonst in einer Flut von Geschichten und Gefühlen verliere, die
mir sagen, was ich tun soll und dass ich nicht genug getan habe. Ich ver-
gesse das Ruhen, das Spielen. Ist das radikal?

Warte mal, sagst du da wahrscheinlich. Natürlich brauchen wir alle
Ruhe und Spiel. Aber wie können wir nicht gegen, sagen wir, die Mauer
in Palästina / Israel sein? Wie kannst du behaupten, sie sei Fiktion? Sie

ist echt. Zum Anfassen. Genauso wie alle Kugeln und Panzer, die verstümmeln und töten.

Die Leichen und die Kugeln sich echt. Schmerzlich echt. Der Beton gießt sich nicht selbst zu einer Mauer. Keine Grenze, die von Menschen erfunden wurde, erhält sich selbst. Kein Gewehr feuert von selbst. Hinter jeder Grenze, jeder Mauer steckt menschliches Handeln. Warum unterstützen manche Israelis die Mauer? Weil sie, so wie ich es sehe, Angst haben. Ihnen wird beigebracht, dass zumindest manche Palästinenser*innen gefährliche Feinde sind. Sie wünschen sich Sicherheit, Leben. Wenn Menschen als Soldat*innen handeln, dann glauben sie womöglich, dass die Grenze echt ist und verteidigt werden muss. Sie glauben vielleicht, dass die Menschen auf der einen Seite von Grund auf anders sind als die auf der anderen Seite. Vielleicht glauben sie auch mit Herz und Verstand, dass ihnen keine andere Wahl bleibt, als Befehle zu befolgen. Anders zu handeln, anders zu fühlen, mag schlichtweg unvorstellbar sein.

Ein Geisteszustand

> Die Herausforderung, der wir gegenüberstehen, besteht aus verschiedenen Verhaltensmustern der Siedler*innen und unseres eigenen Volkes: Entscheidungen zur Unterstützung von Mentalitäten, die sich sowohl aus der Kolonisierung unseres Landes als auch aus der grenzenlosen Gier und Selbstsucht der allgemeinen Gesellschaft entwickelt haben. Dazu kommen die oberflächlichen [...] Rechtfertigungen für die unnatürliche und falsch verstandene Positionierung der Menschheit in der Welt, die entschiedene Weigerung, nach innen zu blicken, und die aggressive Verleugnung des Wertes der Natur.
>
> Taiaiake Alfred: *Wasáse. Indigenous Pathways of Action and Freedom*

> In der queeren Ökologie geht es sowohl darum, Schönheit in den Wunden dieser Welt zu erkennen, als auch darum, die Verantwortung zu übernehmen, sich um die Welt, wie sie ist, zu kümmern.
>
> Catriona Mortimer-Sandilands: *Unnatural Passions?*

Ich stelle fest, dass ich immer wieder zu einer Schlussfolgerung gelange, die mir selbst queer erscheint. Die radikalste meiner Handlungen ist, täglich zu meditieren.

In der Siedler*innen-Gesellschaft aufgewachsen, habe ich gelernt, nicht in mich hineinzuschauen, zu fürchten, was ich dort finden könnte. Doch das ist der beste Weg, den ich gefunden habe, wie der Mensch »er selbst und gleichzeitig eine Einheit mit anderen sein kann, wie er mit allen menschlichen Wesen mitfühlen und dabei seine eigenen charakteristischen Qualitäten behalten kann«, wie Emma uns empfahl, zu sein, zu fühlen. Deshalb schlage ich dir vor, Meditation als anarchistische Freiheitspraxis zu erwägen, nur zu erwägen.

Hier kommt eine queere Idee: Der Staat ist immer ein Geisteszustand. Er steckt das Leben in Schubladen und beurteilt es dann nach diesen Schubladen, diesen Grenzen, als wären sie das, was wirklich zählt. Er versucht, andere Menschen dazu zu bekommen, das zu tun, was er will, ohne Rücksicht auf ihre Bedürfnisse, ihre Wünsche. Er ist Unsicherheit, Selbstkontrolle, Eigenpropaganda, Selbstsucht. Er ist Angst und Depression. Er ist Hyperaktivität, die von der Vorstellung herrührt, dass es besser aussieht, wenn man etwas tut anstatt nichts zu tun, selbst wenn das, was man tut, mehr Schaden als Nutzen anrichtet. Er ist der Hass gegen sich selbst und andere, weil es nicht richtig läuft, weil man nicht gut genug ist. Er ist der Glaube, dass Sicherheit aus Kontrolle erwächst. Und er ist die Quelle für enormes Leid in der Welt.

Auch ich tue das, wenn ich beim Meditieren in mich hineinschaue, erkenne ich, wie sehr mein Verstand an individualistischen Geschichten von mir selbst hängt: ich als wichtig, als wundervoll, als nutzlos, als Opfer, Held oder Bösewicht. Die Geschichten fluktuieren und ändern ihre Form. Und wenn ich an sie glaube, haben sie Auswirkungen auf alle meine Beziehungen. Auch ich kann wie der Staat agieren.

Judith Butler hat mich vielleicht gelehrt, dass die Performanz einer Rolle nur eine Kopie ohne Original ist, aber erst die Meditation lässt mich das ganz klar erkennen. Jeden Morgen setze ich mich hin, konzentriere mich, mache mir die Gedanken und Gefühle bewusst, die vorbeiziehen, und lerne, mich nicht mit ihnen zu identifizieren, mich nicht in sie hineinziehen zu lassen, sie nicht abzulehnen. Ich erlerne »die Kunst, alles sein zu lassen, wie es ist«,[9] was mir wiederum bei der Aufgabe hilft, mich »um die Welt, wie sie ist, zu kümmern«, die Schönheit in den Wunden zu erkennen. Ich lerne, mit meiner Selbstwahrnehmung spielerisch umzugehen, die Grenzen loszulassen, die Kontrolle. Es fällt mir so viel leichter, mit anderen in Kontakt zu treten, wenn die Mauern um mein Herz, um mein individualisiertes Selbst fallen. Und es fällt leichter, die Mauern fallen zu lassen, wenn ich sie nicht verurteile. Dass wir lernen, uns zu schützen, ist nur natürlich.

Ich meditiere nicht nur für mich selbst, sondern damit ich entwaffnet in die Welt hinausgehen kann. Ohne Rüstung. Mit Liebe. Wenn ich das Leben liebe, sehe ich überall Anarchie. Ich bemerke all die kleinen und nicht so kleinen Zeichen dafür, dass sich die Menschen schon gegenseitig unterstützen, sie schon für sich selbst sprechen, sich schon gegenseitig zuhören, schon Entscheidungen treffen und gemeinsam agieren. Das sind nicht bloß »Keimlinge unter dem Schnee«, wie Colin Ward es nannte. Das sind blühende Blumen. Eine andere Welt ist nicht nur möglich, sie existiert bereits. Ich habe es erlebt.

Und wenn ich mich wieder mal verliere in meinen eigenen Gedanken, meinen eigenen Wünschen, meinen eigenen Geschichten darüber, wer ich bin, wer du bist, was hätte passieren sollen, wie die Welt sein sollte ... Dann sehe ich so wenig abseits von den Dramen in meinem Kopf. Alles, was ich sehe, alle, die ich treffe, interpretiere ich durch die Linse dieser Fiktionen. Ich nehme mich selbst und meine Überzeugungen sehr, sehr ernst. Genauso wie der Staat.

Ist es radikal, mich dafür zu hassen? Ist es radikal, ›Polizist*innen‹, ›Kapitalist*innen‹, ›Politiker*innen‹, ›Rassist*innen‹ oder ›Homophobe‹ dafür zu hassen? Meiner Erfahrung nach sind diese beiden Dinge eng miteinander verbunden. Untrennbar.

Also gehe ich erst in mich, bevor ich in die Welt hinausgehe. Indem ich meinen Geist still werden lasse, werde ich nicht von meinen Gedanken beherrscht. Indem ich mein Herz öffne, kann ich mich selbst und andere lieben. Und wenn ich gerufen werde zu kämpfen, die Bedrohten zu beschützen, lasst es mich mit Liebe tun. Denn wenn ich nicht liebe, ist es nicht meine Revolution.

Übersetzt von Magarita Ruppel

1   Ich borge mir diesen Begriff [im Original: memory-story] von Kristina Nell Weaver, deren Texte zur anarcho-buddhistischen Geografie mir verdeutlichten, dass Erinnerungen nicht die Wahrheit darüber wiedergeben, was in der Vergangenheit passiert ist, sondern Geschichten sind, die unser Verstand in der Gegenwart erschafft.

2   Ich habe darüber in einem Essay geschrieben (2010): Fantasies of an Anarchist Sex Educator. In: Heckert und R. Cleminson (Hg.) Anarchism and Sexuality: Ethics, Relationships and Power. London: Routledge.

3   Siehe Shannon, D. und Willis, A. (2010): Theoretical Polyamory: Some Thoughts on Loving, Thinking, and Queering Anarchism. In: *Sexualities*, 13 Nr. 4, S. 433–443.

4   Siehe Sullivan, S. (2005): An *Other* World is Possible? On Representation, Rationalism and Romanticism in Social Forums. In: Ephemera, 5 Nr. 2, S. 370–392.

5   Siehe Scheff, T. J.(1990): Microsociology: Discourse, Emotion, and Social Structure. Chicago: University of Chicago Press.

6   Siehe Le Guin, Ursula K. (2011): The Conversation of the Modest. In: Wild Girls. Oakland, Ca: PM Press.

7   Siehe Rosenberg, Marshall B. (2016): Gewaltfreie Kommunikation – Eine Sprache des Lebens. Aus dem Amerikanischen von Ingrid Holler. 12., überarbeitete und erweiterte Auflage. Paderborn: Junfermann Verlag.

8   Siehe Palmer, Parker J. (1999): Let Your Life Speak: Listening for the Voice of Vocation. San Francisco: Jossey-Bass.

9   Adyashanti (2006): True Meditation: Discover the Freedom of Pure Awareness. Louisville, CO: Sounds True.

farhang rouhani

Lektionen aus Queertopia

Wege zu einem queeren Anarchismus

Ich entdeckte den Anarchismus spät im Leben, später als die meisten Menschen. Damit will ich nicht sagen, dass wir vor einem bestimmten Alter Anarchist*innen werden sollten oder dass unser Denken und Handeln sich in linearer Weise ausprägen. Ich möchte zu Beginn dieses Essays erzählen, wie ich zum Anarchismus gekommen bin. Während ich Literatur, politische Geografie und Kulturwissenschaft studierte, hatte ich kaum bis keine Gelegenheit, mich mit anarchistischer Theorie zu beschäftigen. Ich engagierte mich auch in keiner anarchistisch orientierten Bewegung oder Gruppierung. Mein Weltbild, das ich insbesondere im Graduiertenkolleg entwickelte, war weitgehend durch Foucault, Gramsci, Lefebvre und ihre Schüler*innen geprägt. Ich konzentrierte mich besonders auf marxistische politische Ökonomie, Queer-Theorie und die tagtäglichen, den Staat konstruierenden Prozesse sowie auf die Globalisierung. Meine Dissertation behandelte die Frage, wie junge, der Mittelklasse angehörige Einwohner*innen Teherans (Iran) sich selbst in ihrer Nutzung des Internets und Satellitenfernsehens als Konsument*innen und Staatsbürger*innen in Bezug zu Theokratie, Demokratie und Neoliberalismus verstehen. Es erstaunt mich, dass ich durch so viele Theorien beeinflusst wurde, die selbst von anarchistischen Gedanken beeinflusst waren, ohne dass das Wort ›Anarchismus‹ jemals ausgesprochen wurde. Das offenbart einiges über unsere Ausbildung und das ihr zugrundeliegende Gesellschaftssystem in den USA, wo Anarchismus mit Gleichgültigkeit und Angst begegnet wird. Es gibt so viele Arbeiten, die eindeutig aus anarchistischen Ansätzen hervorgegangen und eng mit ihnen verbunden sind, dies selbst aber nicht benennen.

Jedenfalls begann meine erste Einführung in den Anarchismus ausgerechnet in Virgina, als mich eine Gruppe radikaler Student*innen bat, Tutor ihrer neugegründeten Gruppe *Anarchist Social Theory Club*

*(ASTC, Club Anarchistische Sozialtheorie) zu werden. Das war kurz nachdem ich meine Lehre am Mary Washington College (heute University of Mary Washington) in 2001 angetreten hatte. Ich sagte natürlich zu: Ich hatte kaum Ahnung, aber großes Interesse. Im Verlauf der folgenden Jahre arbeiteten wir zusammen in jährlichen Lesegruppen und Seminaren zu verschiedensten Themen, von anarchistischer sozialphilosophischer Geschichte über Anarchafeminismus und die Schnittstellen von Queer-Theorie und Anarchismus bis hin zu dem praxisorientierteren Projekt *Rights to the City* [Recht auf Stadt], das im Wesentlichen ein Besetzungsexperiment in Downtown Fredericksburg, Virgina, war. Von Anfang an näherte ich mich dem Anarchismus mit einer gehörigen Portion Skepsis, besonders, weil die anarchistischen Student*innen bis vor Kurzem in vollkommen unkritischer Weise über die Natur (des Menschen) in essentialistischen Begriffen sprachen. Gleichzeitig aber fühlte ich mich mehr und mehr hingezogen zu anarchistischen Texten jüngeren Datums, die Herrschaft, Zwang und Identitätspolitiken kritisieren und praxisnahe Modelle darüber erarbeiten, wie eine neue, an ethischen Werten ausgerichtete statt auf Verordnungen basierende Welt in der Hülle der alten erschaffen werden kann.

Eines der Projekte des ASTC war eine jährliche Workshopreihe über verschiedene radikale und aktivistische Gemeinschaftsprojekte in der Region, von *Richmond Indymedia* bis hin zu *Helping Individual Prostitutes Survive* (HIPS, einzelnen Sexworker*innen überleben helfen). Im Jahr 2004 nahmen zwei Personen vom *Richmond Queer Space Project* (RQSP, Richmond Projekt Queerer Raum) an einem der Workshops in Mary Washington teil und ich schloss mich sofort ihrem theoretischen und praktischen Engagement für einen queeren Raum mit anarchistischen Werten an. RQSP war ein klein angelegtes, aktivistisches und auf die Stärkung einer Community ausgerichtetes Projekt in Richmond, Virginia. Es existierte zwischen 2001 und 2006 und war in der Stadt vielfältig sichtbar. Neben den Kundgebungen, Workshops und wöchentlichen, konsensbasierten Treffen trug vor allem die Schaffung eines materiellen Ortes – das *Queer Paradise* – zur großen Lebhaftigkeit des RQSP bei. Das *Queer Paradise* diente zu verschiedenen Zeiten als politischer, als sozialer und als Wohn-Raum für verschiedene Personen aus der Gruppe.

Maßgeblich durch die Kombination meiner Beteiligung am ASTC und meines Kontakts zu RQSP kam ich in den Mittdreißigern dazu, mich selbst als Anarchist zu identifizieren. Ich habe mich entschieden, meinen Essay mit dieser persönlichen Geschichte zu beginnen, einerseits um offenzulegen, woher mein Interesse an Anarchismus rührt und dass es anfangs akademischer Natur war, aber auch, um deutlich zu machen, dass die Pfade und Wege, die Menschen zu bestimmten Auffassungen, Bewegungen und Praktiken bringen, höchst verschieden sein können. In diesem Essay möchte ich aufzeigen, dass queere und anarchistische Theorien zwar inspirierende, kreative, utopische Alternativen entwerfen, zugleich aber meist nicht den komplexen, widersprüchlichen und chaotischen Prozessen gerecht werden, innerhalb derer die Ideale umgesetzt werden. Wir neigen beispielsweise dazu, konsensbasierte Verhaltensweisen zu favorisieren, ohne dabei die Kluft zwischen unseren idealisierten Konsens-Modellen und den komplexen Wirklichkeiten unserer Praxis kritisch in den Blick zu nehmen. Mein Ziel ist es, diese Komplexitäten ernst zu nehmen, indem ich den Aufstieg und Untergang des RQSP beschreibe, um zu verstehen, wie solche Bewegungen besser erhalten werden können. Beginnen möchte ich damit, drei Arbeiten zu beleuchten, die sich mit queerem Anarchismus in der Praxis beschäftigen, um dann die komplexen Prozesse zu betrachten, mittels derer der RQSP einen queeren Ort gestaltete, unter besonderer Beachtung der im Zuge dieser Prozesse aufgetretenen, manchmal widersprüchlichen Affinitäts- und Identitätspolitiken. Der vorliegende Text ist das Ergebnis eines jahrelangen Forschungsprojektes, in dem zehn Personen des RQSP interviewt wurden, und stellt eine kürzere, hoffentlich zugänglichere Version eines Artikels dar, der im kostenlosen Online-Akademiker*innenjournal *ACME: An International E-Journal for Critical Geographies* erscheinen wird.[1]

Affinität, präfigurative Politik und queerer Anarchismus

Innerhalb des akademischen Diskurses haben sich in jüngerer Zeit anarchistische Sichtweisen und andere radikale Theorien wie Queer-Theorie, Feminismus, kritische Theorien zu *race* und radikaler Umweltschutz gegenseitig inspiriert.[2] Affinitäts- und Präfigurationspolitiken sind zwei noch junge, aber wichtige Konzepte, die direkten Einfluss auf queeranarchistische Politiken und Projekte wie das RQSP haben. Wissenschaftler*innen meinen mit Affinität, dass eine Gruppe von Menschen in Bezugsgruppen zusammenkommt, gemeinsame Ansichten teilt und einen Raum der Unterstützung und des Austauschs gestaltet. Affinitätspolitik ermöglicht es, die Hoffnungen und Ängste scheinbar kulturell und regional unterschiedlicher Menschen als miteinander verknüpft zu betrachten, sodass sie Koalitionen bilden, vorübergehende gemeinsame Anliegen verhandeln und über separierende Identitätspolitik hinausgehen können.[3]

Präfigurative Politik fordert dazu auf, dass Aktivist*innen sich so weit wie möglich in all ihren Handlungen in der heutigen Welt an der Welt, in der sie gerne leben möchten, orientieren. Sie setzt daher die Gleichheit aller bereits voraus und geht von einem kollektiven Subjekt des Widerstands aus, anstatt individuelle Rechte einzufordern, die in den Status quo integriert werden könnten. Die Art und Weise, in der Politik gemacht wird, wird als ebenso wichtig erachtet wie ihre Resultate. Die Aktionsformen sollten daher unhierarchisch, partizipativ und konsensbasiert sein. Das Ergebnis ist eine lebendige Vision einer Utopie als fortwährender Prozess anstelle eines Ziels, das durch die Etablierung individueller Rechte erreicht werden kann.[4]

Affinitäts- und Präfigurationspolitik als solche überschneiden sich mit queerer Politik in ihrer radikalen Kritik an Identitätspolitik, in ihrem Bemühen, Beziehungen möglichst ethisch zu gestalten, und in dem Bestreben, Utopie auszuprobieren und somit bereits umzusetzen. Um diese Elemente näher betrachten zu können, werde ich mich im Anschluss mit den Arbeiten dreier Wissenschaftler*innen zu queerer anarchistischer Praxis auseinandersetzen.

Jamie Heckert begreift Anarchismus als Beziehungsethik.[5] Er kritisiert, dass sexuelle Orientierung zu großen Teilen eine staatliche Angelegenheit ist und somit zu den vielen alltäglichen Prozessen gehört, durch die der Staat die Möglichkeiten der Menschen und ihre Handlungen beschränkt und kontrolliert. Letztendlich können Begehren und

Identitäten jedoch nicht in staatlich sanktionierte Schablonen gepresst werden und die Menschen erschaffen alternative Beziehungsrealitäten mit ihren Partner*innen, die sich der staatlichen Kontrolle entziehen. Heckert führt in seiner Auseinandersetzung mit dem Widerstand gegen Vorgaben zur sexuellen Orientierung eine der zentralen Traditionen des Anarchismus fort, erweitert diese aber um den Bereich der Sexualität, mit der sich Anarchist*innen bisher nicht ausführlich beschäftigt haben. Damit leistet er nicht nur eine Staatskritik, sondern zeigt zugleich auf, inwiefern sich Menschen in ihren alltäglichen Handlungen aktiv an einem präfigurativen Projekt beteiligen. Auf ähnliche Weise vereint Gavin Brown anarchistische Perspektiven auf Affinität, Autonomie und Spiel mit einer geografischen Perspektive auf queere Räume in seiner Arbeit zu den Queeruption-Treffen.[6]

Diese zeitlich begrenzten Veranstaltungen eröffnen mit ihren hierarchiefreien, respektvollen und sexpositiven Communitys und Räumen die Möglichkeit, ein >Queertopia< zu schaffen. Indem diese Zusammenkünfte temporäre Räume eröffnen, in denen autonome, affinitätsbasierte, ethische, sowie respektvolle Beziehungen aufgebaut werden, bieten sie die Möglichkeit, die sozialen Trennlinien, die aus den Identitätspolitiken hervorgehen, zu überwinden. Eleanor Wilkinson untersucht die Rolle und Bedeutung von Emotionen in der Arbeit und dem Alltag queerer Aktivist*innen.[7] Wilkinson zeigt auf, dass wir Emotionen in unserer Einschätzung von Aktivismus häufig unterbewerten und dass eine queere Betrachtung von Aktivismus unter anderem auch die Vorstellung infrage stellen muss, in bestimmten Räumen seien nur bestimmte Emotionen angebracht. Sie legt beispielsweise nahe, dass die scheinbare Offenheit und Konsensualität autonomer aktivistischer Organisation häufig mit der Unterdrückung bestimmter Emotionen wie Ärger und Frust zusammenhängen und Sexualität als eine private oder sekundäre Angelegenheit ausgeklammert wird. Sie spricht sich stattdessen dafür aus, der Diskussion von Emotionen mit einer reflexiven Offenheit zu begegnen und somit möglicherweise eine größere emotionale Stabilität von Individuen und Gruppen zu erreichen.

Diese Forschungsarbeiten treffen sich in ihrem Anliegen, Anarchismus zu erweitern und Sexualität, Emotionen und Beziehungen für Men-

schen, Gruppen und Bewegungen aufzuwerten. Sie zeigen eine Bandbreite an aktivistischen Räumen jenseits unserer einseitigen Fixierung auf
eine Politik der Straße auf, sie zeigen alltägliche Räume und Praktiken,
in denen Leute daran arbeiten, neue Welten zu erschaffen. Insbesondere
Wilkinson unternimmt es, die Komplexitäten und Wiedersprüche eines
solchen Projekts umfangreich mitzudenken. Anarchistische Perspektiven auf Affinität und präfigurative Politiken sind zwar inspirierend in
ihrer Erkundung von Möglichkeiten der Solidarität und der Schaffung
möglicher neuer Welten, sie lassen jedoch häufig die Komplikationen
und Verwicklungen außer Acht, die bei der Schaffung einer neuen Welt
in der Hülle der alten eine Rolle spielen können. Um diese genauer zu
untersuchen, wende ich mich nun einigen Beobachtungen über das
Richmond Queer Space Project zu.

RQSP und die chaotische Politik der Raumerschaffung

Das *Richmond Queer Space Project* wurde 2001 von vier Personen gegründet, die sich selbst als ›Richmond Queers‹ bezeichneten und zuvor Ortsgruppen der *Lesbian Avengers* und der *Queer Liberation Front*
gegründet hatten. Sie versuchten, einen materiellen und symbolischen
Raum zu schaffen, um damit queer-politische Aktionen und das Com-
munitybildung zu unterstützen. Der ursprüngliche Raum, den die
Gruppe als *Queer Paradise* genutzt hatte, war ein günstig gemietetes,
baufälliges Loft in Downtown Richmond gewesen. Die der Gruppe
Zugehörigen, mit denen ich gesprochen habe, berichteten stolz, welche Errungenschaften mit der Schaffung dieses ersten Raums verbunden waren. Als ein großer Lagerraum bot er endlose Möglichkeiten zur
Gestaltung und es konnten von Anfang an kollektive Entscheidungen
darüber getroffen werden, wie ein queerer Raum aussehen sollte. Beispielsweise nutzte eine Person aus dem Kollektiv einen Rollstuhl und
die Gruppe entschied sich bewusst dafür, einen Raum zu schaffen, der
den Bedürfnissen dieser Person gerecht würde – zum Beispiel durch einen ebenerdigen Zugang – und andere auf die Belange von Menschen
mit Behinderungen aufmerksam machen würde. Diese Erfahrung war
ermutigend, sowohl in abstrakter als auch – da wir viele Erfahrungen

auf der Baustelle sammelten – in praktischer Hinsicht. Hinzu kommt, dass der Raum einigen aus der Gruppe als Wohnraum diente und zugleich vom RSQP und anderen aktivistischen Gruppen aus Richmond als Treffpunkt genutzt wurde, was die unendlichen Nutzungsmöglichkeiten weiter ergänzte.

Die Nutzung dieses Raums endete im April 2002, als Polizei und Stadtinspektor*innen das Gebäude für abbruchreif erklärten und den Bewohner*innen zwei Stunden Zeit gaben zu verschwinden. Die Gruppe geriet danach ins Schwimmen, traf sich regelmäßig in Privatwohnungen, in Räumen auf dem Universitätscampus und auf einem Bauernhof. Das *Queer Paradise* wurde im November 2002 in einem gepachteten Büroraum, nur wenige Straßen vom ursprünglichen Raum entfernt, erneut eröffnet. Von Anfang an gab es Konflikte und Befürchtungen bezüglich des entradikalisierenden Effekts, den der Raum auf die Gruppe hatte. Einige aus der Gruppe betrachteten diese neue Art Raum als eher konventionell denn queer, aber im Endeffekt wurde der Raum im Konsens angenommen, vor allem, da hier ein öffentlich sichtbarer Raum geschaffen würde, der für potenzielle neue Gruppenmitglieder zugänglicher und sicherer sein könnte.

Die Entradikalisierung des Projekts ging auf andere Weise vor sich: zum Beispiel durch den Wandel des RQSP von einer Untergrundbewegung in eine gemeinnützige Organisation. Zwar wurde aus der Gruppe heraus versucht, das Wesen der Gruppe zu erhalten, aber jede staatlich geduldete Organisation unterliegt gewissen Regeln , die unter anderem besagen, dass hierarchische Machtstrukturen aufgebaut werden müssen.[8] Diese Entradikalisierung wird auch an den Veränderungen der Zielsetzungen und des Selbstverständnisses des Kollektivs deutlich. Das erste Grundsatzpapier des RQSP formulierte als Ziele:

- Einen Raum zu schaffen, in dem sich als queer identifizierende Menschen miteinander eine Gemeinschaft aufbauen können und in dem queere Aktivitäten in Richmond verstärkt werden können
- Einen kostenlosen Versammlungsraum für queer-positive Gruppen zu bieten, die gegen Heterosexismus, Sexismus, Ableismus, Rassismus und Klassismus arbeiten

- Über queere Themen aufzuklären anhand von Broschüren, Vorträgen, Konferenzen, queeren Kulturveranstaltungen und durch den Aufbau einer Bibliothek.[9]

Die neue, eher allgemein gehaltene Zielsetzung im Zusammenhang mit dem zweiten Raum lautete: »Das Richmond Queer Space Project unterhält einen queer-freundlichen Raum und Rückzugsort, befördert queere Kultur in Richmond und verknüpft queere Perspektiven mit dem breiten Spektrum an Initiativen für soziale Gerechtigkeit.«[10] Hier wird eine erhebliche Veränderung deutlich, vom radikaleren Ton des ersten Papiers, hin zu einem allgemeiner und unspezifischer gehaltenen Diskurs der sozialen Gerechtigkeit. Diese Veränderungen stießen nicht bei allen in der Gruppe auf Zustimmung und die Situation spitzte sich im Zusammenhang mit einem bestimmten Ereignis dramatisch zu.

Dies geschah im Juni 2004 im Zusammenhang mit einer Demo gegen das Gesetz 751, der sogenannte Marriage Affirmation Act.[11] Equality Virgina, die größte Organisation in Virginia, die sich für die Rechte von LGBT einsetzt, hatte eine Demo organisiert, auf der ihre Mitglieder und Unterstützer*innen Reden für die Homo-Ehe halten sollten. Das RQSP verwendete viel Zeit und Energie darauf, zu diskutieren, ob und wie man sich daran beteiligen wollte. Zehn Personen waren entschlossen, ein kampfstarkes Statement gegen die Ehe anzubringen, doch andere aus dem Kollektiv wollten sich angesichts der größeren Bedrohung, die das Gesetz darstellte, nicht gegen die Mainstream-LGBT-Bewegung stellen. Sie formulierten den Redebeitrag so um, dass er eine zeitliche begrenzte Affinität mit der LGBT-Ehe-Bewegung ermöglichte und zugleich die eigene Sichtweise des Kollektivs, dass Ehe eine normierende Institution darstellt, darlegte. Der Redebeitrag, wie er schließlich gehalten wurde, benennt RQSP eindeutig als >queer< und verweist auf die Verbindungen von Queers mit anderen marginalisierten Gruppen und fordert Solidarität vor dem Hintergrund, dass Ehe im gleichen Maße wie das Gesetz 751 eine weitgehende Kontrolle des Lebens Einzelner bedeutet. Der Beitrag endet mit den Worten: »Als der Marriage Affirmation Act in unsere Leben trat, erschuf er neue Aktivist*innen. Und damit zeichnet sich am Horizont eine Chance ab. Lasst uns herausfinden, wie wir nicht nur für unsere eigenen Rechte kämpfen können, sondern wie wir unseren gemeinsamen Feind bekämpfen können. Und lasst uns nicht tatenlos zuschauen, wenn sich der Angriff einmal nicht gegen uns selbst, sondern gegen andere Gruppen richten sollte.«[12]

Die Teilnahme an dieser Veranstaltung eröffnete durch den zeitlich begrenzten Zusammenschluss die Möglichkeiten, sich zu vernetzen und zugleich Kritik an der Institution Ehe und an staatlicher Kontrolle anzubringen. Gleichwohl aber war sie der Anlass zum schwerwiegendsten Konflikt innerhalb der Gruppe, der schließlich zum Niedergang des Kollektivs führte. Einige Kollektivist*innen fühlten sich durch den versöhnlichen Ton des Redebeitrags verraten und bezeichneten ihn als Anpassung der eigenen politischen Haltung. Sie gründeten eine separatistische Gruppe innerhalb des RQSP namens *Queer Posse*[Queere Clique]. Diejenigen, die die Umformulierung des Redebeitrags unterstützt hatten, fühlten sich angesichts der queeren Separatist*innen ebenfalls unwohl, deren Aktionen ihnen spalterisch, wenig fürsorglich und zu abschätzig den Belangen von LGBT-Aktivist*innen gegenüber erschienen. Im Grunde folgte daraus eine Identitätspolitik, die zu Spaltungen führt. Es ging darum, wer am queersten sei, und das innerhalb eines Projektes, das bewusst versucht hatte, eine identitätsbasierte politische Zersplitterung zu vermeiden. Die Spaltung spiegelte sich auch im Scheitern der Konsensbildung wider. Der Versuch, einen Konsens über die Teilnahme an dieser Veranstaltung zu bilden, war zeit- und energieziehend und schlussendlich erfolglos. Meiner Meinung nach stellt sich hier die wichtige Frage danach, ob konsensbasierte Gruppen immer einstimmige Entschlüsse anstreben müssen. Möglicherweise hätte der irreparable Bruch an dieser Stelle verhindert werden können, wenn sich die Kollektivist*innen auf eine zeitlich begrenzte ideologische Uneinigkeit hätten verständigen können und sich darin einig gewesen wären, dass das RQSP nicht immer einer einzigen ideologischen Vision folgen müsse.

Es gab aber auch weitere bedeutsame Konfliktquellen, die in den Interviews benannt wurden. Das Alter schien ein spaltendes Moment zu sein. Ein männliches Mitglied des Kollektivs in den Dreißigern führte in unserem Interview an, dass die jüngeren Leute im Kollektiv sehr starr darauf fixiert gewesen seien, das RQSP als Plattform für queeren Aktivismus zu nutzen, die älteren hingegen hätten eher einen Raum schaffen und eine Community gründen wollen und die, die sich dazwischen befanden, hätten sich häufig hin- und hergerissen gefühlt. Ich denke, dass das Lebensalter eine wichtige, zu wenig bedachte Konfliktquelle in anarchistischen Zusammenhängen ist, ganz besonders in den USA, wo die Bandbreite an Bewegungen so begrenzt und unstetig ist, dass es dort kaum solche generationenübergreifenden Verbindungen gibt, wie man sie in anderen aktivistischen Kulturen findet. *Race* und Rassismus waren ebenfalls wichtige Streitpunkte, da das RQSP vor allem aus *weißen* Radikalen bestand und das *Queer Paradise* in einem Viertel Richmonds lag, das das Ergebnis langfristiger Segregation war. Das Viertel wurde vor allem einerseits von dauerhaft armen Afro-Amerikaner*innen und andererseits von wohlhabenden Weißen und Afro-Amerikaner*innen bewohnt, die die Gentrifizierung vorantrieben. In diesem Spannungsfeld fühlten sich die Leute aus dem RQSP manchmal wie *weiße* Kolonialist*innen und manchmal als aus dem Narrativ des urbanen Zerfalls und der urbanen Erneuerung vollständig ausgeschlossen. Schließlich gab es weitere, wichtige Streitpunkte, die mit dem Maßstab und der Begrenztheit zu tun hatten, mit der sich radikaler Aktivismus in einer kleinen, relativ konservativen Südstaatenstadt wie Richmond konfrontiert sieht. Während seines Bestehens waren im RQSP mal nur zehn, mal bis zu 30 Menschen aktiv. Für diejenigen im Kollektiv, die versuchten, es zugänglicher zu gestalten, war es erschütternd, dass die Gruppe darüber nie hinauswachsen konnte. Eine Person aus dem Kollektiv, die sich als trans* identifiziert, erzählte mir, sie habe kürzlich versucht, eine Ortsgruppe der *Gay Shame* in Richmond zu gründen, angesichts dessen, dass die sichtbare Mainstream-Homo-Community sehr überschaubar ist, jedoch befunden, dass es ein falscher Ansatz sei, eine Gruppe zu gründen, die zum Ziel hätte, diese zu kritisieren. Eine solche Aussage sagt meiner Meinung nach sehr viel darüber aus, auf welche Weise und zu welchem Grad radikale queere Politik an manchen Orten möglich ist.

Was wir bekommen, wenn wir zu unseren Begrenzungen stehen

Meine Absicht ist nicht, die Bedeutung und Stärke autonomer queerer Kollektive wie des *Richmond Queer Space Projects* zu schmälern. Die Mitglieder, mit denen ich Interviews führte, haben mir erzählt, dass ihr Zusammenschluss sie ermutigte, in sexueller, politischer und kultureller Hinsicht, und dass letztendlich auch ihre berufliche Zukunft davon beeinflusst wurde. Mir geht es vielmehr um die Frage, wie langfristig Veränderungen und Nachhaltigkeit erreicht werden können. Mir ist klar geworden, dass ein Großteil der Stärke von Projekten wie dem RQSP damit zusammenhängt, dass sie als affine Zusammenschlüsse nur kurzfristig und lose sind. Unter anderem beunruhigt mich dabei jedoch, dass es in Richmond seit dem Scheitern des RQSP vor vier Jahren kaum queeren Aktivismus gibt, der sich dessen Aufgaben angenommen hätte.

Ich möchte mit dem Vorschlag schließen, dass wir eine breitere Wissensbasis und praktisches Handwerkszeug entwickeln, um mit Problemen umgehen zu können, wenn sie auftreten. Zum einen ist es von immenser Wichtigkeit, anzuerkennen, welche Herausforderungen der Versuch, eine neue Welt in der Hülle der alten erschaffen zu wollen, beinhaltet. Wir müssen anerkennen, welche Bedeutung der emotionalen Unterstützung und der Reflexionsfähigkeit zukommen, die Aktivist*innen und Akademiker*innen so gerne ignorieren und uns vor Augen führen, dass mit verschiedenen räumlichen Gegebenheiten jeweils spezifische Möglichkeiten und Bedingungen verknüpft sind. Insbesondere im Kontext queerer anarchistischer Politik müssen wir aufmerksamer darauf achten, inwiefern Identitätspolitik, als Teil der sexualisierten Welt, in der wir momentan leben, uns immer wieder beeinflusst, um, wenn wir mit ihrem spaltenden Einfluss konfrontiert werden, mit diesem umgehen und ihm entgegentreten können. Und wir müssen lernen, Queertopia als einen fortlaufenden und sich stets neu erfindenden Prozess zu begreifen, in dem Widersprüche und Kapitulationen nicht mit dem Scheitern des gesamten Projekts gleichgesetzt werden. Die langfristige Nachhaltigkeit und die dynamische Kraft unserer Bewegungen und Räume hängen davon ab, dass wir uns unsere Begrenzungen eingestehen und aus der Kluft zwischen unseren Idealen und unseren konkreten Projekten lernen.

Übersetzt von Melike Cinar

1 Bereits erschienen (Anm. d. Übersetzerin): Rouhani, Farhang (2012): Anarchism, Geography, and Queer Space-making. Building Bridges Over Chasms We Create. In ACME: An nternational Journal for Critical Geographies. Vol 11. Nr 3. S. 373–392.

2 Siehe Randall Amster / Abraham DeLeon / Luis Fernandez / Anthony J. Nocella / Deric Shannon (Hg.) (2009): Contemporary Anarchist Studies. New York: Routledge.

3 Ebd., S. 82–92, S. 213–223.

4 Siehe Ebd., S. 11–17; Shantz, J. (2008): »Anarchist Futures in the Present«. In: Resistance Studies Nr. 1. S. 24–34; Rancière, J. (1999): Disagreement. Minneapolis: University of Minnesota Press.

5 Siehe Heckert, J. (2005): Resisting Orientation. On the Complexities of Desire and the Limits of Identity Politics. PhD Dissertation. Edinburgh: University of Edinburgh.

6 Siehe Brown, G. (2007): Autonomy, Affinity and Play in the Spaces of Radical Queer Activism. In: K. Browne, J. Lim, G. Brown: Geographies of Sexualities. Burlington, VT: Ashgate Publishing Company. S. 195–206.
   Queeruption ist ein jährliches, internationales, do-it-yourself queer culture Festival, das zum ersten Mal 1998 in London stattfand.

7 Siehe Wilkinson, E. (2009): The Emotions Least Relevant to Politics? Queering Autonomous Activism. In: Emotion, Space and Society. Nr. 2. S. 36–43.

8 Für weitere Beispiele siehe Andrucki, M. / Elder, G. (2007): »Locating the State in Queer Space. GLBT Non-Profit Organizations in Vermont, USA«. In: Social and Cultural Geography. (8)(1). S. 89–104.

9 RQSP literature, 10. Januar 2002.

10 2004, queerspace.org (nicht mehr bestehend).

11 In Virginia wurde 2006 der Affirmation of Marriage Act (HB 751) verabschiedet, der die Bildung von Organisationen, die für die Rechte gleichgeschlechtlicher Partnerschaften eintreten, untersagt.

12 30. Juni 2004.

Jerimarie Liesegang

Die Tyrannei des Staates und die Trans-Befreiung

STAR[1] ist eine revolutionäre Gruppe. Wir stehen dazu, zu den Waffen zu greifen und eine Revolution loszutreten, wenn das notwendig ist. Unser Ziel ist es, schwule Menschen zu befreien.

Marsha P. Johnson, *Rapping with a Street Transvestite Revolutionary*[2]

›Trans-Befreiung‹ ist der Begriff, der in Bezug auf all jene verwendet wird, die die Begrenzungen des Geschlechts oder des Gender-Ausdrucks, die ihnen bei der Geburt zugewiesen wurden, verschwimmen lassen oder überbrücken: Cross-Dresser, Transsexuelle, Intersexuelle, Two Spirits, Frauen mit Bärten, maskuline Frauen, feminine Männer, Dragkings und Dragqueens. ›Trans-Befreiung‹ ist ein Aufruf an alle, denen Bürgerrechte und das Schaffen einer gerechten Gesellschaft wichtig sind, aktiv zu werden.

Leslie Feinberg, *Trans Liberation: Beyond Pink or Blue*[3]

Anarchist*innen (sollten) verstehen, wie wichtig es ist, sich der Regulierung von sexuellen Praktiken und Gender-Inszenierungen durch Regierungen und andere, verbündete Mächte, wie die Kirche und den Kapitalismus, entgegenzustellen. Tatsächlich ist die Geschichte des Anarchismus als Bewegung und als Philosophie seit Langem dadurch gekennzeichnet, dass die zentrale Bedeutung der Befreiung von sex und gender erkannt und verstärkt wird. Innerhalb dieser Geschichte ist die Rolle von queeren, anarchistischen sexuellen Radikalen von zentraler Bedeutung, die dieses wichtige Engagement immer wieder in den Mittelpunkt der anarchistischen Bewegung und Philosophie rückten. Trotz der Pionierarbeit der anarchistischen sex radicals um die Jahrhundertwende und während der Blütezeit der (schwulen, feministischen und Schwarzen) Kämpfe in den sechziger und siebziger Jahren, gibt es einen wachsenden Trend innerhalb der lesbischen, homosexuellen, bisexuellen und transgender (LGBT-)Bewegung, die Regulierung von sexuellen Praktiken und Gender-Inszenierungen durch die Regierung zu befürworten. Diese gegenwärtige ›Befreiungsbewegung‹ arbeitete mit dem Staat zusammen, um die Definitionen und sozialen Normierungen von sex und gender nur auszuweiten und zu *reformieren*. Außerdem haben sie darauf hingearbeitet, dass LGBTs in den Staat eingegliedert werden, mittels der Reform des Eherechts, der »Don't ask, don't tell«-Direktive[4] und indem Gesetze gegen Hasskriminalität erlassen wurden, die die Polizei- und Gefängnis-Systeme durch zusätzliche Gelder weiter ausbauen und ermächtigen. Die Bewegung hat ihren Fokus also verschoben. Anstatt gegen den Staat und die mit ihm verbundenen Systeme – korrupte Polizei, Politik und soziale Normen – zu kämpfen, wird versucht, eine Befreiung mittels der Zusammenarbeit mit dem Staat zu erreichen, ohne sich dabei von den mit diesem verbundenen Machtstrukturen der Kontrolle, Regulierung, Definition und rechtlichen Begrenzung sexueller und geschlechtlicher Identifizierungen und Ausdrucksweisen zu distanzieren.

In diesem Kapitel werden die historischen Wurzeln der sex und gender radicals in der anarchistischen und in anderen verbündeten Befreiungsbewegungen skizziert. Aus einer historischen Perspektive heraus können wir den Zustand der LGBT-Bewegung erneut überprüfen und den Versuch unternehmen, die Trans-Bewegung außerhalb der sogenannten LGBT- Bewegung neu zu definieren. Ziel dieses Beitrags ist es, die Trans-Befreiung im Rahmen des gegenwärtigen sozialen, ökonomischen und politischen Klimas insbesondere der Vereinigten Staaten zu verorten, wobei eine Betrachtung im internationalen Kontext ebenfalls angebracht wäre, angesichts des Einflusses, den die weltweite LBGT-Bewegung insbesondere mit der Forderung nach der Gleichstellung der Ehe auf die US-amerikanische LGBT-Bewegung ausübt. In diesem Prozess soll deutlich werden, dass die verkörperte Existenz und Öffentlichkeit von Transsexualität wesenhaft radikal, anarchistisch, wenn nicht gar aufständisch ist. Eine vollständige Befreiung von sex und gender wird daher nicht durch staatliche Reformen zustande kommen, sondern durch die Ablehnung des Staats und seiner zahlreichen sozialen Konstrukte.

Queere Anarchist*innen / sex radicals 1850–1939
(auch bekannt als erste Welle der sexuellen Emazipation)

Während des späten 19. und des frühen 20. Jahrhunderts wurde Homosexualität erstmals als politisches Ziel artikuliert. 1897 gründete Magnus Hirschfeld, Sexualforscher und sex radical, zusammen mit einigen seiner Kollegen in Berlin das *Wissenschaftlich-humanitäre Komitee* (WhK) – die weltweit erste Organisation, die für die Rechte von Homosexuellen eintrat. Die Mitglieder des WhK waren radikale Intellektuelle, die dabei mithalfen, neue Einsichten in die Homosexualität zu gewinnen, sich für neue politische Ziele und Ideen einsetzten und eine massive Kritik an den repressiven sozialen Werten und Normen formulierten.[5] Während dieser ersten Welle der sexuellen Emanzipation erschufen viele dieser radikalen Intellektuellen ein neues Verständnis von Gleichgeschlechtlichkeit und neue Formen politischen und sozialen Bewusstseins über selbige, was sich unmittelbar und langfristig auf das Leben der europäischen Menschen auswirkte. In den Vereinigten Staaten begann die Politik der sex radicals im Gegensatz zu Europa nicht mit einer wachsenden Bewegung für die Rechte von Homosexuellen. Stattdessen erwuchs sie aus der damaligen anarchistischen Bewegung. Anarchistische sex radicals wie Emma Goldman, Alexander Berkman, Leonard Abott, John William Lloyd und Benjamin R. Tucker schrieben Bücher und Artikel und hielten überall in den USA Vorträge zur gleichgeschlechtlichen Liebe. Emma Goldman (1869-1940) ist ohne Frage die erste Person, die öffentlich Vorträge zur homosexuellen Befreiung (Emanzipation) hielt und die Oskar Wilde öffentlich gegen seine Verfolger*innen verteidigte. Auch wenn Magnus Hirschfeld selbst kein Anarchist war, so bezeichnete er doch Emma Goldman als »die erste und einzige Frau, freilich, man könnte sagen die erste und einzige Person von Wichtigkeit in den USA, die das Thema der homosexuellen Liebe an eine breite Öffentlichkeit gebracht hat«.[6] Die US-amerikanischen Anarchist*innen dieser Zeit waren darin einzigartig, gleichzeitig eine politische Kritik der US-amerikanischen sozialen und gesetzlichen Regeln zu formulieren, als auch die sozialen Normen, die die Beziehungen regulieren, zu kritisieren. Auf diese Weise führten sie eine grundlegende Veränderung in der sexuellen, kulturellen und politischen Landschaft der USA herbei, die ihre Zeit überdauerte und jahrzehntelang bestehen blieb. So wie Terence Kissaks schreibt: »Die anarchistischen sex radicals fragten nach der ethischen, sozialen und kulturellen Stellung der Homosexualität innerhalb der Gesellschaft, da sie damit zugleich nach der Verbindung von individueller Freiheit und staatlicher Macht fragten [...] Die anarchistischen sex radicals untersuchten die Frage der gleichgeschlechtlichen Liebe, weil Polizisten, Moralprediger, Ärzte, Kleriker und andere Autoritäten versuchten, homosexuelles Verhalten zu regulieren.«[7]

Die sex radicals während der Zeit der ersten Welle in Europa diskutierten demnach vorrangig Bürgerrechte und Bildung. Es ging ihnen darum, von staatlicher Seite aus anerkannt zu werden. Im Gegensatz dazu gelangten die anarchistischen, US-amerikanischen sex radicals zum Thema der sexuellen Befreiung nicht über die Diskussion von homosexueller Identität und entsprechenden Reformen. Im Gegenteil, sie formulierten eine fundamentale und radikale anarchistische Alternative und verurteilten staatliche und damit verknüpfte kirchliche Machtstrukturen, die der Durchsetzung sozialer Normen dienen. Nach dem Ersten Weltkrieg und der Verabschiedung des Sedition Act von 1918[8] nahm die Zahl der sex radicals deutlich ab und die anarchistische Bewegung schrumpfte stark. Viele Aktivist*innen wurden eingesperrt oder deportiert und ihre Propagandaorgane eingestampft. Kurz darauf, am 6. Mai 1933, ergriffen die Nazis in Deutschland die Macht. Sie drangen in das Institut von Hirschfeld und verbrannten viele darin enthaltene Bücher. So endete diese erste Welle der sexuellen Befreiung, als der Staat (sowohl in den USA als auch in Deutschland) anfing, gegen sex radicals und den revolutionären Dialog rund um die sexuelle Befreiung, den sie eröffnet hatten, vorzugehen.

Homophile Bewegung 1930–1969 (auch bekannt als zweite Welle der sexuellen Emanzipation)

In den späten 1930er Jahren waren die anarchistische und die sex-radical-Bewegung nur noch ein Schatten der Bewegungen des späten 19. und frühen 20. Jahrhunderts. Mit dem Rückgang der anarchistischen Bewegung wurde die Kommunistische Partei (KP) zunehmend zum wichtigsten Motor der linken Bewegung. Sex radicals begannen, innerhalb einer linken Bewegung zu arbeiten, die von der KP dominiert wurde und die die Ideen und Ideologien ihrer anarchistischen Vorgänger*innen marginalisierte.[9] Die KP war eine Organisation, die – entgegen der anarchistischen Theorie und Praxis – Einheitlichkeit in Überzeugung und Praxis durchsetzte. Bezüglich der Homosexualität verfolgte sie eine Politik, derzufolge Schwule und Lesben, die sich weigerten, über ihr Privatleben zu schweigen, entmutigt werden sollten, Mitglieder zu werden (eine 180-Grad-Wendung gegenüber den Überzeugungen und der Praxis der anarchistischen sex radicals wie Emma Goldman und Alexander Berkman). Theoretisch hat die KP damit die erste »Don't ask, don't tell«-Direktive gegen Homosexuelle ins Leben gerufen, obgleich viele prominente sex radicals und linke Homosexuelle Mitglieder der KP waren.

Ob aufgrund staatlicher Maßnahmen gegen sex radicals und Anarchist*innen nach dem Ersten Weltkrieg oder ob aufgrund des Aufstiegs der die sex radicals unterdrückenden KP – eine zweite sexuelle Befreiungsbewegung kam erst nach dem Zweiten Weltkrieg auf. Und bedauerlicherweise nimmt ein Großteil der zeitgenössischen Geschichtsschreiber*innen der Schwulenbewegung in den USA nicht die sex radicals und Anarchist*innen der ersten Welle der sexuellen Befreiung in den Blick, sondern konzentriert sich eher auf die zweite Welle in der Nachkriegszeit, auf ihre Organisationen und die Individuen, die eine vorrangig reformistische Sicht auf die homosexuelle Befreiung einnahmen.

Nach dem Ersten Weltkrieg gab es keine substanziellen homosexuellen oder sex radical-Bewegungen, bis 1948 der *Kinsey Report* mit dem Titel *Sexual Behavior in the Human Male*[10] veröffentlicht wurde, auf den 1953 die Studie *Sexual Behavior in the Human Female*[11] folgte. Beide Berichte verblüfften die Öffentlichkeit und wurden augenblicklich als kontrovers und sensationell wahrgenommen. »Diese Erkenntnisse verursachten Schock und Empörung, da sie sowohl die konventionellen Überzeugungen zu Sexualität infrage stellten, wie auch Themen ansprachen, die vorher tabuisiert waren.«[12] Jedoch war diese Diskussion in ihrer Radikalität nicht mit derjenigen, die die sex radicals der ersten Welle über sex, Sexualität und gender geführt hatten, vergleichbar. Dieser Dialog wurde nicht von radikalen Intellektuellen und Anarchist*innen angestoßen, sondern entstammte dem Mainstream der wissenschaftlichen Community und Sexualforscher. Diese Berichte veränderten »die Natur des öffentlichen Diskurses über Sexualität sowie die gesellschaftliche Wahrnehmung des eigenen Verhaltens«[13] ebenso dauerhaft wie die Schriften und Vorträge der sex radicals der ersten Welle. Die Veröffentlichungen wurden viel gelesen und enthüllten der Öffentlichkeit, dass eine große Zahl an Männern und Frauen gleichgeschlechtlich liebten. Zur gleichen Zeit – um genau zu sein im Jahr 1950 – gründete Harry Hay (1912-2002), ein prominenter homosexueller Mann während der zweiten Welle der sexuellen Bewegung, die *Mattachine Society*, die erste beständige Organisation für die Rechte von LGBT in den USA. Harry Hay war ein aktiver und vehementer Verfechter der schwulen Bwegung (oder, wie Hay sie damals bezeichnete, der ›homophilen Bewegung‹). Zu Beginn seines politischen Engagements lernte Hay viel über Aktivismus und politische Organisation in der KP. Um sexualpolitisch tätig sein zu können, musste er die KP jedoch verlassen, da die KP Homosexuellen die Mitgliedschaft untersagte.[14] Zeitgleich zur Gründung der *Mattachine Society* und dem Aufkommen der homophilen Bewegung entwickelte sich auch das lesbische Pendant zur *Mattachine Society*, *Daughters of Bilitis* und *One, Inc.*, die das *ONE Magazine*, die erste pro-lesbische Publikation in den USA, herausgaben. Dennoch war der Dialog der zweiten Welle weit von der Diskussion der sex radicals der ersten Welle entfernt, die den Zwang und die Unterdrückung durch den Staat infrage gestellt und kritisiert hatten. Der Dialog der zweiten Welle drehte sich um die eigene Identität, die Frage, ob Homosexualität eine Geisteskrankheit sei, und die Verbesserung der Stellung von Homosexuellen im kapitalistischen, hierarchischen Staat. Außerdem ging es ihnen darum, das Recht, sich in Bars zu treffen, ohne verhaftet zu werden, und das Recht, ihre Zeitschriften mit dem nationalen Postsystem verschicken zu können, durchzusetzen.

In vielerlei Hinsicht handelte es sich dabei, wie auch bei der WhK von Hirschfeld und im Gegensatz zu den verschiedenen Diskursen und Schriften der anarchistischen sex radicals, um eine organisations-zentrierte Bewegung. 1948 verstand Harry Hay: »Die Aktivierung des politischen Potenzials der Homosexuellen in den Vereinigten Staaten steht und fällt, in marxistischen Begriffen ausgedrückt, damit, dass sie eine Klasse für sich und sich ihrer gemeinsamen Interessen bewusst werden, anstatt lediglich eine Klasse an sich zu sein. Ohne ein Klassenbewusstsein ist eine Mobilisierung von Schwulen und Lesben für homosexuelle Themen unwahrscheinlich. Ohne eine breite Basis von Menschen, die sich in der Politik selbst vertreten, blieben von diesem Befreiungsprojekt bloß politische Aktionskomitees und Einzelinteressenvertretung übrig.«[15] In den USA sehen wir, welche sozialen Veränderungen und Bewegungen eine Politik, die in einem starken Identitätsgefühl verwurzelt ist, herbeiführen kann. Ihre Taktik unterscheidet sich deutlich von den Kämpfen der anarchistischen sex radicals denen es nicht darum ging, Gesetze zu reformieren oder Politiker zu beeinflussen, um Razzien in ihren Kneipen zu verhindern. Die sex radicals strebten eine fundamentalere Veränderung an: eine radikale Alternative zum existierenden Staatssystem, das nicht reformiert werden kann, sondern komplett auseinandergenommen werden muss, um eine wirkliche Befreiung für alle zu ermöglichen.

Schwulenbewegung 1969–1980
(auch bekannt als dritte Welle der sexuellen Emanzipation)

Es könnte angebracht sein, diesen Teil mit einem Zitat aus einem Artikel von Dennis Altman zu beginnen, dessen Buch *Homosexual: Oppression and Liberation* (1972) als die entscheidende Schrift zu den Ideen, die die Schwulenbewegung dieser Zeit prägten, gilt: »Eine relativ kleine Gruppe *weißer* Männer mittleren Alters ist in der Lage, wesentliche Entscheidungen zu treffen, die die Grenzen definieren, innerhalb derer wir alle funktionieren müssen. Es ist im Großen und Ganzen diese Gruppe, die davon profitiert, wie die Ressourcen derzeit verteilt werden; die Produktivität des US-amerikanischen Kapitalismus und der Erfolg der ideologischen Beeinflussung sind so groß, dass sich eine große Mehrheit der Menschen zusammentut, um das System zu verteidigen, das es der Minderheit ermöglicht, ihre Dominanz beizubehalten.«[16]

Altman warnte, dass Kommerzialisierung und Kapitalismus die sexuelle Revolution bedrohten. Die kapitalistische Klasse verbreitet erfolgreich ihrer dominante Ideologie. Diese spiegelt sich in den Institutionen dieser Gesellschaft wider und sie steht, unter anderem, einer Sex / Gender-Befreiung entgegen.

Diese Phase der Emanzipationsbewegung fand ihren Anfang in den Stonewall Riots im Jahr 1969, als eine Polizeirazzia in der Bar *Stonewall Inn* in Greenwich Village mehrere Krawalle provozierte, bei denen Dragqueens, Straßenstricher, Lesben und schwule Männer mitmischten. Viele von ihnen waren durch die andauernde Polizeigewalt gegen queere Straßenjugendliche, sowie durch die Bürgerrechts- und Antikriegsbewegungen politisiert worden.

Die Kämpfe für sexuelle Selbstbestimmung der zweiten Welle der sexuellen Emanzipation wurden innerhalb einer ›politisch-konservativen‹ homophilen Bürgerrechtsbewegung geführt, trotzdem wurden ihre Forderungen nach sozialer Akzeptanz von gleichgeschlechtlicher Liebe und transgender Menschen seitens der vorherrschenden Kultur der damaligen Zeit als radikale Ansichten empfunden. Zu Beginn der dritten Welle brachten die Stonewall Riots jedenfalls eine breite Basismobilisierung im ganzen Land hervor. Viele der Aktivist*innen der Bewegung für lesbische, schwule, bisexuelle und transgender Rechte waren zugleich in verschiedenen anderen linken Bewegungen der 1960er Jahre engagiert, wie in der Bürgerrechtsbewegung, der Anti-Kriegsbewegung, der Studentenbewegung oder der feministischen Bewegung. Die für den Beginn der dritten Welle typische Schwulenbewegung machte eine radikale Kehrtwendung gegenüber ihren Vorgängerinnen der zweiten Welle. Die erste politische Organisation, die sich infolge der Stonewall Riots gründete, war die *Gay Liberation Front* (GLF). Die Organisation benannte sich so, um damit die *National Liberation Front*, die vietnamesische Befreiungsbewegung, zu ehren und um Einigkeit mit den Kämpfen von Schwarzen, Armen, Frauen und der kolonisierten ›Dritten Welt‹ auszudrücken. In einem Flyer, der im Januar 1970 in der Bay Area verteilt wurde, heißt es: »Die Gay Liberation Front ist ein nationaler Zusammenschluss revolutionärer, homosexueller Organisationen, die einen radikalen Gegenentwurf homosexueller Lebensstile erschafft.

Politisch ist sie Teil der radikalen >Bewegung<, die darauf hinarbeitet, Diskriminierung und Unterdrückung von Homosexuellen in der Industrie, den Massen-Medien, der Regierung, den Schulen und den Kirchen zu bekämpfen und zu beseitigen.«

An diesem Punkt in der Entwicklung der Befreiungsbewegung beobachten wir einen Fokuswechsel: Anstelle von Identitätspolitik und Zusammenarbeit mit dem Staat und seinen Institutionen der Unterdrückung (Gefängnisse, Gesetze, Polizei, usw.), trat ein Bewusstsein, das, ähnlich wie bei den ersten *sex radicals*, eine totale, radikale Veränderung des Systems als notwendig erachtete – jedoch war dieses Bewusstsein während dieser Welle nur von kurzer Dauer. Dennoch sind die frühen Stadien der Schwulenbewegung für unser Verständnis der Trans-Befreiung von entscheidender Bedeutung. Während der 1960er-Jahre erlebten wir einen Aufschwung einer antiautoritären Bewegung, in der eine vollständige Befreiung eng mit der Befreiung *aller* unterdrückten Communitys verbunden war, sei es die der schwulen und lesbischen Brüder und Schwestern, die der obdachlosen Jugendlichen, der trans Menschen, der People of Color oder die der Feminist*innen. In diesen Anfangsjahren, die den Rebellionen in Compton (1966) und Stonewall folgten, verbündeten sich viele schwule, lesbische und trans Aktivist*innen mit Organisationen wie der *Gay Liberation Front*, den *Young Lords*, den *Black Panthers*, usw. Die Befreiungspolitik dieser Zeit zielte darauf ab, die unterdrückenden Institutionen, die die traditionellen Geschlechterrollen zementieren, zu beseitigen und die Menschen von einem Sex / Gender-System zu befreien, das Individuen in sich gegenseitig ausschließende Rollen – homosexuell / heterosexuell und feminin / maskulin – zwängt. Für die Schwulen- und damit implizit auch die Trans-Befreiung war klar, dass eine radikale Transformation nur stattfinden könnte, nachdem die Kategorien von *sex* und *gender* abgeschafft sein würden.

Während dieser Zeit wurden zwei prominente revolutionäre Organisationen gegründet. Zum einen wurde die *Gay Liberation Front* (GLF) einen Monat nach der Stonewall Rebellion ins Leben gerufen und zum anderen die *Street Transvestite Action Revolutionaries* (STAR) nach der Besetzung der Weinstein Halle der New York University im September 1970. In der Zielsetzung der GFL heißt es: »Wir sind eine revolutionäre

Gruppe von Männern und Frauen, die sich gegründet hat, als wir verstanden haben, dass eine komplette sexuelle Befreiung für alle Menschen nur dann stattfinden kann, wenn alle sozialen Institutionen abgeschafft werden. Wir lehnen den Versuch der Gesellschaft, uns sexuelle Rollen und Definitionen unserer Natur aufzuerlegen, entschieden ab.«

STAR setzte sich für eine inklusive Schwulenbewegung ein, machte sich auch für die Rechte von trans Personen stark, pflegte obdachlose Jugendliche und arbeitete daran, eine gemeinschaftliche trans Familie zu schaffen. Die Aktivist*innen arbeiteten darauf hin, die staatlichen Institutionen der kapitalistischen Gesellschaft, die sie für ihre Unterdrückung verantwortlich machten, zu demontieren. In einer Veröffentlichung von STAR heißt es abschließend: »Wir wollen eine revolutionäre Volksregierung, unter der Transvestiten, Obdachlose, Frauen, Homosexuelle, Puerto-Ricaner*innen, Indianer*innen und alle unterdrückten Menschen frei sind und nicht von dieser Regierung gefickt werden, die uns wie Abschaum der Menschheit behandelt und uns tötet wie Fliegen, eine*n nach der*dem anderen, und uns in Gefängnisse wirft, damit wir dort verrotten. Diese Regierung, die Millionen Dollar ausgibt, um zum Mond zu fliegen, lässt arme US-Amerikaner*innen verhungern.«[17]

GLF und STAR gründeten sich während der Anfangsphase dieser dritten Welle der sexuellen Befreiung. Sie wurden jedoch durch die ideologische Lagerbildung in der Schwulenbewegung zunichtegemacht. Im Fall der STAR-Aktivist*innen und der ihnen nahestehenden trans Aktivist*innen wurde eine starke Fraktionenbildung innerhalb der Bewegung auf der Demonstration zum Christopher Street Liberation Day im Jahr 1973 deutlich. Die bittere, öffentliche Fehde – Silvia Rivera erstürmte die Bühne, um für gefangene trans Menschen und obdachlose Jugendliche zu sprechen, Jean O'Leary von der *Lesbian Feminist Liberation* verurteilte Männer, die zu Unterhaltungszwecken und aus Profitinteresse als Frauen auftreten, und Lee Brewster von der *Queens Liberation Front* kritisierte all jene Lesben, die Dragqueens infrage stellten –, diese Fehde offenbarte, dass sich die Ansichten darüber, was eine Schwulenbewegung bedeutete, beträchtlich unterschieden.[18] Die GLF strebte in der Folge nicht länger den Aufbau einer Bewegung mit verschiedenen Anliegen an. Stattdessen wurde sie zu einer einseitig ausgerichteten Bewegung, deren Vision *weiß* dominiert und auf die Gesetzgebung fokussiert war und die maßgeblich durch die Nachfolgeorganisation der GLF, die *Gay Activist Alliance* (GAA) geprägt war.

Zu Beginn der dritten Welle beobachten wir eine anarchistische Tendenz, ähnlich wie bei den sex radicals der ersten Welle in den Vereinigten Staaten, die erkannten, dass ihre wahre Befreiung in vielfacher und zwangsläufiger Hinsicht mit der Befreiung ihren schwulen und lesbischen Brüder und Schwestern, der People of Color und der Feministinnen verbunden ist. Dabei lehnten sie den Staat, dessen kapitalistische Institutionen und die Kirche weiterhin radikal ab. Ab Mitte der 1970er-Jahre jedoch verlor diese anarchistische Perspektive zunehmend an Bedeutung für die dominanten schwulen und lesbischen Organisationen, die eine Politik bevorzugten, die die Bedeutung der Ethnie, von Gemeinschaftsidentität und kulturellen Unterschieden hervorhob (wie sie bereits zu Beginn von der homophilen Bewegung verfochten wurde). Heute können wir sehen, dass der gleichberechtigte Zugang zur Ehe ein zentrales Beispiel für identitäts-basierte Politik ist und genutzt wird, um diejenigen auszuschließen, die nicht-traditionelle Familien und Beziehungen bevorzugen, ohne dafür eine staatliche Anerkennung und Regulierung zu benötigen. Im Grunde wurde aus einer durch die Grundsätze der anarchistischen Befreiungskämpfer*innen geprägten sexuellen Emanzipationsbewegung zunehmend eine auf Identität und Eingliederung – nach dem Motto: »anders, aber vor dem Gesetze gleich« – ausgerichtete Bewegung. Inmitten dieser dritten Welle, während die Mainstream-LGBT-Organisationen, -Medien und -Communitys breitwillig die Eingliederungsangebote einer kapitalistischen Gesellschaft annahmen und sich zu eigen machten, bildeten einige radikale Organisationen wie *ACT UP*, *OutRage* und andere eine stets präsente Unterströmung mit dem Identitätslabel ›queer‹ anstelle von LGBT, die eine separatistische anstelle einer assimilatorischen Politik verfolgte. Das Feld der Queer-Theorie entwickelte sich ursprünglich im Umfeld der radikalen schwulen Politiken dieser queeren Organisationen, aus der Einsicht heraus, welche Beschränkungen in der traditionellen, auf Anerkennung und Schaffung einer eigenen Identität ausgerichteten Identitätspolitik zu beobachten sind.

Trans-Befreiung
(auch bekannt als vierte Welle der Sex- und Gender-Emanzipation)

Alles, was heute im weitesten Sinne zur Trans-Bewegung zu zählen ist, hat seine Wurzeln in der Schwulenbewegung, die seit den 1980er-Jahren vorherrscht und als hierarchisch, identitäts-basiert, einseitig fokussiert, gender-konform, auf den freien Markt und den Staat / Wahlen ausgerichtet charakterisierbar ist. Jedoch, wie in der Einleitung vermerkt, entzieht sich die trans Gemeinschaft der ›akzeptierten‹ sozialen Konstrukte von sex und gender, dem freien, marktwirtschaftlichen Kapitalismus und dem Staat. Denn der Staat erfordert, dass die Gesellschaft sich streng an die sozialen Normen und Konstrukte hält, damit die operierenden Systeme der Macht aufrechterhalten werden. Zugleich jedoch strebt die trans Gemeinschaft vornehmlich eine Eingliederung in ein System an, das, per Definition, die konzeptuellen Grundbedingungen von trans einschränkt. In der Darlegung der revolutionären Geschichte der Schwulenkämpfe im Umfeld von GLF und STAR wurde deutlich, dass ihre Vision von Emanzipation an radikale soziale Veränderungen verknüpft war. Mit ihrer Forderung nach einer »lauten Stimme im Kampf für die Befreiung aller Menschen« und der Forderung, für Transvestiten »Ausweispapiere auf das andere gender auszustellen«, haben die STAR-Aktivist*innen bereits queer-theoretische Positionen vorweggenommen: dass das ›biologische Geschlecht‹ und gender verschiedene Dinge seien und dass eine Weigerung der Schwulenbewegung, sich einzugliedern zu lassen, zu begrüßen sei.[19]

Mit der Entwicklung der Queer-Theorie Anfang der 1980er Jahre, mehr als zwei Jahrzehnte nach Stonewall, ist die Forderung nach einem radikalen sozialen Wandel verbunden. Die Forderungen gleichen ein Stück weit denjenigen der anarchistischen sex radicals der ersten Welle und der schwulen und trans Befreiungsaktivist*innen zu Beginn der dritten Welle, unterscheiden sich aber auch von diesen. Die Queer-Theorie hat die Herausforderungen, die die anarchistischen sex und gender radicals dargelegt haben, aufgegriffen und ausgeweitet, da sie nicht nur die Kategorien der sexuellen Orientierung / Identität, sondern auch

Kategorisierungen insgesamt infrage stellt. Die subjektiven Interpretationen der Sexualität innerhalb der Queer-Theorie untergraben jegliche monolithische, traditionelle Vorstellung von biologischem Geschlecht, sexuellen Rollen, sozialem Geschlecht sowie über sexuelle Orientierung. (Manche) Stimmen der Queer-Theorie, wie auch die anarchistischen sex radicals vor ihnen, fordern nicht wie der gegenwärtige LGBT-Mainstream Inklusion, Gleichberechtigung oder ein Ende der Diskriminierung, sondern stellen die Kernannahmen bezüglich der Gesellschaft und der normativen Konstruktion von Sexualität selbst infrage. Während sich Anarchist*innen und die anarchistische Theorie die Kämpfe, die die Queer-Theorie auf einer konzeptionellen Ebene führt, genauer ansehen sollten, muss sich die Queer-Theorie wiederum mit der anarchistischen Kritik der strukturellen Herrschaft, wie die des Staates und des Kapitalismus, auseinandersetzen.

Trans Menschen – wie von anarchistischen sex radicals, schwulen Befreiungskämpfer*innen und Queer-Theoretiker*innen deutlich gemacht – trotzen gesellschaftlichen Vorstellungen über die Identität und den Ausdruck von gender. Sie stellen den Kern gesellschaftlicher, religiöser und staatlicher Vorgaben und Konstrukte infrage. Traurigerweise befürchte ich, dass wir, als wahrhaftig revolutionäre Menschen, dennoch den ›sicheren‹ Weg der Eingliederung suchen werden, wie es einige unserer schwulen und lesbischen Brüder und Schwestern vor uns getan haben. Dennoch bin ich der Ansicht, dass wir es mittels ernsthafter Selbstreflexion, politischer Analyse und gemeinsamen Gesprächen, unter besonderer Berücksichtigung der anarchistischen Perspektive, schaffen können, den reformistischen Weg zu vermeiden, aus dem auszubrechen dem Großteil der homosexuellen Bewegung nicht gelungen ist. Noch dazu: Seit Jahren weise ich darauf hin, wie ironisch es ist, dass sich transsexuelle Personen den gesellschaftlichen Konstruktionen von Mann und Frau widersetzen und zugleich so viele Menschen unserer Community so hart daran arbeiten, einem binären System beizutreten, dem unsere Körper widersprechen. Zugegebenermaßen handelt es sich hier um ein komplexes Feld und es gibt zahlreiche Gründe dafür, diesem binären System so dringend wieder angehören zu wollen (die größten Faktoren sind Sicherheit und Überleben); damit gilt zugleich, dass wir diese Problematik gemeinsam und individuell ernsthaft angehen müssen.

Für mich ist es eindeutig, dass heutzutage jede sogenannte Emanzipationsbewegung für die trans Community, ebenso wie diejenigen für die schwulen und lesbischen Communities auch, in einem angepassten und kapitalistischen Rahmen stattfindet. Innerhalb dieses Befreiungsrahmens versucht die Trans-Bewegung, ihre Befreiung auf dieselbe Weise zu bewirken wie ihre schwulen und lesbischen Pendants. Wenn wir die Gesellschaft und uns selbst von der Tyrannei gegen all jene, die die Grenzen von gender und sex verflüssigen, befreien, dann befreien wir uns zugleich von den mentalen und physischen Konstrukten, die uns so manipulieren, dass wir uns – für das ›Gemeinwohl von Gesellschaft, Religion und Staat‹ – unterordnen. Wenn wir revolutionäre (und nicht reformistische) Veränderungen herbeiführen wollen, dann ist es jetzt an der Zeit, dass die trans Gemeinschaft den militanten und revolutionären Weg, den uns unsere trans Ältesten aufzeigten, wieder aufnehmen. Demnach stellt unsere eigene Befreiung (und die der anderen) von der Tyrannei des Staates, der Religion, der Gesellschaft und – was ebenso wichtig ist – von den selbst auferlegten Zwängen ein Schlüsselelement der Trans-Befreiung dar.

Darüber hinaus hat sich eine anarchistische Betrachtung der Trans-Befreiung als von unschätzbarem Wert für eine solche Analyse erwiesen. Wie Emma Goldman in ihrem Essay von 1911 *Anarchismus – wofür er wirklich steht* auf so eloquente Weise darlegte: »Anarchismus ist die einzige Philosophie, die den Menschen seiner selbst bewusst macht; die davon ausgeht, dass Gott, Staat und Gesellschaft nicht existieren, dass ihre Versprechen null und nichtig sind, da sie nur aufgrund der Unterordnung des Menschen erfüllt werden können. Anarchismus lehrt uns daher die Einheit des Lebens; nicht nur in der Natur, sondern beim Menschen.«[20]

Den Staat infrage zu stellen, ist eine entmutigende und herausfordernde Aufgabe für alle unterdrückten Menschen (und für mich persönlich – ich glaube stark an den zivilen Ungehorsam und die direkte Aktion – wenn die Sache und die Gründe es erfordern). Wenn jedoch trans Personen ohne geschlechtsangleichende Operation den Staat herausfordern, dürfte ihre Angst ein ungemein größeres Hemmnis darstellen, wenn es darum geht, meine Positionen in Handlungen umzusetzen. Mein Herz und meine Seele haben mir gesagt, dass ich, wenn ich nicht nach meinen Überzeugungen handele, dem Staat erlaube, meinen individuellen Ausdruck zu kontrollieren – was wiederum meine Rebellion gegen ein System verhindert, das darauf hinarbeitet, meine individuelle Identität zu unterdrücken. Ich musste einen zweijährigen Prozess durchlaufen, in dem ich lernte, mit meiner bewussten und unbewussten Angst davor, vom System kontrolliert zu werden, umzugehen. Schlussendlich ist es mir in einem langen und verworrenen Prozess gelungen, meine individuellen Überzeugungen über den Glauben an Unterordnung und die Angst vor der totalen Kontrolle meiner Gender-Identität durch den Staat zu stellen. Witzigerweise besuchte ich, nur eine Nacht bevor ich und meine Bezugsgruppe das Risiko einer Verhaftung eingingen, als wir ein Regierungsgebäude in New York versperrten, mit einer guten Freundin die Premiere von *V for Vendetta*. Für mich war die Transformation von Evey Hammond für meine persönliche Transformation von zentraler Bedeutung. Für diejenigen, die nicht mit der Transformation von Evey vertraut sind, füge ich folgendes Zitat aus einem Wiki-Eintrag über *V* ein:

> In ihrer Zelle, zwischen zahlreichen Runden des Verhörs und der Folter, findet Evey einen Brief von einer Insassin mit dem Namen Valery, eine Schauspielerin, die dafür inhaftiert ist, dass sie lesbisch ist. Eveys Verhörer gibt ihr endlich die Wahl zwischen der Zusammenarbeit und dem Tod. Inspiriert durch den Mut und stillen Widerstand von Valery weigert sie sich, nachzugeben, woraufhin ihr gesagt wird, dass sie frei ist. Schockiert erfährt Evey, dass ihre Inhaftierung ein Schwindel war, der von V konstruiert wurde, um sie durch ein Martyrium zu schicken, durch das er selbst geformt wurde. Er offenbarte ihr, dass Valery eine andere Insassin von Larkhill gewesen war, die in der Zelle neben ihm starb. Der Brief, den Evey gelesen hatte, war der gleiche, den Valery an V weitergereicht hatte. Eveys Zorn weicht endlich der Akzeptanz ihrer Identität und Freiheit.

Der Kern dieses Arguments wurde neulich, bei einer Demo gegen die Heuchelei der *Human Rights Campaign*, untermauert, als mehrere Menschen angesichts eines Sprechchors mit den Worten »fick dich HRC« allen Ernstes fragten: »*Dürfen* wir so etwas sagen?« Dann, als das erste Polizeiauto kam, waren sie davon überzeugt, dass die Polizei gerufen worden war, weil wir die Wörter »fick dich« benutzt hatten. Den Cops war es im Grunde egal, was wir in unseren Sprechchören riefen. Oberflächlich betrachtet scheint dieser Einschub sicherlich ein bisschen lächerlich und unwichtig, doch die Reaktion und die Angst dieser trans Personen versinnbildlichen die impliziten Warnungen Emma Goldmans: dass die Tyrannei des Staates, oder die Angst vor einer solchen Tyrannei, profunde Auswirkungen auf unsere Aktionen und unser Verhalten hat. Damit ist die Relevanz für unser Ziel, eine Trans-Befreiung zu bewirken, klar gegeben.

Übersetzt von Jessica Eitelberg

1   Street Transvestite Action Revolutionaries.

2   Marsha P. Johnson (1999): Rapping with a Street Transvestite Revolutionary. In: Karla Jay und Allen Young (Hg.): Out of the Closets. Voices of Gay Liberation. New York: Jove Publications, S. 113.

3   Leslie Feinberg (1999): Trans Liberation: Beyond Pink or Blue. Boston: Beacon Press.

4   Auf deutsch etwa: »Frag nicht, sag nichts«. Diese Direktive betraf den Umgang mit Homosexuellen in den Streitkräften der Vereinigten Staaten. Es war homosexuellen Soldaten rechtlich verboten, gleichgeschlechtliche Beziehungen zu führen oder ihre sexuelle Orientierung preiszugeben. Vorgesetzten Soldaten war es im Gegenzug untersagt, Untersuchungen über die sexuelle Orientierung ihrer Untergebenen anzustellen.

5   Terence Kissack (2008). Free Comrades. Anarchism and Homosexuality in the United States, 1895–1917. Oakland: AK Press, S. 1.

6   Ebd., S. 4.

7   Ebd., S. 5.

8   Der Sedition Act von 1918 wurde vom Amerikanischen Kongress eingeführt und besagte, dass keine Kritik an der Regierung oder dem Kriegseinsatz geäußert werden dürfe.

9   Siehe Kissack.

10 Kinsey, Alfred C. / Pomeroy, Wardell B / Martin, Clyde E. (1948): Sexual Behavior of the Male. Philadelphia: Saunders; deutsch (1967): Das sexuelle Verhalten des Mannes. Frankfurt: Fischer.

11 Kinsey, Alfred C. / Pomeroy, Wardell B / Martin, Clyde E. (1953): Sexual Behavior of the Female. Philadelphia: Saunders; deutsch (1970): Das sexuelle Verhalten der Frau. Frankfurt: Fischer.

12 Kissack, S. 171.

13 Wikipedia: Kinsey Reports.

14 Harry Hay (1996): Radically Gay (hrsg. v. Will Roscoe). Boston: Beacon Press.

15 Ebd., S. 339.

16 Jeff Hayler (1976): Homosexual Oppression. Does Capitalism Really Affect It. Vortrag an der Australian National University am 12. September 1976.

17 Stephan L. Cohen (2008): The Gay Liberation Youth Movement in New York. An Army of Lovers Cannot Fail. New York: Routledge, S. 37.

18 Ebd., S. 9.

19 Ebd., S. 23.

20 Emma Goldman (2013): Anarchismus und andere Essays. (hrsg. v. Jörn Essig). Münster: Unrast, S. 41.

Benjamin Shepard

Schadensreduzierung als Genussaktivismus

Die Aktivistin Adrienne Maree Brown beschrieb die Zusammenhänge zwischen Genussaktivismus und Schadensreduzierung 2004 wie folgt: »Manche Menschen meinen, dass ich meine Zeit in den letzten Jahren damit verbracht hätte, Aufklärungsarbeit zu HIV / Aids zu leisten, Drogenkonsum zu entstigmatisieren und sicherzustellen, dass niemand mehr an einer Überdosis sterben muss. Doch im Grunde geht es ausschließlich darum, die Grenzen zu durchbrechen, die zwischen uns und dem Genuss stehen. Von demher bin ich eine Genussaktivistin«.[1] Mit dieser Einstellung ist Brown sicher nicht allein. »Ich finde, dass wir dem Genuss zu wenig Aufmerksamkeit widmen«, erklärt Allan Clear, »weniger als wir sollten.«[2] Im Folgenden möchte ich die Überlegungen Browns und Clears weiterführen und aufzeigen, was Schadensreduzierung mit Anarchismus und der Kampf um sexuelle Selbstbestimmung mit Genuss zu tun haben. Sowohl Anarchismus als auch Queer-Aktivismus kritisieren schon seit Langem genussfeindliche Ideologien.[3] In jahrzehntelangen sozialen Kämpfen erkannten beide Bewegungen, welch rebellisches Potenzial der Forderung nach Genuss innewohnt. Beide Bewegungen lehnen soziale Kontrolle und formale Hierarchien ab und setzen auf den Aufbau von Netzwerken zur gegenseitigen Hilfe und von DIY-Gemeinschaften, auf direkte Aktion und eine Widerstandskultur.[4] Genussaktivismus zeigt sich in all diesen Überschneidungen.

Trotzdem ist es alles andere als einfach darzustellen, wie Schadensreduzierung und Genuss zusammenhängen. »Nimm deinen besten Orgasmus, nimm das Gefühl mal zwanzig, und du bist noch immer meilenweit davon entfernt«, schreibt Irvine Welsh in seinem Roman *Trainspotting* in Bezug auf seine Liebe zum Heroin.[5] »Die Lust der Zerstörung ist zugleich eine schaffende Lust«, so Bakunins berühmte Worte.[6] Und so bringt Genuss paradoxerweise häufig Schmerz mit sich – wie die Figuren in Welshs Roman schnell herausfinden. Dennoch sind das Recht auf Genuss und das Feld der Überlappungen von Drogenkonsum und der anarchistischen und der Queer-Bewegung grundlegend mit sämtlichen Formen sexueller und sozialer Freiheit verknüpft.[7] Oft zu wenig beachtet wird, dass das Bedürfnis nach Genuss die Notwendigkeit mit sich bringt, Schadensreduzierung zu betreiben. Schließlich waren die Kämpfe für vielfältige Begehrens- und Ausdrucksweisen maßgeblich für das Entstehen der Bewegung. Beim Drogenkonsum geht es nicht nur darum, einen Schmerz zu betäuben; Lustgewinn und Sinnlichkeit sind ebenso zentral.[8] Und so ist es förderlich, sich mit diesen vielschichtigen Bedeutungen auseinanderzusetzen und solcherlei Erfahrungen als Anlässe zu nehmen für ein »symbolisches und kreatives Spiel«, wie Kane Race schreibt, um einen Raum zu schaffen, in dem neue Ideen und Identitäten entstehen können.[9] »Käme dem Genuss in seinen verschiedenen Formen und seiner sozialen Dynamik mehr Aufmerksamkeit zu, dann könnten damit neue wichtige Ansätze für effektivere Care-Strategien erschlossen werden.«[10] Aufzuzeigen, dass Schadensreduzierung Genuss innewohnt, und den Anarchismus grundlegend zu queeren, sind vergleichbare Tätigkeiten.

Die Schadensreduzierung wird seit Langem als eine Bewegung betrachtet, die aus der anarchistischen direkten Aktion hervorgegangen ist.[11] Und das aus gutem Grund. Gandhi forderte, indem er selbst Salz gewann, die politischen Vorgaben im kolonialbesetzten Indien heraus, in dem diese Praxis verboten war, und in eben dieser Weise forderten Genussaktivist*innen geltendes Recht heraus, als sie, ebenfalls im Sinne der direkten Aktion, Spritzentauschprogramme ins Leben riefen.[12] Solche befreienden Handlungen sind für eine anarchistische Praxis fundamental. »Vielleicht seid ihr schon AnarchistInnen«, schreibt Crimethinc. »Wann immer ihr eine Entscheidung trefft und handelt, ohne auf Anweisungen oder offizielle Erlaubnis zu warten, seid ihr AnarchistInnen. Jedes Mal, wenn ihr euch an einer lächerlichen Regel vorbeischwindelt, seid ihr AnarchistInnen. Wenn ihr weder den Entscheidungen der Regierung noch der Managerklasse noch dem Schulsystem noch Hollywood noch sonst irgendwem oder irgendwas vertraut, seid ihr AnarchistInnen. Und im Besonderen seid ihr AnarchistInnen, wenn ihr stattdessen eure eigenen Ideen, Projekte und Lösungen habt.«[13] Teil dieses Impulses ist es, soziale Barrieren, die den Weg zum Genuss verstellen, einreißen zu wollen. Dieser Ansatz brachte Queer-Aktivist*innen dazu, Safer Sex zu erfinden, als die Aids-Epidemie ausbrach.[14] Auch der zunehmenden, weltweiten Verbreitung von Schadensreduzierungsprogrammen liegt der Gedanke der direkten Aktion zugrunde; sexuelle Risiken zu reduzieren und risikobewusst Drogen zu konsumieren, waren Ausdruck derselben Grundeinstellung.[15] »Ich habe schon häufig darauf verwiesen, wie wichtig es zum einen ist, zu begreifen, dass Genuss im Drogenkonsum – sei der Konsum auch noch so chaotisch – eine essenzielle Rolle spielt und eine lebensunterstützende Funktion inne hat«, erklärt Walter Cavalieri, der Leiter des *Canadian Harm Reduction Networks*, »und zum anderen, Parallelen zwischen der Schwulenbewegung und der Bewegung für die Rechte von Drogenkonsumenten zu ziehen«.[16] Im Grunde unterstützen beide, die Schadensreduzierung und die anarchistisch-queere Bewegung, Genuss, Autonomie und Selbstbestimmung. Damit stellen sie zentrale Elemente einer sozialen Struktur infrage, die auf soziale Kontrolle abzielt. Die genussfeindliche Ideologie ist jedoch tief verwurzelt. Von der Abstinenzlerbewegung zur Prohibition haben Autoritäten wieder und wieder versucht, den Ausdruck von Genuss oder den Konsum von Rauschmitteln zu unterdrücken. Doch nur wenige Bewegungen haben aus dem Scheitern der Prohibition ihre Lehren gezogen. Auf den folgenden Seiten möchte ich die Geschichte genussfeindlicher Ideologien ebenso wie Formen des Genussaktivismus betrachten, die dieses Denken auf sichere und umsichtige Art herausgefordert haben. Ausgehend von Fallbeispielen aus dem Aktivismus im Bereich des Drogenkonsums, der HIV-Prävention und sozialer Bewegungen behandle ich die folgenden zentralen Fragen: Wie können wir eine Strategie entwickeln, die zugleich Genuss fördert und eine restriktive Politik ablehnt? Wie würde eine derartige Strategie aussehen? Welche Hindernisse gibt es und welche Praxis ist am geeignetesten? Wie kann sich die Schadensreduzierung des Themas Genuss annehmen? Wie gelingt es, ein Verständnis vielfältiger Formen von Genuss und darauf aufbauend eine progressive Strategie zu entwickeln, die Verbote zurückweist, da Verbote Krieg und Gewalt anstelle von Gefühlen, Fürsorge, Genuss und Überfluss befördern?

Genussfeindliche Ideologie

Die Geschichte der Kämpfe um Genuss wird durch eine fortwährende Dialektik zwischen Ausdruck und Unterdrückung geprägt. Während dionysische Kulte Rauschmittel, Alkohol und einen gemeinsamen Ausdruck von Ekstase begrüßten, waren sich die Römer*innen darüber im Klaren, dass derlei Aktivitäten bestehende Machtpositionen infrage stellten, sodass römische Autoritäten darauf aus waren, diese Kulte zu unterdrücken.[17] Doch diejenigen, die Genuss suchten, fanden auch weiterhin Mittel und Wege, um in Schwierigkeiten zu geraten. Adam aß den Apfel und noch heute kämpfen wir gegen das steinharte Fundament der religiösen Doktrin.

Als sich der Richter des Obersten Bundesgerichts, Antonin Scalia in dem Fall Lawrence vs. Texas gegen die Abschaffung des rechtlichen Verbots gleichgeschlechtlichen Sex aussprach, ließ sich aus seiner Begründung die tiefe und anhaltende Angst der Konservativen vor praktiziertem Genuss ablesen. »Wenn Gesetze gegen gleichgeschlechtlichen Sex verfassungswidrig sind«, schrieb Scalia, »dann gilt dies ebenfalls für Gesetze gegen Bigamie, die gleichgeschlechtliche Ehe, Inzest zwischen Erwachsenen, Prostitution, Masturbation, Ehebruch, Unzucht, Sodomie und obszönes Verhalten.« Gesetze gegen Masturbation hatten wohl die Wenigsten noch auf dem Schirm.[18] Doch wer sich die hierarchisierte Liste der Verstöße genauer ansieht, erkennt die ungeahnte Bedeutsamkeit dieses scheinbar trivialen Themas. Um Scalias Ablehnung zu verstehen, lohnt es sich, auf die christliche Theologie des dreizehnten Jahrhunderts zurückzublicken, genauer gesagt auf Thomas von Aquins Kategorie der »Wollust«. Unter den damit gemeinten Verbrechen gegen die Natur wurde Selbstbefriedigung als erster Schritt auf der rutschigen Piste in Richtung gleichgeschlechtlichem Sex, Ehebruch und Sodomie betrachtet. Für Aquin und den Rest der ›Jedes Spermium zählt‹-Fraktion war Selbstbefriedigung eine Art Einstiegsgenuss, so wie Marihuana irgendwann angeblich zum Heroin führt. An und für sich harmlos, eröffnet sie – wenn man der eigenen Fantasie freien Lauf lässt – ein enormes Feld ungeahnter Möglichkeiten.[19] Daher Scalias Argumentationsgang in der Begründung seines Urteils zum gleichgeschlechtlichen Sex. Auch wenn man aufgrund der angeblichen Trennung zwischen Kirche und Staat meinen würde, dass Aquins *Summa Theologica* auf das amerikanische Recht nicht anwendbar sei, so sollte ihr kultureller Einfluss nicht unterschätzt werden. Die Vorstellungen von widernatürlichen Handlungen, auch wenn sie inzwischen verblasst sein mögen, bilden die Basis für Gesetze, die bis heute zahlreiche Sexualpraktiken kriminalisieren, einschließlich der Homosexualität. Sie verbreiten eine ausschließlich auf Abstinenz basierende Sexualaufklärung, die weder die gelebte Praxis noch die Komplexität sexueller Ausdrucksformen anerkennt.[20]

Die Wurzeln der genussfeindlichen Ideologie sind tief und weitverzweigt. Von Aquin bis Calvin, von Cotton Mather bis Comstock zieht sich eine puritanische Färbung durch die US-Politik. Als sich die republikanische Kandidatin für den Senat, Christine O'Donnell, kürzlich gegen Masturbation aussprach, reihte sie sich in eine lange Tradition ein. Die Puritaner*innen sind bekannt für ihre Verurteilung derjenigen, die von ihrer religiösen Doktrin abwichen, sie zogen die Arbeit dem Spiel vor und folterten religiöse Nonkonformist*innen. Und doch gab es Menschen, die sich dagegen gewehrt haben. Während der Whisky Rebellion 1794 in Pennsylvania teerten und federten die Whiskyhersteller sechs Steuereintreiber, weil sie Steuern auf den Whisky-Verkauf erheben wollten – doch heute erinnert man nur an die Boston Tea Party.[21]

Die Gründerväter reagierten mit Misstrauen auf das vermehrte Ausleben von sexueller Lust und öffentlicher Trunkenheit in den Kolonien. Thomas Jefferson warnte die Menschen in der Neuen Welt bekanntlich davor, eine Reise nach Europa zu unternehmen, wo »man aufgrund der stärksten aller menschlichen Leidenschaften von den weiblichen Reizen verführt wird [...] durch Huren [...] und lernt, die Treue zum Ehebett als eine nicht sehr gentlemanhafte Praxis zu betrachten, die dem Glück widerspricht.«[22] Wenn der US-amerikanische Psychiater Benjamin Rush nicht gerade verschiedene Foltermethoden zur Behandlung von Geisteskrankheiten testete, dann hetzte er gegen körperlichen Genuss, den er als »Krankheit, die Körper und Geist befällt« bezeichnete.[23]

Mit den Jahren nahm diese restriktive Logik weiter Fahrt auf. Die Abstinenzlerbewegung des 19. Jahrhunderts setzte sich für eine Hinwendung zur Moral und ein Verbot von Alkohol ein.[24] Der 18. Zusatz zur US-Verfassung trat im Januar 1919 in Kraft. Mit ihm traten nicht beabsichtigte Folgen des Verbots ein, da anstelle des legalen, regulierten Marktes für Alkoholkonsum ein nicht regulierter Schwarzmarkt entstand. Die Nachfrage wurde auf illegalen Wegen befriedigt, was wiederum Gewalt und Kriminalität zur Folge hatte. Unverändert aber blieb der Konsum von Alkohol. 1933 wurde der Verfassungszusatz aufgehoben. Während der gesamten Zeit bildeten sich queere öffentliche Gemeinschaften, beispielsweise in San Francisco, wo die Prohibition nicht durchgesetzt wurde.[25]

In den nächsten drei Jahrzehnten weitete sich der Sozialstaat aus, zeitgleich mit den sozialen Bewegungen der Arbeiter*innen, Afroamerikaner*innen, Frauen und Sozialhilfeempfänger*innen. Mitte der Sechziger schlug diesen Bewegungen ein Backlash entgegen, der sich gegen ebendiese Ausweitung des Sozialstaats richtete. In seinem erfolglosen Wahlkampf zur Präsidentschaft 1964 führte Goldwater Gewalt als Panikthema ein. Was 1964 nicht funktionierte, funktionierte während der Präsidentschaftswahlen 1968 und Nixon wurde dank seiner »Southern Strategy« gewählt, in der er Kriminalität, Sozialleistungen und Armut rassifizierte. Die Politik orientierte sich nun auf Verbrechensbekämpfung statt auf Sozialstaat und Prävention. Die Wahl Nixons zum Präsidenten markierte einen einschneidenden Politikwechsel, der einen neuen, restriktiven Diskurs der Verbrechensbekämpfung unter dem Schlagwort »War on Drugs« hervorbrachte. In diesem Diskurs wurde Armut kriminalisiert statt bekämpft. Beispielhaft hierfür sind die Rockefeller Drogengesetze aus den frühen 1970er-Jahren.

Angesichts der zunehmenden Angriffe auf soziale Bewegungen erklärten einige Gruppen der neuen Regierung den Kampf. Die *Black Panthers* organisierten eine Armenküche für ihre Community in Oakland. Die *Young Lords*, eine Direct-Action-Gruppe derselben Gesinnung aus der Bronx, organisierte zahlreiche progressive, gewagte Aktionen für ein zugänglicheres öffentliches Gesundheitssystem für sozial Benachteiligte. 1970 besetzte die Gruppe das Lincoln Hospital. Sie forderte unter anderem Übersetzungen ins Spanische, den Einsatz von Akupunktur in Entzugsprogrammen und Verbraucherschutzgesetze. Das meiste davon wurde später in Praxis und Gesetzgebung umgesetzt.[26]

Eines der frühen Mitglieder der *Young Lords* war Sylvia »Ray« Rivera, eine Führungsfigur der Transgender-Bewegung und langjähriges Mitglied der *Gay Activist Alliance* und der *Street Trans Action Revolutionaries* (STAR). Die damalige Schwulenbewegung und der allgemeine Anarchismus der Zeit hatten viele Schnittstellen.[27] Der Genussaktivist Charles Shively beschrieb »tabulose Promiskuität als einen revolutionären Akt«.[28] Anstatt Institutionen wie die Ehe und das Militär oder soziale Reglementierung nach Law-and-Order-Manier anzuerkennen, sagten die Aktivist*innen dem System den Kampf an. Die Bewegung bekämpfte Homophobie, Sexfeindlichkeit und genussfeindliche Ideologien. Sie stützte sich dabei auf Wilhelm Reichs Argumentation, dass eine sexfeindliche Politik und Ideologie jene gezähmten Körper erzeuge, die den Faschismus hervorbrachten.[29] Ein sexfeindliches Denken befördere eine auf Abstinenz ausgerichtete Politik, sexualisierte und rassifizierte Ängste, eine Politik des Verbots und eine Entfremdung vom eigenen Körper.

In den frühen Jahren der Aids-Epidemie mussten sich Aktivist*innen vor allem damit beschäftigen, wie eine angemessene HIV-Prävention aussehen könnte. Während die einen der Meinung waren, HIV-Prävention solle auch strikte Verbote von Sexualkontakten mit einschließen,[30] forderten andere einen humanistischeren, sex-positiven Ansatz. Dr. Joseph Sonnabend, Richard Berkowitz und Michael Callen arbeiteten im New York der frühen 1980er-Jahre an einem Flugblatt über HIV-Prävention. Sie waren sich darüber im Klaren, dass schwule Männer auf die Forderung, auf Sex zu verzichten, meist mit Wut reagieren würden – wie die meisten anderen Menschen auch. Der ›Alles oder nichts‹-Ansatz führt zu verschiedenen Formen der Hysterie, der Unterdrückung und unweigerlich zu Fehltritten. Für viele Menschen ist ein Leben ohne Sex nicht lebenswert. So sind Verbote häufig gefährlicher als die Anerkennung des Problems, Aufklärung und Prävention. Bezüglich dessen erkannten die drei die Bedeutung von Latex als lebensrettenden Kompromiss. Ausgehend von dieser Einsicht und im Wissen um die bisherigen Errungenschaften der Schwulenbewegung verfassten sie einen ersten Entwurf: »Wie hat man Sex in Zeiten einer Epidemie?«. Das Ergebnis war eine Revolution, die persönlichen und politischen Schutz sowohl für Sex als auch für die Bewegung bot und sie von ihren Fesseln befreite.[31] Die im Flugblatt formulierten Anweisungen bildeten die Grundpfeiler der HIV-Prävention der nächsten zwanzig Jahre:

- Informiert euch über das Risiko der jeweiligen Aktivitäten.
- Sprecht ehrlich über Bedürfnisse, Wünsche und Risiken.
- Akzeptiert die Grenzen der anderen Person.
- Praktiken übertragen Aids, nicht Orte.
- Stellt Informationen zu Safer Sex, Kondome, Gleitmittel und saubere Spritzen zur Verfügung.

Im Rückblick auf die Erfindung von Safer Sex argumentiert Douglas Crimp, Genussaktivist und langjähriges Mitglied von ACT UP: »Wir konnten Safer Sex erfinden, weil wir schon immer gewusst haben, dass Sex nicht auf Penetration beschränkt ist, Epidemie hin oder her. Unsere Promiskuität hat uns vieles gelehrt, nicht nur über den Genuss von Sex, sondern auch über die Vielseitigkeit dieses Genusses. Diese psychische Vorbereitung, diese Experimentierfreude, diese bewusste Arbeit an unserer eigenen Sexualität ermöglichten vielen von uns, unser sexuelles Verhalten zu verändern. ... Unsere Promiskuität wird uns retten.«[32] Über die Jahre jedoch verblasste die strikte »Mach's mit!«-Parole. Donald Grove, der sich jahrelang in ACT UPs Spritzentauschprogramm engagierte, erinnert sich in einem Podcast von 2007 an diese Zeit und ihre Bedeutung für die Bewegung der Schadensreduzierung:

> Nur, weil etwas gesellschaftlich geächtet ist, bedeutet das nicht, dass es nicht stattfinden wird. Für mich bedeutet Schadensreduzierung, mit Drogenkonsument*innen zu arbeiten und sie dort abzuholen, wo sie stehen. Das bedeutet, anzuerkennen, dass viele von ihnen sehr gerne aufhören würden, doch das können sie nicht, solange man ihnen nicht die Art Hilfe oder Alternative bietet, die sie brauchen. Sonst werden sie nicht aufhören (können). Daher muss man die Tatsache anerkennen, dass der Drogenkonsum ein ganz normaler Teil ihres alltäglichen Lebens ist. Genau hierin liegt das Besondere, Drogenkonsum ist ein ganz normaler Teil ihres alltäglichen Lebens. Da Drogenkonsum hoch stigmatisiert ist, müssen sie heimlich konsumieren und unter großen zusätzlichen, durch das Rechtssystem auferlegten Gefahren. Die Stigmatisierung wird auch jeden anderen, nicht-stigmatisierten Bereich ihres Lebens beeinflussen. In unserer Kultur bewerten wir die Auswirkungen des Drogenkonsums auf das tägliche Leben, indem wir

sagen: ›Tja, das wäre alles nicht passiert, wenn du keine Drogen nehmen würdest.‹ Und dann denke ich immer, aber die Leute nehmen nun mal Drogen. Als ich Anfang dreißig war, vor dreizehn Jahren, wurde mir klar, dass wir, auch in der Gay-Community, enorm viele Gespräche darüber führen, wie man sich verhalten sollte, anstatt darüber zu reden, wie wir uns verhalten. Und dann passierte mir das in einem Hinterraum der Wonder Bar, nach einem Jahrzehnt makellos geschütztem Geschlechtsverkehr, ich lutschte einem Typen den Schwanz und er kam in meinen Mund. Und ich schluckte, und mir war, als hätte mich der Blitz getroffen. Und ich vibrierte noch tagelang, da mir klar wurde, was mir so lange Zeit entgangen war und wie wichtig mir das war und wie unfassbar erotisch es für mich war. Und mir wurde klar, dass ich damit nicht aufhören wollte. Und es war wirklich ein Kampf. Ich sprach darüber mit einigen meiner Freunde, die sich mit mir für Schadensreduzierung einsetzten. Doch mir wurde klar, dass alle mit mir darüber reden wollten, was ich tun sollte, und niemand mit mir darüber sprach, was ich tatsächlich tat. Aber eben dies ist für mich in der Arbeit mit Drogenkonsument*innen der zentralste Aspekt des Ansatzes der Schadensreduzierung, wenn sie beispielsweise sterile Spritzen brauchen. Das ist für mich die Essenz der Schadensreduzierung, zu sagen, dass man die Menschen akzeptieren oder mit ihnen arbeiten muss, basierend auf dem, was sie tun, und nicht auf dem, was du meinst, was sie tun sollten.[33]

Durch Groves Erzählung lässt sich nachvollziehen, wie sich Crimps Denken[34] in der im Entstehen begriffenen Schadensreduzierungsbewegung wiederfindet, in der das illegale Spritzentauschprogramm von ACT UP in New York eine Vorreiterrolle einnimmt.[35] Zeitgleich kreierten Aktivist*innen eine Bewegung basierend auf der Erkenntnis, dass Abstinenz unsicher und die Unterdrückung von Verlangen ungesund sind. Wie die queer-feministische Theoretikerin Eve Sedgwick erklärte: »Queer Theorie ist mit einer ethischen Dringlichkeit verbunden, da sie sich gegen den Schaden richtet, den Sexualverbote und Diskriminierungen Menschen zufügen.«[36] Basierend auf diesem praktischen Verständnis organisierte sich die US-amerikanische Schadensreduzierungsbewegung, um Drogenabhängige in ihren Bedürfnissen zu unterstützen. Einer Gruppe von Aktivist*innen gelang es, den Umgang und die Richtlinien verschiedenster Städte innerhalb der Vereinigten Staaten mittels Spritzentauschprogrammen zu verändern. Schadensreduzierungsaktivist*innen begreifen Spritzentauschprogramme als ebenso lebensrettende Intervention wie der Gebrauch von Kondomen.[37] Die

Aktivist*innen von New Yorks ACT UP leisteten zivilen Ungehorsam, um sicherzustellen, dass denjenigen, die sie brauchten, saubere Spritzen zur Verfügung gestellt würden. Nach ihrer Verhaftung beriefen sie sich darauf, dass angesichts der Aids-Krise der Spritzentausch eine »medizinische Notwendigkeit« sei. Die Aktivist*innen starteten anschließend ein Pilotprogramm zur öffentlichen medizinischen Versorgung, gefördert von der Stadt New York. Über die Jahre wurde der Spritzentausch als erfolgreiche Intervention anerkannt.[38] Nach Angaben der New Yorker Gesundheitsbehörde waren 1990 60% aller intravenösen Drogenkonsument*innen von HIV betroffen. 2001 war diese Zahl auf 10 % gesunken. Der *Harm Reduction Coalition* zufolge werden in der Praxis verschiedene Vorgehensweisen kombiniert, die »die negativen Konsequenzen des Drogenkonsums reduzieren sollen, bestehend aus einer Bandbreite an Strategien, die von sicherem Konsum, über kontrollierten Konsum, bis zur Abstinenz reichen.«

Einer der Aktivisten der ersten Stunde der Spritzentauschprogramme in New York war Greg Bordowitz, der bei ACT UP im Ausschuss für den Spritzentausch mitarbeitete. Bordowitz war begeistert vom Genussethos, der bei ACT UP herrschte: »Wenn ich jetzt daran zurückdenke, war es ein äußerst romantischer Ort. Also, jeder war in jeden verliebt. Uns verband ein intensives Gefühl von Kameradschaft und Nähe. Uns alle brachte die Bedeutung der Arbeit sehr nahe zusammen und die Tatsache, dass Menschen starben und dass Menschen in der Gruppe krank wurden. Daher kam dieses Gefühl, eine erhöhte Intensität. Es gab innerhalb der Gruppe sehr starke Gefühle und sie wurden stets gezeigt. Häufig weinten Menschen bei Treffen oder sie wurden wütend. Das war wirklich krass. Und das nährt natürlich den Eros. Es heizte die Anziehung untereinander an – die Menschen hingen aneinander, nicht unbedingt auf verzweifelte Art und Weise, aber sie trösteten einander. Sie genossen einander.« Für die Mitglieder von ACT UP war Genuss eine Ressource.[39]

Doch über die Jahre waren die Spritzentauschprogramme zunehmend mit Gesundheitsministerien, Spendenkampagnen und den Schattenseiten der Nonprofit-Industrie verbunden. Schadensreduzierung muss heutzutage vornehmlich objektiv messbar sein:

- Wissenschaft
- Lineares Denken
- Positivismus
- Zusammenarbeit mit Gesundheitsministerien
- Dienstleistungen und Kampf gegen Vereinnahmung
- Spenden

Wo ist der Genuss geblieben? Der Titel der neunten Social Research Conference on HIV, Hepatitis C and Related Diseases in Australien 2006 lautete: »StigmaPleasurePractice«. Hier fragten die Teilnehmer*innen: »Warum ist es so schwer, in der Drogenpolitik und -praxis das Thema Genuss miteinzubeziehen? Was bedeutet das für die Praxis? Wie könnte ein stärkerer Fokus auf den Genuss im Drogenkonsum die Schadensreduzierung neu beleben?«[40] Zu Beginn wäre es hilfreich, zu bedenken, welchen Einfluss die Praxis der direkten Aktion auf Bewegungen für soziale und sexuelle Freiheit hatte, unter anderem auf den Anarchismus und auf den Kampf um sexuelle Freiheit und damit auch auf die Bewegung für Schadensreduzierung.[41] »Ich bin *Sex Panic!* beigetreten, weil keine andere Gruppe die gleichen Bezüge in der sexuellen Unterdrückung der letzten Jahrzehnte hergestellt hat«, erklärte Chris Farrell 1998. »Die Unfähigkeit der Linken, Genuss als ein politisches Prinzip anzuerkennen, für das es sich zu kämpfen lohnt, erklärt sehr gut den desolaten Zustand progressiver Politik.« Farrell ruft Aktivist*innen dazu auf, »den Genuss erneut auf die progressive Agenda zu setzen ... Solange die Linke die Bedeutung des Orgasmus nicht anerkennen kann, ist unser Kampf gegen Unterdrückung zum Scheitern verurteilt.«[42]

Beispiele für eine dementsprechende Praxis reichen von sich organisierenden Sex-Arbeiter*innen bis hin zu Partys, auf denen eine öffentliche Sexkultur gefeiert wird. Gruppen wie die *AIDS Prevention Action League* oder die *Jacks of Color* haben dazu beigetragen, das Thema sichere Promiskuität voranzubringen, unter anderem mittels riesiger Partys, auf denen Genuss gefördert und erleichtert wird. Der inzwischen verstorbene Kämpfer für sexuelle Freiheit Eric Rofes lehnte Paternalismus ab und stellte in seinen Schriften die These auf, schwule Männer seien weitaus geübter darin und fähiger dazu, komplizierte Entscheidungen zu treffen. Julie Davids von CHAMP gelang es, anhand von Daten zu kritisieren, das im öffentlichen Gesundheitssektor Panik geschürt wird, und Stigmata zu widerlegen. Durch Events wie die *Artgasm Big Bang Party*[43] haben Genussaktivist*innen sowohl die Schadensreduzierung als auch eine öffentliche Sexkultur bestärkt: »Wir sind eine Gruppe radikaler Queers, die einen Raum erschaffen möchten, der sex-positiv, gender-inklusiv, antikapitalistisch, bezahlbar, fat-positiv und feministisch ist und in dem wir vögeln, Kunst machen, dreckig sein, tanzen und spielen können.« Hierfür benötigt die Party eine »radikale Konsensdefinition«. Ein solcher Konsens besteht, wenn »ein ›Ja‹ vorhanden ist und nicht einfach nur ein ›Nein‹ fehlt und klar ist, dass jede*r jederzeit seine oder ihre Meinung ändern, aufhören oder einen Gang runterschalten kann. Konsens muss jedes Mal aufs Neue erzielt werden, wenn eine sexuelle Aktivität beginnt.« In dieser Praxis haben uns die Genussaktivist*innen deutlich gezeigt, dass es ohne Genuss keine Gerechtigkeit geben kann. Führungsfiguren wie der *Housing Works* Mitbegründer Keith Cylar haben durch ihren Aktivismus geholfen, das Ausleben von Genuss als wichtigen Bestandteil der Schadensreduzierung zu etablieren. Der Hausbesetzer Lewis Jones gründete *Stand Up Harlem* in eben diesem anarchistischen Verständnis: »Für mich fühlte sich das einfach so unglaublich an. Du redest von Gefühlen. Für mich war es vor allem ein immenser Genuss. Alle denken, Genuss hätte etwas mit Dekadenz zu tun, aber es ging um viel mehr. Ich war bewegt ... Genuss brachte Erfüllung. Ich fühlte mich lebendig. Wir lebten zusammen, schliefen zusammen und kämpften für den Wandel.« Und mehr noch: »Drogen zu nehmen bedeutete, in Würde zu sterben – in Würde, weil es meine Entscheidung war. Die ich alleine traf. Ich bezog Stellung für all diejenigen, die sich für Drogen entschieden, als ihnen der Tod bevorstand.« Jones war klar, dass viele Menschen im Angesicht des Todes »in all dem Schmerz Drogen nehmen wollen würden.« Er erklärte, »für manche ging es einfach nur darum, dieses altbekannte Gefühl zu bekommen, diese Beziehung, diesen Liebhaber, oder so. Dieses Schmerzmittel, dass der Arzt dir vielleicht nicht verschrieben hätte, oder das nicht stark genug wäre. Es war deine eigene Entscheidung. Diese Freiheit beflügelte mich – die Wahl zu treffen, ohne sich zu schämen, genau das tat ich.«

Bei *CitiWide Harm Reduction*, wo ich vier Jahre lang gearbeitet habe, versuchten wir, Genuss als Teil des tragikomischen Kontinuums menschlicher Erfahrung zu betrachten. Wenn ein Mitglied starb, verabschiedeten wir uns gemeinsam. Hier wurde die Trauer zu einem Raum für Sorge, Lieder, Trommeln und Glück, die aus authentischer, gelebter Erfahrung erwuchsen. Und die Mitglieder wussten, dass das Schlimmste eingetreten war, dass sie es durchgemacht und durchgestanden hatten. Das Durchhaltevermögen dieser Menschen erschuf einen der lebendigsten Räume, den ich je gesehen habe. Indem sie Tag für Tag das Negative in eine neue Lebensart verwandelten, erlangten die Menschen in dem Programm sozusagen magische Kräfte.[44] Auf diese Weise kann Schadensreduzierung als ein Ort betrachtet werden, an dem Mitglieder heilende Gemeinschaften, Raum für Sorge und Solidarität schaffen. Durch diese Verbindungen stellen sie sich dem scheinbar nicht zu Überwindenden. Sie teilen ihr Leben und ihre authentische Erfahrung jenseits der Verbotslogiken strafrechtlicher Systeme und Zwänge. Ausgehend von diesen Erfahrungen zeichnen sich die Versatzstücke einer Agenda für Genuss, Sorge und gerechte menschliche Beziehungen ab. In seinen *Drei Abhandlungen zur Sexualtheorie* wies Freud die puritanische Moral zurück, da ihm zufolge jeder Mensch irgendeine Form von Perversion in sich trägt.[45] Das ist kein Grund, sich zu schämen, sondern menschlich. Und dennoch existiert die Scham und richtet Schaden an. Um ihr und den Unterdrückungsmechanismen, die sie bedingt,[46] ein Ende zu setzen, setzen sich Genussaktivist*innen dafür ein, die soziale Ordnung zu verändern.[47] Um erfolgreich zu sein, muss dieser Prozess Respekt für Selbstbestimmung, Wahlmöglichkeiten und Genuss beinhalten. Wenn wir die Wichtigkeit des Genusses nicht anerkennen, dann gehen wir das Risiko ein, die Verbotspolitik zu reproduzieren, die wir eigentlich ablehnen.[48] Ohne Gerechtigkeit kann es keinen Genuss geben. Alles in allem geht es uns darum, die Vorstellung einer Gesellschaft zu bestärken, die sowohl Paternalismus als auch Positivismus ablehnt, während sie zugleich Räume für alternative soziale Beziehungen und Erfahrungen außerhalb des Bereichs der Ratio eröffnet. Der Mangel an

Pro-Genuss-Forderungen in der Linken ist nichts weniger als ein Mangel an politischer Vorstellungskraft. Damit wird Moralist*innen enorm viel Raum überlassen. Es gibt einen anderen Weg – entlang von gelebtem Genuss, Gerechtigkeit und Freiheit.

Übersetzt von Dietlind Falk

1   Brown, Adrienne Maree (2004): I Hate Politics. Confessions of a Pleasure Activist. In: Brown, A. M. / Wimsatt, W. U. (Hg.): How to Get Stupid White Men out of Office. The Anti-Politics, Unboring Guide to Power. Brooklyn, NY: Soft Skull Press. S. 20.

2   Shepard, B. (2009): Queer Political Performance and Protest. New York: Routledge.

3   Vgl. Kissack, Terence (2008): Free Comrades. Anarchism and Homosexuality in the United States, 1895–1917. Oakland. CA: AK Press.

4   Vgl. Shepard, B. (2010): Bridging the Divide between Queer Theory and Anarchism. Sexualities Nr. 13 (August 2010) S. 511–527.

5   Welsh, Irving (1996): Trainspotting. New York: W.W. Norton.

6   Bakunin, Michail (1968): Philosophie der Tat. Eingeleitet und herausgegeben von Rainer Beer. Köln. S. 95f.

7   Vgl. Shepard, B. (2010): Queer Political Performance and Protest. New York: Routledge.

8   Vgl. Kennedy, Kristine E.P. / Grov, Christian / Parsons, Jeffrey T. (2010): Ecstasy and Sex among Young Heterosexual Women. A Qualitative Analysis of Sensuality, Sexual Effects, and Sexual Risk Taking. International Journal of Sexual Health (22)(3). S. 155–166.

9   Race, Kane (2009): Pleasure Consuming Medicine. The Queer Politics of Drugs. Durham. NC: Duke University Press. S. xii–iii.

10 Ebd.

11 Vgl. Smith, Christopher / Dunn, Luke / Rigby, Kathy / Hammond, Jon Paul (2010): Harm Reduction as Anarchist Practice. 8. Annual Harm Reduction Conference. Austin.

12 Springer, E. (1991): Effective AIDS Prevention with Active Drug Users. The Harm Reduction Model. In: Shernoff, M. (Hg.): Counseling Chemically Dependent People with HIV / AIDS. Binghamton. NY: Haworth Press. S. 141–158.

13 http://crimethinc.blogsport.de/2010/05/18/fuer-unser-leben-kaempfen-eine-einfuehrung-in-den-anarchismus/ (Zugriff 03.05.2017)

14 Crimp, Douglas (1988): How to Have Promiscuity in an Epidemic. In: Crimp, Douglas (Hg.): AIDS: Cultural Analysis / Cultural Activism. Boston: MIT Press. S. 237–271.

15 Vgl. Springer (1991): Effective AIDS Prevention.

16 Cavalieri, Walter (2010): E-mail Korrespondenz mit dem Autor, Dezember.

17 Ehrenreich Barbara (2007): Dancing in the Streets. New York: Metropolitan Books.

18 Hertzberg, Hendrick (2003): Northern Light. The New Yorker (July 7, 2003). S. 24.

19 Laqueur, Thomas (2003). Solitary Sex. Brooklyn, NY: MIT Press / Zone Books. S. 142f.

20 Collins, Chris / Alagiri,Priya / Summers, Todd (2002): Abstinence-only vs. Comprehensive Sex Education. What Are the Arguments? What is the Evidence?. Progressive Health Partners, AIDS Policy Research Center & Center for AIDS Prevention Studies AIDS Research Institute. University of California. San Francisco. Policy Monograph Series. http://www.issuelab.org/resource/abstinence_only_vs_comprehensive_sex_education_what_are_the_arguments_what_is_the_evidence (Zugriff 03.05.2017)

21 Vgl. Russell, Thaddeus (2010): A Renegade History of the United States. New York: Free Press.

22 Ebd.

23 Ebd.

24 Vgl. Gusfield, J. R. (1986): The Symbolic Crusade. Champaign: University of Illinois Press.

25 Vgl. Shepard (2010): Queer Political Performance and Protest.

26 Ebd.

27 Kissack: Free Comrades; und Shepard: Bridging the Divide.

28 Shively, Cjarley (2001): Indiscriminate Promiscuity as an Act of Revolution. In: Bull, C. (Hg.): Come Out Fighting. New York: Nation Books.

29 Vgl. Reich, Wilhelm (1980): The Mass Psychology of Fascism. New York: Farrar Straus and Giroux.

30 Vgl. Gusfield: The Symbolic Crusade.

31 Vgl. Berkowitz, Richard (2003): Staying Alive: The Invention of Safer Sex. New York: Basic Books.

32 Crimp: How to Have Promiscuity in an Epidemic. S. 253.

33 Ebd.

34 Ebd.

35 Vgl. Springer: Effective AIDS Prevention.

36 In Smith, Dinita : Queer Theory' is Entering the Mainstream. New York Times (January 17). B9.

37 Vgl. Springer: Effective AIDS Prevention.

38 Bordowitz, Greg (2002): Oral History with the ACT UP Oral History Project. http://www.actuporalhistory.org/interviews/interviews_01.html#bordowitz (Zugriff 03.05.2017).

39 Vgl. Shepard (2010): Queer Political Performance and Protest.

40 Vgl. Holt, Martin/Treolar, Carla (2008): Pleasure and Drugs. International Journal of Drug Policy Nr. 19. S. 349–352.

41 Vgl. Shepard: Bridging the Divide.

42 Vgl. Shepard: Queer Political Performance and Protest.

43 Big Bang Party. Artgasm for Radical Queers. (2007) http://www.bigbangparty. org/party.html (besteht nicht mehr).

44 Siehe Shepard: Play, Creativity, and Social Movements.

45 Tatchell, Peter (1989): Freud and the Liberation of Sexual Desire. 12. Juni 1989. http://friendsofborges.is/Psychology/site/assets/tatchell_on_freud_sexual_ desire.doc (Zugriff 03.05.2017).

46 Vgl. Reich, Wilhelm (1933): Die Massenpsychologie des Faschismus. Erweiterte und revidierte Fassung: Köln: Kiepenheuer & Witsch (1971).

47 Vgl. Tatchell: Freud and the Liberation of Sexual Desire.

48 Vgl. Holt und Treloar: Pleasure and Drugs.

Gayge Operaista

Radikale Queers und der Klassenkampf

Während radikale Queers, die sich mit dem Anarchismus, Antiautoritarismus und / oder Antikapitalismus identifizieren, immer mehr zu werden scheinen, existiert ein tiefgreifendes Missverständnis in radikalen, queeren Kreisen bezüglich der Bedeutung des Klassenkampfes. Dieser Mangel an Klassenanalyse schadet sowohl den spezifisch queeren Analysen wie auch dem Antikapitalismus als Ganzem. Seien wir ehrlich. Die Aufgabe besteht nicht darin, Anarchismus ›queer‹ zu machen. Das Schlagwort Anarchismus darf in keiner Gegenkultur und keinem bissigen aktivistischen Projekt heutzutage fehlen – das geht schon so weit, dass es bei radikalen Menschen kaum noch eine gemeinsame Ansicht über dessen Bedeutung gibt, gleiches gilt für die Bedeutung von ›queer‹ im radikalen Milieu. *Es ist die Aufgabe von radikalen queeren Menschen, militante Klassenkämpfer*innen zu werden.* Wir müssen uns ständig dazu aufrufen, uns auf eine umfassende, queere Praxis zuzubewegen: Eine solche, die die Bedingungen untersucht, unter denen alle Queers leben, und die diese Leben in den größeren Kontext der Kämpfe von Arbeiter*innen und allen unterdrückten Menschen einordnet. Das ist nicht nur eine solidarische Position, die sich weigert, die anderen queeren Menschen zurückzulassen. Damit verbunden ist auch die Erkenntnis, dass die queere Befreiung untrennbar mit der Selbst-Emanzipation der Arbeiter*innenklasse verbunden ist.

Queere Menschen, wie andere unterdrückte Gruppen, werden besonders hart vom Kapitalismus getroffen und das ist besonders oft der Fall bei queeren Menschen, die von den queeren und feministischen Bewegungen unsichtbar gemacht, ignoriert oder zurückgelassen werden: Queers of Color, trans Personen und andere Menschen, die sich den Gender-Codes nicht anpassen, Queers mit Behinderungen und queere Sexarbeiter*innen sind hier ein paar Beispiele. Obwohl viele queere Anarchist*innen und andere Antikapitalist*innen jede Unterdrückung ablehnen, und auch, wenn sich die Analysen in herrschaftskritischen Kreisen fortlaufend verbessern und die Bedeutung von Intersektionalität zunehmend anerkannt wird, so ist dennoch eine gute und umfassende Herrschaftskritik noch nicht genug: Wir müssen immer auch antikapitalistisch sein und begreifen, wie der Kapitalismus funktioniert, um wahrhaftig die Lebensbedingungen der Arbeiter*innen zu verstehen – die gegen multiple Systeme der Unterdrückung kämpfen oder als ›Mittelschicht‹ (viel zu oft vorübergehend) komfortabel in den Vororten leben. Durch ein Verständnis vom Klassenkampf können wir zur Bewegung der breiten Masse für die kollektive Befreiung beitragen.

Ohne dieses Verständnis vom Klassenkampf kann unsere Kritik am Staat nur mangelhaft sein. Wir müssen ein Verständnis vom Klassenkampf haben, um den Staat als Instrument der Herrschaft einer Klasse über alle anderen Klassen zu erkennen und um die Notwendigkeit zu begreifen, dass der bourgeoise Staat zerstört werden muss, um alle Klassen abzuschaffen. Um Kropotkin zu paraphrasieren: Wir sind gegen Herrschaft, nicht gegen Regeln. Die Notwendigkeit des Klassenkampfs nicht anzuerkennen, führt dazu, den Staat als unabhängige Institution zu begreifen, statt ihn als Instrument der Klassenherrschaft zu erkennen. Dies kann auch dazu führen, dass antisoziale Aktivitäten als eine Art Widerstand gegen den Staat glorifiziert werden, anstatt diese als unreif, nutzlos und reaktionär zu erkennen. Im Unterschied zu den Leninist*innen wollen wir weder die Macht im Staat ergreifen noch den jetzigen Staat durch einen ›proletarischen‹ Staat ersetzen. Wir wissen, dass die Revolution gescheitert ist, wenn nach der Revolution weiterhin Klassen existieren und ein hegemoniales, von den Menschen abgesondertes Leitungsorgan notwendig ist, um die sozialen Beziehungen aufrecht zu erhalten.

Dennoch haben viele Queers, die an antikapitalistischen Bewegungen teilnehmen, liberale Ideen zu Klasse und der Funktionsweise des Kapitalismus. Sie behandeln Klasse einfach, als handele es sich um eine zusätzliche Form der Unterdrückung / eines Privilegs, anstatt zu begreifen, dass es sich dabei um die Beziehung zu den Produktionsmitteln handelt, die fortlaufend erneuert wird. Eine herrschaftskritische Analyse auf Klasse anzuwenden, ist auf vielen Ebenen problematisch. Es bringt uns dazu, die Definitionen der Bourgeoisie (der kapitalistischen Klasse) von Klasse zu nutzen, die dazu dienen, die Arbeiterklasse zu teilen und Menschen, die dieser Klasse angehören, dazu zu bringen, entgegen ihrer eigenen Klasseninteressen zu handeln. Es hält uns davon ab, auszudrücken, wie und warum manche Queers so hart vom Kapitalismus getroffen werden, und bringt uns viel zu oft dazu, die Kämpfe von beispielsweise trans Menschen zu ignorieren. Es führt auch dazu, dass wir diese Kämpfe umdeuten und die Menschen als freiwillige ›Aussteiger*innen‹ bezeichnen: Als sei die Zugehörigkeit zur Mittelschicht ein unveränderlicher, geerbter Zustand. Dabei handelt es sich bei der ›Mittelschicht‹ um einen Begriff, der geschaffen wurde, um Teile der Arbeiterklasse dazu zu bringen, sich als dem Kapital zugehörig und gegen andere Arbeiter zu positionieren.

Die Antwort auf diese und andere Fragen lautet selbstverständlich, dass wir uns zu den Themen Klassenkampf und Kapitalismus bilden und dass wir den Kampf für die queere Befreiung als unverzichtbaren Teil des Kampfes der Arbeiterklasse und als für diesen Kampf notwendig erachten müssen.

Zum ›Klassismus‹

Eine Standardpraxis in herrschaftskritischen Kreisen ist, Listen der Unterdrückungsformen, die wir kritisieren, zu erstellen. Oftmals steht auch ›Klassismus‹ auf diesen Listen. Abgesehen davon, dass diese Listen zwangsläufig unvollständig sind, müssen wir auch anerkennen, dass der Kapitalismus eine andere Art von Struktur ist als beispielsweise *weiße* Vorherrschaft oder das Heteropatriarchat. Es geht nicht darum, dass wir unsere Tätigkeiten, die sich gegen das Heteropatriarchat richten und die wir momentan als queer bezeichnen, einstellen sollten. Jedoch muss das Ziel des antikapitalistischen Kampfes zunächst die Negation der kapitalistischen Klasse (durch das Aneignen der Produktionsmittel) und daraufffolgend die Negation der Arbeiterklasse sein, da die Ausbeutung erst endet, wenn der Mensch sowohl die Kontrolle über die eigene Arbeitskraft, als auch über die eigenen Bedürfnisse erlangt, Besitz abgeschafft und die Produktionsmittel vergesellschaftet wurden. Für weniger als das zu kämpfen, bedeutet, lediglich gegen Elitismus zu kämpfen, lediglich zu wollen, dass die Reichen uns besser behandeln und dass das Leben der Armen nicht so hart ist. Das ist nicht die Summe unserer Wünsche. Wir wünschen uns eine Welt ohne Reiche und ohne Arme, und es ist an der Zeit, dass unsere Analyse, unsere Art, uns zu organisieren, und unsere Aktionen das widerspiegeln!

Hinzu kommt, dass dank einer Klassenanalyse, die wir von den liberalen oder reformistischen Analysen übernommen haben, die Tendenz besteht, Vorwürfe des Klassismus zu nutzen, um Spaltungen innerhalb der Arbeiterklasse aufrechtzuerhalten, um Marginalisierten die Stimme und die Macht zu nehmen und um eine große Bandbreite an Erfahrungen von queeren Menschen unsichtbar zu machen. All das resultiert aus einem verkürzten Klassebegriff. Die Neubildung der Arbeiterklasse nach dem Zweiten Weltkrieg, insbesondere in der post-industriellen Welt, hat zu einem stetig zunehmendem Bildungsniveau in der Arbeiterklasse, sowie zu einer größeren Beschäftigung im Dienstleistungssektor und in technischen Berufen geführt. Zeitgleich wurde die typische Fließbandarbeit entweder in die [sogenannten] Entwicklungsländer verlegt oder die Menschen wurden durch Maschinen ersetzt. Soziologische Klassenanalysen, die auf klassischen stereotypischen Vorstellungen von Bildung und Arbeitsausübung basieren, verdecken nicht nur soziale Beziehungen, sondern sie verkennen darüber hinaus die Realität des Proletariats in der post-industriellen Welt. Des Weiteren sind Mutmaßungen darüber, wer ein*e echte*r ›Prolet*in‹ ist und zu was ›Prolet*innen‹ intellektuell fähig sind, beleidigend gegenüber denjenigen, die Arbeiter*innen sind und sie tragen entweder dazu bei, Antiintellektualismus in Massenbewegungen zu verankern oder intellektuelle Arbeit im spezialisierten Gebiet der Akademiker*innen anzusiedeln. Mit der zunehmenden Privatisierung der Bildung und den rapide ansteigenden Kosten von sowohl öffentlicher wie auch privater Hochschulbildung werden die Schulden, die Student*innen für ihre Bildung anhäufen, ein immer größerer Faktor im Arbeiterkampf. So zu tun, als ob es jene mythische ›Mittelschicht‹ tatsächlich gäbe, der all diejenigen, die nicht zur kontinuierlich abnehmenden Fabrikarbeiterschaft zu zählen sind, angehören, versperrt uns den Zugang zu vielzähligen wichtigen Kampffeldern. Zu oft verhandeln wir, anstatt tatsächlich über Klasse zu diskutieren, wessen Kindheit am schwersten war. Dabei sollte es eigentlich darum gehen, wie wir uns selbst befreien können. Und auch wenn es reale soziale und ökonomische Unterschiede zwischen verschiedenen Gruppen innerhalb der Arbeiterklasse gibt, dürfen wir nicht zulassen, dass dadurch unsere Analyse von Klasse als Ganzes geschwächt wird.

Um diese internen Machtkämpfe, eine fehlerhafte Analyse und Marginalisierungen zu überwinden, brauchen wir eine wirklich antikapitalistische Klassenanalyse. Wir müssen Kapitalismus als ein System begreifen, dass ein auf den Beziehungen zu den Produktionsmitteln basierendes Klassensystem schafft, und verstehen, dass es für den Klassenkampf, auf dem Weg zur Zerstörung des Kapitalismus, essenziell ist, die alltäglichen Kämpfe zu gewinnen: Reduzierung der täglichen Arbeitszeit, Lohnerhöhungen, sicherere und bequemere Arbeitsplätze. All diese Dinge mindern die Höhe des Wertes, den die kapitalistische Klasse von uns abschöpft. Außerdem können diese Kämpfe direkt gewonnen werden, ohne Vermittlung. Ein weiteres Ziel der alltäglichen Kämpfe ist die Schaffung und Aufrechterhaltung effektiver Selbstorganisierung. Das Erreichen dieser Zwischenziele führt nicht dazu, dass Arbeiter*innen die Arbeiterklasse verlassen. Es kann (und muss, wenn wir, die Arbeiterklasse, uns selbst befreien wollen) dazu dienen, sowohl die Bedingungen zu verbessern, unter denen wir kämpfen, als auch unsere Fähigkeit zu kämpfen auszubauen, indem die Selbstorganisierung als Klasse gefördert wird. Es ist töricht, derjenigen Logik zu folgen, die die kapitalistische Klasse nutzt, um uns voneinander zu trennen und gegeneinander aufzubringen.

Eine weitere Schwäche einer soziologischen / liberalen Analyse, die Klasse nur als eine weitere Form der Unterdrückung begreift, ist, dass damit der erste Schritt getan ist, um unsere Solidarität mit dem gesamten Proletariat zu brechen. Wenn wir unter Klasse verstehen, dass die Armen unterdrückt werden und die sogenannte Mittelschicht und die Kapitalisten privilegiert sind (dabei sind die Kapitalisten nur ein kleines bisschen stärker privilegiert als die Mittelschicht), gelangen wir zwangsläufig dahin, die falsch gelagerte Diskussion darüber zu führen, wer ›genug zur Arbeiterklasse gehört‹. Ist eine queere, bei einem alleinerziehenden Elternteil in Armut aufgewachsene Person nicht länger zur Arbeiterklasse zu zählen, nachdem sie sich durchs Studiums arbeitete und schließlich Lehrerin wurde? Ist der Kampf einer trans Person, die im Kapitalismus keine feste Arbeit findet, weniger legitim, wenn diese Person mit zwei Eltern in einem Vorort aufwuchs? Schreiben wir *weiße* cis hetero Arbeiter*innen ab, da sie >zu priviligiert< sind, um am gleichen Kampf teilzunehmen wie wir? Fetischisieren *weiße* Queers weiterhin People of Color, um *race* mit Klasse zu verschmelzen, ohne eine Analyse darüber zu leisten, wie der Kapitalismus den Rassismus konstruierte und bis heute aufrechterhält? In queeren, anarchistischen Kreisen können wir diese Fragen nicht lösen, wenn wir von einer Klassenanalyse ausgehen, die auf einer Herrschaftskritik aufbaut, die an die Soziologie oder den Liberalismus angelehnt ist.

Wenn Klasse mit anderen Unterdrückungsformen auf die gleiche Stufe gestellt wird, liegt die größte Gefahr darin zu verkennen, dass – um es in den Worten Marx' auszudrücken – die Arbeiter*innen diejenigen sind, die radikale Ketten haben. Das System, das wir zerstören wollen, basiert grundlegend auf der Ausbeutung der Arbeiterklasse, und wir können uns nur befreien, wenn wir die Ketten der Ausbeutung erkennen, bekämpfen und zerstören. Wenn wir das begreifen, können wir anfangen, zu verstehen, wie die Hierarchisierung entlang von *race*, gender und Sexualität in der Arbeiterklasse dazu dient, Kontrolle auszuüben, Ausbeutung zu maximieren und den Kapitalismus überhaupt erst zu ermöglichen.

Über die Grenzen der Identitätspolitik hinaus

>Queer< entstand als Kritik an den Annahmen, auf denen Identitätspolitik basiert: dass unterdrückte Gruppen klar definiert seien, eindeutige Grenzen hätten, dass alle der unterdrückten Gruppe Zugehörigen die gleichen Wünsche und Bedürfnisse hätten und dass einige wenige aus dieser Gruppe für die gesamte Gruppe sprechen könnten. >Queer< wurde gezielt als Begriff der Solidarität und des Kampfes angeeignet, der schwule, lesbische, bi- und pansexuelle, trans und andere Menschen, die sich den Genderrollen nicht anpassen, einbeziehen soll. Während anfänglich anerkannt wurde, dass diese Gruppen verschiedene Wünsche und Bedürfnisse haben, bildete sich mit der Zeit eine Koalition, die generell Unterdrückungen, die auf Gender und Sexualität beruhen, in den

Blick nahm. Angesichts jener queeren Befreiungsbewegungen, die nach wie vor in der Identitätspolitik verwurzelt sind, debattierten wir die genauen Grenzen von queer und stritten darüber, wessen Anliegen legitim sind. Derweil ignorierten wir die identitäre Ausrichtung unserer eigenen Politik und verkannten somit die sehr realen Machtunterschiede, die innerhalb der queeren Community bestehen. Damit wir die negativen Aspekte der Identitätspolitik hinter uns lassen können, müssen wir die materiellen Bedingungen und ihre spezifischen Auswirkungen auf bestimmte Untergruppen in den Blick nehmen und unseren Kampf von diesen materiellen Bedingungen ausgehend gestalten.

Hinzu kommt, dass wir, wenn wir unseren gemeinsamen Kampf ausschließlich entlang queerer Themen ausrichten, uns mit der Frage auseinandersetzen müssen, ob unsere Ziele mit denjenigen bürgerlicher Queers übereinstimmen. Während queere anarchistische / antiautoritäre / antikapitalistische Kreise immer betonen, dass sie gegen Eingliederung und gegen Kapitalismus seien, passiert es oft, dass die Analyse dahingehend abrutscht, dass ihre Kritik sich auf die Aussagen ›Wie die Heteros sein, ist schlecht‹ und ›Kapitalismus ist schlecht‹ reduziert. Die Generalisierung, dass ›die Heteros‹ eine kohärente Gruppe bildeten, die hegemonial ›die Queers‹ unterdrücke, und dass der Grund, warum wir uns nicht anpassen wollen, darin bestehe, dass wir nicht wie sie sein wollen, macht es uns zu leicht, all jene Kämpfe zu ignorieren, die nicht die gesamte queere Community betreffen, und Vorgaben zu queerem Begehren und Identitäten zu entwickeln, anstatt Anpassung zu kritisieren.

Wir widersetzen uns der Institution der staatlich sanktionierten Ehe, nicht weil viele Heteros / Heteras heiraten, sondern weil sie die Kernfamilie als Konsum- und Reproduktions-Einheit des Kapitalismus stärkt. Die Hierarchisierung von Beziehungen umzukehren, um Menschen dafür zu kritisieren, dass sie in langjährigen Beziehungen mit einem*r Beziehungspartner*in einem gemeinsamen Haushalt glücklich sind, hilft uns nicht ansatzweise dabei, den Kapitalismus und die Unterdrückung zu beenden. Es handelt sich dabei nur um einen Ausdruck der Kontrolle, die wir über Identitäten, Ausdrucksformen und Arten der Lebensgestaltung in unserer Community ausüben. Wenn die Kritik an

Anpassung irgendeinen Wert haben soll, muss sie von der Idee ausgehen, dass wir die gegenwärtige Ordnung zerstören und eine bessere Welt erschaffen wollen, anstatt sie dazu zu missbrauchen, uns von ›den Heteros‹ fernzuhalten, weil Queers so etwas wie eine klar definierte Gruppe und kein Teil anderer Gruppen seien und sich daher abseits vom Rest der Welt befänden.

Darüber hinaus ist es notwendig, unsere Klasseninteressen nicht außer Acht zu lassen. Egal wie sehr sich bourgeoise Queers als ›radikale‹ Queers inszenieren, wir haben mit ihren Klasseninteressen nichts gemein und bekämpfen diese anstelle der heterosexuellen Mitglieder der Arbeiterklasse. Wenn wir hingegen annehmen, dass wir in unserem Queersein Verbündete seien, müssen wir nicht nur die anderen Arten, in denen wir unterdrückt werden, ignorieren. Wir kooperieren dann mit den bourgeoisen Queers und halten die heterosexuellen Arbeiter*innen für unsere Feinde. Dabei wollen wir eigentlich nur eine Sache von den bourgeoisen Queers: Zurück, was uns gehört, um es unter uns gemäß unserer Bedürfnisse aufzuteilen – genau das, was wir auch von der heterosexuellen Bourgeoisie fordern. Dieses Begehren teilen wir mit einer mit jeder Neuzusammensetzung der Klasse steigenden Zahl heterosexueller Arbeiter*innen.

Ohne eine Analyse, die über Identität hinausgeht, sind wir auch nicht in der Lage, Identitätspolitik hinter uns zu lassen. Während ein Verständnis von Intersektionalität uns dabei hilft, zu verstehen, dass manche Queers mit bestimmten Problemen konfrontiert sind und andere nicht, ist Intersektionalität zugleich nicht ausreichend, denn sie thematisiert nicht, dass die Interessen von bourgeoisen Queers zu denen der Mehrheit der Queers entgegengesetzt sind. Dieser Konflikt kann nur durch die Stärkung des Klassenkampfes und letztlich durch die soziale Revolution gelöst werden. Wir müssen darauf achten, dass wir Identitäten nicht nur kritisieren, um somit eine einheitliche In-Gruppe (in der es möglicherweise mehr darum geht, hip und beliebt zu sein, als um Sexualität und Gender) und eine einheitliche Out-Gruppe zu schaffen. Wir müssen aufpassen, dass wir jene Politik vermeiden, die uns dazu bringt, Bündnisse mit Menschen an der Macht einzugehen, anstatt mit Mitgliedern anderer marginalisierter und ausgebeuteter Gruppen.

Autonom kämpfen oder »Wer ist eigentlich queer?«

Unterdrückte Gruppen kommen oft nicht umhin, autonom am Klassenkampf teilzunehmen, z.b. um sich gegen ihre spezifischen materiellen Bedingungen zu organisieren, gegen diese zu kämpfen und damit ihren Beitrag zum Kampf der gesamten Arbeiterklasse zu leisten. Ich bin nicht daran interessiert, über die genaue Definition von queer zu diskutieren – es ist ziemlich klar, was queer heißt: nicht heterosexuell und / oder trans, genderqueer oder nicht angepasst an Genderrollen. So in etwa wird >queer< als angeeigneter Begriff der Solidarität von kämpfenden queeren Communitys in den letzten Jahrzehnten definiert. Da >queer< mit Absicht ein offener Begriff ist, sollten wir vermeiden, dass er zu einem hippen Label oder zu etwas wird, das nur denen gehört, mit denen wir politisch übereinstimmen.

Queere Communitys der Arbeiterklasse sind oftmals sowohl von bourgeoisen LGBT-Organisationen, die sich dadurch Mitglieder und Legitimität erhofften, ins Visier genommen worden, als auch von radikalen Organisationen, die versuchten, Queers und jene Formen von Queerness, mit denen sie sich wohl fühlen, zu vereinnahmen. Beide Seiten machen jene Queers, mit denen sie sich nicht wohl fühlen, unsichtbar und bringen sie zum Schweigen. Letztendlich müssen Queers aus der Arbeiterklasse die Fähigkeit erlangen, sich selbst zu organisieren, und um das zu ermöglichen, dürfen sie weder von bourgeoisen LGBT-Organisationen noch von radikalen Organisationen von außen kontrolliert oder geführt werden. Während es natürlich auch radikale Queers aus der Arbeiterklasse in radikalen Organisationen gibt, ist es notwendig, dass in der Arbeiterklasse queere Organisationen aus der Selbstorganisation aller Queers der Arbeiterklasse erwachsen, die die nicht-radikalisierten Queers nicht von der Mitgliedschaft ausschließen, da Menschen durch den Kampf radikalisiert werden. Sie von den Organen des Kampfes auszuschließen, bedeutet, zu behaupten, dass wir das Wissen gebunkert hätten und sie nicht in der Lage seien, sich zu ändern.

Während queere Communitys oft eine zu enge Definition von >queer< entwickelten, was beispielsweise an dyke Communitys deutlich wird, die Bisexuelle, Femmes, Butch / Butch- und Femme / Femme-

Paare, zu bestimmten Zeitpunkten Butches und Femmes, und trans Frauen ausschließen – so besteht zugleich keine Notwendigkeit, ›queer‹ so weit zu definieren, dass es bedeutungslos wird. Wir müssen einen Begriff von queer beibehalten, der die Abgrenzung gegenüber traditionellen Familienvorstellungen ebenso zum Ausdruck bringt, wie er betont, dass für all jene zusätzliche Reproduktionsarbeit anfällt (im Sinne der Fähigkeit, die Arbeitskraft für den nächsten Tag zu generieren), die als Teil einer unterdrückten Gruppe beständig einer feindlich gesinnten Welt ausgesetzt sind und sich nicht traditioneller Unterstützungsmodelle bedienen können.

Wenn wir wollen, dass Queers am Klassenkampf teilnehmen (nicht, dass das nicht immer schon der Fall gewesen wäre), brauchen wir Räume und Organisationen, von denen aus wir den Klassenkampf von der Position von queeren Arbeiter*innen ausgehend angehen können. Wir brauchen Räume, in denen wir fragen können, welche Auswirkungen unsere queere Arbeiteridentität auf unsere materiellen Bedingungen hat, auf unsere Ausbeutung durch den Kapitalismus. Damit uns dies tatsächlich möglich ist, brauchen wir den Raum, um Organisationen gründen zu können, die nicht jeden Hetero-Radikalen glücklich machen und die nicht von bourgeoisen Queers kontrolliert werden. Wenn wir, wir selbst, diese Orte schaffen, werden wir in der Lage sein, unsere eigenen Kämpfe zu organisieren, diese mit den allgemeinen Kämpfen der Klasse zu verbinden und diese um die queere Wildheit zu bereichern. Wir brauchen niemanden von außen, der uns führt. Wir werden das selbst in die Hand nehmen und uns nicht auf akademische Definitionen von Queerness, sondern auf die materiellen Bedingungen queeren Lebens konzentrieren.

Warum die Kritik an Eingliederung in die Sackgasse führt

Die Kritik an Eingliederung war wertvoll, solange es sich dabei um eine Kritik der bourgeoisen Vereinnahmung von queeren Befreiungsbewegungen handelte. Die Kritik an Eingliederung, insofern es sich dabei um eine Feindseligkeit gegenüber einer Integration von queeren Kämpfen in größere Klassenkämpfe handelt, stellt ein Hindernis dar, das solche

Queers, die auch als cis-normativ durchgehen können, genauso ausschließt wie trans Menschen, die sich für eine medizinische Transition entscheiden, monogame Queers oder solche Queers, die, um ihre Stelle zu behalten, ihre queere Identität am Arbeitsplatz verstecken. Die Dialektik der Eingliederung / Eingliederungskritik hilft uns nicht weiter. Die Fragen, die wir uns tatsächlich in Bezug auf queere Organisationen, Bewegungen und Kämpfe stellen sollten, lauten: Wie ist die Klassenzusammensetzung? Fördern oder behindern die Formen der Organisierung den Klassenkampf? Stärken die Ziele die Bourgeoisie oder das Proletariat? In welche Kämpfe können wir unsere revolutionären Bemühungen am wertvollsten im Hinblick auf unser Ziel, den Kommunismus, einbringen? Wir müssen uns auch fragen, wie wir mehr Menschen in den Kampf einbeziehen können – welche Möglichkeiten birgt jeder queere Kampf, um ihn auf den Rest der Arbeiterklasse auszuweiten?

Für mich sind das viel wichtigere Fragen als die, ob die Queers, die an dem Kampf teilnehmen, auch ausreichend unangepasst sind – eine Frage, die im Kern nur die Hierarchisierungen innerhalb der Arbeiterklasse widerspiegelt, auch wenn das oberflächlich gesehen nicht so sein mag. Ein weiteres Problem mit der Priorisierung der Eingliederungskritik ist, wie schon erwähnt, dass dies dazu führt, dass Queers sich selbst disziplinieren, um einer hegemonialen Idee von Queerness zu entsprechen, die der hegemonialen Vorstellung von Heteronormativität entgegensteht. Wir laufen Gefahr, auf diese Weise deutlich mehr Queers, mit denen wir gemeinsam kämpfen wollen, auszuschließen, als solche Queers, mit denen wir tatsächlich nicht gemeinsam kämpfen wollen. Unsere Genossen könnten zum Beispiel auch solche Queers aus der Arbeiterklasse sein, die monogam, durchschnittlich oder genderkonform leben.

Letztendlich müssen wir daran denken, dass jede Bewegung, die sich als vom Klassenkampf losgelöst begreift und die ein Verständnis der Logik des Kapitals nicht ihren Organisationen und Zielen zugrunde legt, am Ende bourgeoise Ziele bedienen und leicht zu vereinnahmen sein oder sich auf jene Teile der Arbeiterklasse ausbreiten wird, die sich auf bestimmte Forderungen beschränken, die das Kapital leicht erfüllen kann, ohne an Macht zu verlieren. Die Aufgabe queerer Kommunist*innen in Bezug auf queere Bewegungen besteht darin, sich an Massenbewegungen zu beteiligen, in hetero-dominierten Organisationen für queere Arbeiterthemen und in queeren Organisationen für eine echte, anti-kapitalistische Klassenanalyse, direkte Aktionen und unmittelbaren Kampf einzutreten. Wir können es uns nicht leisten, uns in einer radi-kalen, queeren Blase einzuschließen und zu radikalisierten Heteros und Heteras wie auch zu nicht-radikalisierten Queers auf Distanz zu gehen. Noch können wir es uns leisten, unsere Politik zu verwässern, nur um Bündnisse zu ermöglichen. Stattdessen scheint uns beides notwendig: sowohl spezifische politische, überwiegend einheitliche Organisationen aufzubauen, wie auch innerhalb von Massenorganisationen für unsere revolutionären Ideen zu kämpfen.

Fragen, die gestellt werden müssen

Selbstverständlich liegen jene Zeiten, in denen wahre Kommunist*innen Queerness noch als eine ›bourgeoise Abweichung‹ deuteten, lange hin-ter uns. Doch auch, wenn wir uns auf anarchistische und marxistische Feministinnen berufen können, hat die Queer-Theorie bisher keine Be-rührungspunkte mit Klasse; Trans-Feminismus hat keine solide Klassen-basis und die queere Bewegung hat ihre Wurzeln, die in den Kämpfen queerer Arbeiter*innen liegen, hinter sich gelassen. Somit bleiben viele Fragen, die überhaupt erst einmal gestellt wirklich werden müssen.

In theoretischer Hinsicht ergeben sich Fragen bezüglich der Aus-wirkungen von Queerness auf die Bedingungen von produktiver und reproduktiver Arbeit von queeren Arbeiter*innen. Fragen wie: »Was bedeutet es, wenn die Entscheidung, keine langfristigen romantischen Liebesbeziehungen einzugehen, die Ausbeutung der Arbeitskraft verän-dert (stärkere Ausbeutung, weniger Hilfsangebote für den Umgang mit der Arbeit und Verlust von Unterstützung aus der Familie)? Oder, wenn damit, dass wir doch langfristige romantische Liebesbeziehungen einge-hen und beide Partner als Frauen wahrgenommen werden oder Frauen sind, die Annahme verbunden ist, dass keine*r der beiden die*der haupt-sächliche Ernährer*in der Familie ist, was zu niedrigeren Löhnen, der Zuschreibung einer Mutterrolle am Arbeitsplatz und letztendlich einer Entfremdung von unseren sozialen Beziehungen führt? Oder zusätzli-

che Reproduktionsarbeit (im Sinne der Fähigkeit, die eigene Arbeitskraft für den nächsten Tag zu generieren) notwendig ist, wenn man in
einer Welt lebt, die gegenüber der eigenen Existenz feindlich gesinnt
ist?«, solche Fragen müssen gestellt und analysiert werden. Es ist zu hoffen, dass sie uns als Orientierung in unseren Kämpfen dienen.

Auf einer eher praktischeren Ebene stellen sich Fragen wie: »Wo
ergeben sich Potentiale, um Kämpfe auszuweiten, die unter queeren
Arbeiter*innen entstanden sind? Was hat dazu geführt, dass die queere
Bewegung ihren revolutionären Charakter verlor und einen reaktionä-
ren Charakter annahm? Welche Formen von Selbstorganisierung sind
für uns queere Arbeiter*innen von Nutzen?« Auch wenn diese Fragen
dringlicher zu sein scheinen als die theoretischen Fragen, die ich zuvor
benannt habe, so ist, ebenso wie Theorie ohne Praxis nutzlos ist, Praxis
genauso ohne Theorie nutzlos, da wir ohne sie ewig umherirren, unfähig
zu erkennen, wann und wo wir unsere Energie am sinnvollsten einsetzen
können. Wenn wir ernsthaft eine queere Bewegung mit einem proletarischen Charakter aufbauen wollen, und queere Kämpfe zu den proletarischen Kämpfen zurückführen wollen, brauchen wir beide.

Fazit

Queere Anarchist*innen stehen vor der Wahl: Bleiben wir bei einer Analyse, die auf Identitäten basiert, und deuten wir unsere Befreiung als ein
unabhängiges Projekt? Oder beteiligen wir uns direkt am Klassenkampf,
zusammen mit dem Rest der Arbeiterklasse, und sehen unsere Befreiung
als grundlegend mit der Befreiung aller verbunden? Entscheiden wir uns
für Ersteres, so isolieren wir uns politisch und gehen möglicherweise
Bündnisse mit dem Kapital ein, das uns ausbeutet und der Selbstorganisierung der Massen schadet. Die zweite Option hingegen hat das Potential, uns zur wahren Befreiung zu führen. Geteilt sind wir schwach, aber
auch vereint passiert nichts, ohne dass wir ins Schwitzen kommen.

Damit soll nicht gesagt werden, dass Queers nur vom Klassenkampf
nehmen, aber nichts als Gegenleistung anzubieten hätten. Viele von uns
sind aus unseren ursprünglichen Familien verbannt worden und können
unsere praktischen Erfahrungen im Aufbau von neuen Gemeinschaften

der gegenseitigen Hilfe und Solidarität beisteuern. Wir verfügen über unsere einzigartigen Einsichten in die Funktionsweise von Unterdrückung und, da wir beobachten, wie sie unsere eigenen Communitys spaltete und unsere Befreiungskämpfe beeinträchtigte, können wir viel Wissen aus erster Hand darüber beisteuern, wie die Überschneidung von Unterdrückung und ungleicher Machtverteilung dem Kampf des Proletariats schaden und ihn zum Scheitern bringen kann. In der Vergangenheit haben wir zahlreiche Menschen mobilisiert, wenn unsere Communitys bedroht waren und deutlich wurde, dass Macht in unseren Communitys ungleich verteilt ist, bestimmte Teile unserer Communitys besonders gefährdet sind und dass die Krise über unsere Communitys hinausgeht. Wir fanden uns zusammen, um auf die erste Phase der HIV-Krise zu reagieren und um gegen die Ignoranz des Staates und den Wucher der Konzerne zu kämpfen. Aber dann, als die bourgeoisen Queers an Macht und Einfluss gewannen, ist uns gesagt worden, dass wir unsere Aufmerksamkeit entgegen unserer eigenen Interessen auf die Eingliederung in die Ehe und in das Militär richten und dabei diejenigen zurücklassen sollten, die mehrfach marginalisiert werden. Wir können uns unsere Kraft zurückholen, indem wir herausfinden, inwiefern queere Menschen der Arbeiterklasse von Kämpfen für gewerkschaftliche Organisierung (und eine Form der Organisation von Arbeiter*innen, die nicht nur darauf aus ist, einen Verhandlungspartner fürs Kapital zu stellen), Wohnraum und den Zugang zur Gesundheitsvorsorge betroffen sind. Kämpfe, die die unverhältnismäßigen Auswirkungen von Umweltzerstörung auf die Arbeiterklasse und andere unterdrückte Gruppen thematisieren, die sich gegen die Kontrolle von Einwanderung, für eine Welt ohne Grenzen, gegen Nationen und gegen das Kontrollieren und Begrenzen von Identitäten einsetzen. Indem wir herausfinden, wie Queers von diesen Kämpfen betroffen sind, können wir in diesen Kämpfen Verbindungen, die auf echter Solidarität basieren, zu anderen Communitys schaffen, denen viele von uns bereits angehören. Durch das Aufbauen von Massenbewegungen, die tatsächlich autonom von kämpfenden Menschen organisiert sind, und durch die Erkenntnis, dass unsere Themen miteinander verknüpft sind, wird es uns möglich, den Kapitalismus und den Staat ernsthaft herauszufordern.

Für mich, die* wir uns für das Ende aller Unterdrückungen einsetzen, für das Ende des Kapitalismus, die Vernichtung des bourgeoisen Staates und das Zustandekommen des Kommunismus, einer klassenlosen, staatenlosen Gesellschaft, in der die Produktion gemäß unseren Fähigkeiten und begrenzt auf menschliche Bedürfnisse stattfindet, ist diese Wahl eindeutig. Als queere Kommunistin* müssen wir uns im Klassenkampf engagieren und an der Selbstorganisierung der Arbeiterklasse teilnehmen, da wir nicht damit zufrieden wären, als queere Person unter den gleichen Bedingungen zu leben wie eine hetera Person in der gleichen sozialen Position. Nichts außer einer sozialen Revolution wird hinreichend sein. Und der einzige Weg, der zu dieser sozialen Revolution führt, ist der Kampf, der von unseren materiellen Bedingungen ausgeht und sich auf verschiedene Teile der Arbeiterklasse ausbreitet. Der Klassenkampf ist der umfassendste und tiefgreifendste Kampf, der überall hinreicht und an den Wurzeln ansetzt. Nur durch unsere Selbstorganisierung wird es uns gelingen, wirklich mit allen Arbeiter*innen solidarisch zu sein.

Übersetzt von Jessica Eitelberg

ACT UP NY (1990): Queers Read This. http://www.actupny.org/documents/QueersReadThis.pdf (Zugriff 11.05.2017).

Deric Shannon / J. Rogue (2009): Refusing to Wait. Anarchism and Intersectionality, http://theanarchistlibrary.org/HTML/Deric_Shannon_and_J._Rogue_Refusing_to_Wait_Anarchism_and_Intersectionality.html (Zugriff 11.05.2017).

Pink Is a Shade of Red (2011): A Critique of Anti-Assimilation, Part II, http://queeranarchism.blogspot.com/ (Zugriff 11.05.2017).

Wir selbst bloggen hier: Autonomous Struggle of the Glittertariat, http://glittertariat.blogspot.com (Zugriff 11.05.2017)

Man kann die kapitalistische Produktionsweise nicht verstehen, ohne ein wenig mit Marx vertraut zu sein. Auch wenn es mehrere gute Bücher, Vorträge und / oder Blogs gibt, die dabei helfen, Marx' Kapital zu lesen, sollte man einfach damit anfangen, sich durch den ersten Band des Kapitals zu kämpfen, ohne dass er von jemand anderem interpretiert wird. Von den unterstützenden Werken würde ich Reading Capital politically von Harry Cleaver empfehlen.

Silvia Federici beschreibt in *Caliban und die Hexe. Frauen, der Körper und die ursprüngliche Akkumulation* (Mandelbaum 2012) die blutige Geburt des Kapitalismus aus dem Feudalismus, den Beginn einer neuen patriarchalen Ära und wie im Prozess der primitiven Akkumulation Hierarchien von *race* und gender dem Proletariat eingefügt wurden. Dieses Buch kann wärmstens empfohlen werden.

Libcom (http://www.libcom.org) hat eine umfassende Online-Bibliothek von Werken, die wir als libertär-kommunistisch bezeichnen können: die Werke von Anarchosyndikalist*innen, anarchistischen Kommunist*innen, ultra-linken marxistischen Humanist*innen etc. Ich empfehle diese Webseite mit ihren interessanten und aufschlussreichen Threads.

Pf, wir stellen die Notwendigkeit von Sexualität nicht oft infrage. Mir kommt es beinahe so vor, als wäre da eine Grenze ...

Naja klar, wie oft pro Woche fickst du ... okay ein Mal ... oder eben zwei Mal im Monat, dann gucken dich alle an, als wärst du vom Mars. Aber darüber sprechen wir in anarchistischen Kreisen kaum ... Es gibt dieses Themenfeld gar nicht.

Nicht wirklich. Ich denke auch gar nicht, dass wir so etwas wie die perfekte <u>Blase</u> erschaffen haben, in der Beziehungen alles Mögliche sein können. Aber ich glaube, es gibt viel weniger Bewertungen der Beziehungen, die wir miteinander führen.

Es gibt unter Anarchist*innen viel weniger Druck, Beziehungsnormen zu entsprechen und so auch viel weniger Druck, Sex toll zu finden oder Sex eine bestimmte Bedeutung zu verleihen. Wir haben nicht mal dieselbe Definition von Sex. Weil die meisten Anarchist*innen, oder zumindest feministische Anarchist*innen, nicht denken, dass für Sex vaginale Penetration notwendig ist, ist der Spielraum für Sex viel größer.

Mein Eindruck ist, dass alle immer total auf Beziehungen fixiert sind, und das finde ich wirklich beschissen, weil das so wahnsinnig heteronormativ ist. »Mit wem bist du zusammen?«, oder: »Wie kann es sein, dass du keine Beziehung führst?«, und das muss noch nicht mal ernst gemeint oder total intim oder so was sein, was auch immer das einfach so wie mit irgendzusammen?« bedeutet, aber es ist »Warum bist du nicht wem irgendwie

So wie: Wenn du allein bist, bist du ein Loser.

Wo trifft man denn andere Menschen? Zum Beispiel gehe ich in letzter Zeit nicht mehr viel aus, habe keine Lust auf Partys zu gehen und Bier zu trinken und gehe früh ins Bett. Ich beteilige mich also nicht an den Sachen, bei denen man Leute kennenlernt. In anarchistischen Kreisen gehst du normalerweise auf eine Party, trinkst Alkohol und dann findest du wen.

Und was den Druck angeht, finde ich: Es gibt ein Ideal, wenn du Anarcho*a bist, dann führst du eine offene Beziehung.

sniff sniff

Es ist wie eine Anarcho-normativität geworden.

Ich war mal tanzen und alle trugen ... oben rum gar nichts und hatten ihre Brust mit schwarzem Tape abgeklebt und alle knutschten miteinander und ich habe mich so unterdrückt gefühlt, weil das einfach war, was man machte und mein ♡ sagte mir:

Okay, ich küsse dich, alle knutschen ja.

Nein, nein, nein! Das geht nicht!

Und ich dachte so: >Ich werde sie einfach abweisen, es geht auf keinen Fall, dass sie mich anfasst. Weil es das war, was erwartet wurde. Und ja, dieser Druck war da. Es war, was man in dieser Nacht tat, es war eine skandalöse Nacht. Die Leute da hatten einen Riesenspaß und es ist nicht mal persönlich, aber in der Art, wie das intim wird, ist es sehr persönlich, vielleicht würde ich mich zu einem anderen Zeitpunkt in meinem Leben gerne daruntermischen und das wirklich genießen.

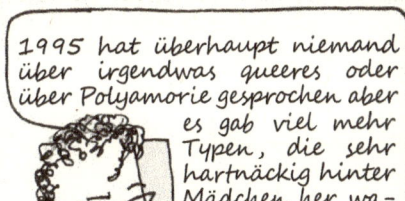

1995 hat überhaupt niemand über irgendwas queeres oder über Polyamorie gesprochen aber es gab viel mehr Typen, die sehr hartnäckig hinter Mädchen her waren oder sie sogar belästigt haben ...

Und dann, als es los ging, dass über Antiautorität gesprochen wurde, wurde es irgendwie ruhiger und Feminist*innen begannen, sowas auch anzusprechen und es gab einen Wandel!

Das bringt mich auf etwas anderes. Ich sehe mich selber als Feminist*in und ich versuche, das auch in meinen Beziehungen zu leben. Ich war mit einem Latino zusammen und die Sexualisierung von Frauen versus der Sexualisierung von Migranten ist wirklich zu einem Problem geworden. Ich habe die Erfahrung gemacht, wie wichtig es ist, über sensible Themen zu sprechen, besonders wenn man in unterschiedlichen Realitäten lebt ...Die Feminist*innen prangern die Sexualisierung von Frauen an, blenden aber aus, dass auch andere Menschen sowas erleben, in diesem Fall migrantische Männer.

Sie werden massiv angeflirtet, aber es gibt keinen Rahmen, das überhaupt zu thematisieren oder das anzusprechen.

Ich finde irgendwie, dass die anarchistische Szene, die ich kenne, und ich meine jetzt nicht die queere, ziemlich asexuell ist.

Das stimmt genau! Yeah yeah!

Das ist es ja, was so abgefahren ist! Im Prinzip wird Bisexualität unter anarchistischen Frauen voll hoch bewertet, das ist so: »Wow, wie hot!«

Aber ich muss sagen, dass ich mich damit unwohl fühle, weil ich mir so denke: ›Naja, nicht nur weil du eine Frau bist, erlaube ich dir, mich anzufassen.‹

Das ist total präsent und echt schlimm, manchmal habe ich das sogar mit einer Freundin, die dann sagt: »Du fällst über mich her, das ist so cool!«

Und noch schlimmer, die Typen sind die ganze Zeit dabei, und die können einander nicht einfach so anfassen. Naja, Bisexualität ist für die Frauen trotzdem gut ...

Aber unter Männern: Bloß nicht. Die wollen das nur rein theoretisch.

So wie viele anarchistische cis Typen, tun sie das so ab: »Ach, ich sollte auch mal eine Beziehung mit einem Mann haben ...« Und dann: Themawechsel!

WOF WOF WOF
Scheint so, als würde sich hier wer über nen Spaziergang freuen. Will jemand mit?

Stephanie Grohmann

Queere Ökonomien

Queer-Theorie und -Praxis stellen einige Grundannahmen der modernen Gesellschaft infrage, was Sexualität und Gender betrifft. Sie bezweifeln, dass menschliche Wesen historisch betrachtet von jeher fein säuberlich in die Kategorien ›männlich‹ und ›weiblich‹ gepasst hätten, sowohl physisch als auch, was ihre soziale Identität angeht, und dass Heterosexualität der natürliche Ausdruck von Sexualität sei. Die Queer-Theorie hat bewiesen, dass Genderidentitäten und Sexualitäten nicht monolithisch und ›natürlich‹ sind, sondern soziale Konstrukte mit fließenden Übergängen und wandelbar – sowohl in sozialer Hinsicht als auch, was unsere Körper betrifft. Aus dieser Perspektive sind Gender und Sexualität nicht angeboren, sondern ›performativ‹ – wir performen sie jeden Tag. Insofern verlangt queere Politik eine Subversion feststehender Identitäten wie ›Mann‹, ›Frau‹, ›hetero‹, › homo‹ und so weiter, indem individuelle Performances insgesamt mit diesen Kategorien brechen. Hieraus geht hervor, dass queere Praxis viele Formen annehmen kann – von cross dressing bis zu SM, von sichtbaren inter- oder transsexuellen Identitäten bis hin zu DIY-Pornographie. Es geht nicht darum, neue Schubladen zu finden, in die Menschen gesteckt werden können, sondern darum, zu zeigen, dass diese Kategorisierung von Menschen schädlich ist und in sich gewalttätig – ganz besonders die dominante Dichotomie heterosexueller ›Männlichkeit‹ und ›Weiblichkeit‹.

Queerer Politik wird häufig vorgeworfen, die materiellen Gegebenheiten außer Acht zu lassen, auf denen diese dominante Genderdichotomie basiert, und sich stattdessen nur um die individuelle Dekonstruktion von Identitätskategorien zu kümmern. In diesem Artikel möchte ich untersuchen, inwiefern ebenjene materiellen Bedingungen – also das, was für gewöhnlich als ›die Wirtschaft‹ bezeichnet wird – Auswirkungen auf Gender und Sexualität haben, und was Queer-Theorie im Hinblick auf die konkrete wirtschaftliche Praxis bedeuten könnte. Grundsätzlich möchte ich argumentieren, dass der Einfluss wirtschaftlicher Praxis auf

Gender sich nicht auf bloßen Sexismus oder Homophobie am Arbeitsplatz beschränkt oder auf die beständig geringeren Löhne von Frauen, sondern deutlich darüber hinausgeht. Diese Unterdrückungsformen existieren zweifellos, sie sind keine willkürlichen Fehler in einem eigentlich egalitären System, wie die Marktliberalen immer behaupten, oder geschichtliche Altlasten des Hunderte Jahre alten Patriarchats. Im Gegenteil – das heteronormative, hierarchische Zwei-Geschlechter-System in seiner jetzigen Form ist kein Vorläufer sondern ein Resultat des modernen Kapitalismus.

Eine der Grundsatzannahmen der Queer-Theorie ist, dass Kategorien wie ›männlich‹ und ›weiblich‹ nicht in allen Gesellschaften zu jeder Zeit dasselbe bedeutet haben. Tatsächlich existiert das jetzige heterosexuelle Binärsystem der Geschlechter, wie beispielsweise Thomas Laqueur anmerkte, erst seit ein paar Jahrhunderten. Sein Auftauchen in ›westlichen Gesellschaften‹ war verknüpft mit einem anderen zeitgleich auftretenden Phänomen, das es so vorher noch nicht gegeben hatte – der ›Wirtschaft‹ als getrennter Sphäre, die separat von allen anderen gesellschaftlichen Faktoren, wie beispielsweise der Politik oder der Familie, betrachtet wird.

Erst vor wenigen hundert Jahren, als große Bevölkerungsteile noch in größeren sozialen Einheiten wie der erweiterten Familie und der Dorfgemeinschaft lebten, wäre es den Menschen wohl nicht in den Sinn gekommen, Dinge, die eben getan werden mussten, als ›wirtschaftlich‹ oder ›nicht-wirtschaftlich‹ zu bezeichnen. Und während außer Frage steht, dass Frauen von Männern einige Jahrtausende lang unterdrückt worden sind, wurden Männer und Frauen dennoch erst mit Beginn des Kapitalismus als fundamental unterschiedliche Wesen gedeutet. Frauen waren weniger wert als Männer, ähnlich wie Sklaven, und in komplett durchhierarchisierten Gesellschaften wie dem Feudalsystem des Mittelalters standen sie unter ihren Vätern und Ehemännern. Es wurde allerdings nicht angenommen, dass sie aufgrund ihres Geschlechts bestimmte Charakteristika besäßen, die die Männer nicht hätten, und umgekehrt.

Das Aufkommen des Kapitalismus änderte diese Umstände dadurch, dass ›die Wirtschaft‹ als separate Sphäre erschaffen wurde, abgeschnitten von anderen Aspekten des Lebens. In einer massiven Welle der

Enteignung wurden Millionen Bauern und Bäuerinnen von ihrem Land vertrieben und dazu gezwungen, in Fabriken zu arbeiten, die sich nicht dort befanden, wo sie lebten, sodass sich der Arbeitsplatz von da an vom Wohnort unterschied. Nachdem diese traditionelle soziale Struktur zerstört war, baute das System auf einer neuen Art Genderbeziehung auf – während die Männer das Geld verdienten, sollten die Frauen im Haus bleiben, die Kinder erziehen und für die nötige Erholung des Mannes sorgen, sodass er am nächsten Tag zur Arbeit gehen konnte.

Diese Neuverteilung der Geschlechterrollen war eher ideologischer Natur – noch heute müssen Tausende Frauen aus armen Verhältnissen, die keinen männlichen Brotverdiener haben, in die Fabriken strömen. Als Ideologie war sie allerdings mächtig genug, die heterosexuelle Genderdichotomie zu kreieren, die bis heute existiert. Mehr und mehr Menschen waren von dieser neuen Weltordnung betroffen und Männer und Frauen wurden in immer früherem Alter in ihre jeweiligen Rollen gepresst. Die neue Welt der Lohnarbeit brauchte Individuen, die rational, berechnend, aggressiv und ehrgeizig waren, um die Marktideologie von Eigeninteresse, rücksichtsloser Konkurrenz und einer Jeder-gegen-jeden-Wettbewerbsstruktur aufrechtzuerhalten, auf der sie basierte. Die Welt des heimischen Herdes hingegen sollte von jemandem erschaffen werden, der sanft, beherrschbar, emotional unterstützend und umsorgend war.

Dies führte zur ›vergeschlechtlichten Arbeitstrennung‹, die Frauen von der Lohnarbeit ausschloss und damit so gut wie alle wirtschaftlichen Mittel in die Hand der Männer legte. Frauen wurden an den Herd verbannt, wodurch sie gänzlich auf die Heirat angewiesen waren, um sich wirtschaftlich abzusichern. Diese Abhängigkeit – mit der auch die Anfälligkeit von Frauen für männliche Gewalt einherging – stand im Fokus der Frauenbewegungen der vergangenen Jahrhunderte. Ihre Kämpfe resultierten zumindest teilweise in der Öffnung des Arbeitsmarktes für Frauen und somit auch in wirtschaftlicher Unabhängigkeit. Diese Öffnung galt jedoch nicht für alle Frauen in gleichem Maße und Trennlinien zwischen Rasse und Klasse wurden auch in der Frauenbewegung spürbar. Dass Schwarze Frauen und Frauen aus der Arbeiterklasse ebenso wie lesbische Frauen und transgender Personen in vielerlei Hinsicht von einer vollen Teilnahme an der Wirtschaft abgehalten wurden, wurde zwar anerkannt, doch dieser Ausschluss stellte aus marktliberaler Perspektive nur ein weiteres Hindernis auf dem Weg hin zur vollwertigen Teilnahme dar. Dass diese ›Teilnahme‹ (in marktliberaler Terminologie: ›Chancengleichheit‹) das Ziel sein müsse, schien selbstverständlich zu sein.

Nach zwei Jahrhunderten feministischer Kämpfe ist jedoch festzustellen, dass diese Genderhierarchie innerhalb der kapitalistischen Wirtschaftsordnung merkwürdig resistent gegenüber Versuchen der ›Gleichstellung‹ ist, wenn es darum geht, Frauen in die männerdominierte Sphäre der Lohnarbeit zu integrieren. Nicht nur sind Frauen in gewissen Bereichen unterrepräsentiert, ganz besonders was besser bezahlte Jobs angeht, während sie zugleich noch immer hauptverantwortlich für die Reproduktionsarbeit sind. Darüber hinaus sinkt jeder Sektor der Lohnarbeit, in den Frauen integriert werden, sofort im öffentlichen Ansehen. Mein Argument ist an dieser Stelle, dass der Grund hierfür nicht so sehr in sexistischer Ablehnung der Frauenemanzipation und ihrer Unabhängigkeit liegt – obwohl sie sicherlich eine tragende Rolle spielt –, sondern in der Natur des Kapitalismus selbst.

Werfen wir einen näheren Blick auf das, was mit Kapitalismus gemeint ist. Im traditionellen Marxismus, ebenso wie im Anarchismus, wird der Kapitalismus deshalb kritisiert, weil er auf der Ausbeutung der Arbeiterklasse durch kapitalistische Eliten basiert. Diese Art Unterdrückung wird als ›Hauptproblem‹ innerhalb des Kapitalismus angesehen, während andere Unterdrückungsformen (Sexismus oder Rassismus beispielsweise) ›Nebenprobleme‹ seien, die sich automatisch lösen würden, sobald der Kampf der Arbeiterschaft die kapitalistische Ausbeutung beendet hat.

Wenig überraschend ist, dass diese Perspektive von Menschen jenseits der *weißen* männlichen Arbeiterklasse, die die Unterdrückungsmechanismen, mit denen sie konfrontiert waren, keineswegs als ›Nebenprobleme‹ betrachteten, hart kritisiert wurde. Doch abgesehen davon, dass die ›Klassenkampfperspektive‹ so ganz nebenbei Sexismus, Rassismus und Homophobie zu sekundären Problemen degradierte, ergab sich aus ihr noch ein weiteres Problem: Da sie sich auf Kämpfe und Widersprüche innerhalb des Kapitalismus konzentriert (und darin eine bestimmte

Seite einnimmt), lässt sie ein zentrales Prinzip des Systems außer Acht, nämlich dass es von Anfang an bestimmte Gruppen gegeneinander ausspielt. Dieses Prinzip steht im Zentrum dessen, was die kapitalistische Wirtschaftsordnung zu dem macht, was sie ist – aus diesem Grund hat Marx seine Analyse des Kapitalismus in seinem *Kapital* nicht mit dem Klassenkampf begonnen, sondern mit den simplen Kategorien Ware, Lohnarbeit und Wert.

Laut Marx funktioniert der Kapitalismus wie eine riesige soziale Maschine. Angetrieben wird sie von der Energie der Arbeiter*innen (Arbeitskraft), mit der die Produkte ihrer Arbeit hergestellt werden – dies ist natürlich eine Metapher, aber auf eine Art markierte dies auch eine soziale >Realität<. Wenn zwei Produkte zu einem gewissen Preis gegeneinander austauschbar sein sollen, dann müssen sie etwas gemeinsam haben – wie sollte man sonst beispielsweise sagen, ein Auto sei »genauso viel wert« wie zwei Motorräder? Diese Gemeinsamkeit ist, dass in beide Produkte menschliche Arbeitskraft geflossen ist – und die Menge dieser Arbeitskraft, die in das Produkt >geflossen< ist, determiniert seinen Tauschwert. Während die Arbeiter*innen also ihre Kraft aufwenden müssen, um den Wert herzustellen, müssen sie die Waren später wiederum von denjenigen zurückkaufen, denen sie ihre Zeit und Energie verkauft haben. In diesem Kreislauf wird ein gewisser Betrag (imaginärer) Energie abgeschöpft, um den >Mehrwert< zu kreieren – dies ist der springende Punkt in der kapitalistischen Produktion. In dieser Maschinerie geht es nur am Rande darum, menschliche Bedürfnisse zu befriedigen.

Der traditionelle Marxismus, ebenso wie der sozialistische Feminismus, haben sich hauptsächlich auf diese Aneignung des Mehrwerts durch die Kapitalist*innen konzentriert, während es im Anarchismus häufiger um die gewalttätige Natur des Herstellungsprozesses ging. Der Fokus lag nicht unbedingt darauf, dass menschliche Energie aufgewendet wird, um Objekte herzustellen – was Marx Warenfetisch nennt. >Fetisch< bezeichnet in diesem Kontext den Gedanken, dass materielle Objekte eine irgendwie geartete Energie in sich >tragen<, die ihren Wert ausmacht. Dieser Glaube muss nicht unbedingt bewusst sein – es reicht, wenn die Menschen so tun, als ob. Und so können sämtliche Produkte menschlicher Arbeit als Werteinheiten miteinander verglichen werden, während die Menschen, die sie herstellen, untereinander gespalten werden und die Produktion nicht durch bewusste Übereinkünfte organisieren, sondern sich weiterhin den ›unsichtbaren Gesetzen‹ des Marktes unterwerfen.

Durch diesen Mechanismus scheint der Kreislauf aus Arbeit und Handel schließlich als unabhängiges System jenseits von sozialen Beziehungen zu existieren. Gleichzeitig ist das System auf Menschen angewiesen, die sich den Forderungen des Marktes flexibel anpassen – Wettbewerb, Wachstum um jeden Preis, Herrschaft über die ›Natur‹. Diese Subjektivität überschneidet sich nicht nur durch Zufall mit der modernen Vorstellung von Maskulinität. Der ›*weiße*, westliche Angestellte‹ verkörpert diese generische Maskulinität, die zugleich als Schablone für den ›generischen Menschen an sich‹ herhält.

Doch nicht alle menschlichen Verhaltensweisen können in Bezug auf den Markt organisiert werden, am wenigsten die ›Fürsorge‹, derer es bedarf, damit die stetige Reproduktion der Arbeitskraft sichergestellt werden kann. Als Konsequenz wird alles, was sich nicht in ›Wertigkeit‹ ausdrücken lässt, feminisiert und ganz buchstäblich ›abgewertet‹ (obwohl es sich um eine notwendige Vorbedingung für den Wertkreislauf handelt). Trotz größter Anstrengungen ist es nie gelungen, jeden einzelnen Aspekt menschlichen Lebens in die Logik des Warenhandels zu inkorporieren; ganz im Gegenteil hängt seine Existenz von unterschwelligen Strukturen ab, die nicht Teil dieser Logik sind. Die Welt der Lohnarbeit und des Warenhandels sind von menschlichen Beziehungen abhängig, ganz gleich, ob individuelle Männer und Frauen in nur einer oder in beiden der Sphären teilnehmen.

Das Ergebnis ist die Trennung zwischen ›Arbeit‹ und ›Freizeit‹, ›Produktion‹ und ›Reproduktion‹, ›Wirtschaft‹ und ›Leben‹ und schließlich auch ›männlicher‹ und ›weiblicher‹ Sphäre (ebenso wie Menschen), die das moderne Leben prägt und die die vergeschlechtlichte Aufteilung in so gut wie jedem Aspekt der Gesellschaft verankert. Die Trennung verläuft sogar durch die Individuen selbst, sodass Männer dahingehend sozialisiert werden, ›männliche‹ Qualitäten an den Tag zu legen, und Frauen ›weibliche‹ Qualitäten, womit ihnen die Entwicklung von Eigenschaften verwehrt wird, die angeblich dem >anderen Geschlecht< eigen sind.

Der Fokus auf die individuelle Situation von Männern und Frauen innerhalb der kapitalistischen Gesellschaft verschleiert diesen viel tiefer sitzenden konzeptuellen Bruch. Hierdurch teilen sich feministische Kritiken an der vergeschlechtlichten Arbeitsteilung zumeist in zwei Strömungen auf: Manche Feminist*innen betrachteten den Ausschluss von Frauen aus der >männlichen< Sphäre der Lohnarbeit und des Warenhandels als Hauptproblem und entwickelten Strategien, um Frauen gleichberechtigten Zugang zu verschaffen. Ein anderer Ansatz separatistischerer Natur verurteilte den Kapitalismus als inhärent männliches Projekt und forderte eine >Feminisierung< der Wirtschaft, indem nach wirtschaftlichen Strategien gesucht wurde, die ihm scheinbar entgegenliefen. Hierzu gehören beispielsweise >Geschenkökonomien< als Alternative zu Warenhandel, da sie laut dieser Theorie eine >weibliche< Wirtschaftsordnung darstellen, die auf Fürsorge und Miteinander basiert, statt auf Wettbewerb und Gewalt.

Doch keiner der beiden Theoriestränge – sei es nun die Forderung danach, Frauen Zugang zum männlich-kapitalistischen Projekt zu verschaffen, oder danach, dass Frauen sich dagegen entscheiden – stellt die Unterscheidung zwischen >männlichem< Warenhandel und >weiblichen< Ökonomien des Gebens oder die penetrante Hierarchisierung der beiden Sphären in Frage, auch wenn sie natürlich wichtige Erkenntnisse über die Natur der vergeschlechtlichten Wirtschaftspraxis liefern. Auch wenn es Frauen in der >westlichen Welt< teils gelungen ist, sich Zugang zur männerdominierten Welt der Lohnarbeit zu verschaffen, sind sie im Vergleich zu ihren männlichen Kollegen häufig noch immer benachteiligt, während die emotionale Arbeit der Reproduktion noch immer hauptsächlich auf ihren Schultern lastet.

Und obwohl Männer und Frauen heutzutage mehr Möglichkeiten als vor hundert Jahren haben, ihren jeweiligen wirtschaftlichen Rollen zu entkommen – eine Option, die aus irgendwelchen Gründen Frauen attraktiver scheint als Männern – ist die vergeschlechtlichte Unterscheidung, die man als >heterosexuelle wirtschaftliche Matrix< bezeichnen könnte, noch immer fest in der Gesellschaft verankert. Der Grund hierfür liegt meiner Meinung nach nicht nur in einem hartnäckigen Sexismus, der Kämpfe für Gleichberechtigung behindert, sondern auch in der Tatsache, dass die heterosexuelle Dichotomie der kapitalistischen Wirtschaftsordnung zu einem derartigen Grad inhärent ist, dass man sie nicht wird abschaffen können, ohne gleichzeitig den Kapitalismus abzuschaffen.

Anders gesagt hätte eine queere Kritik am Kapitalismus, die auf einer Analyse des Warenfetischs basiert, folgende Schlussfolgerung anzuerkennen: Dass diese heterosexuelle Matrix der vergeschlechtlichten Arbeitsteilung nicht so sehr eine Ausweitung des Patriarchats auf den Kapitalismus ist, sondern ein dem Kapitalismus ureigenes Produkt. Der Kapitalismus schreibt Männern und Frauen nicht nur innerhalb seines Wirkungsbereichs unterschiedliche Rollen zu, er prägt auch moderne Vorstellungen von >Männlichkeit< und >Weiblichkeit<. Dies passiert, indem der Kreislauf der Wertproduktion und des Handels von der Sphäre der sozialen Beziehungen, in denen er eingebettet ist, abgespalten wird. Gender aus dieser Perspektive zu dekonstruieren bedeutet sehr viel mehr als die individuelle Subversion von traditionellen Genderrollen – es bedeutet die kollektive Dekonstruktion der heterosexuellen Zweiteilung, die eine >männliche< Warenökonomie von ihrem >weiblichen< Supportsystem abspaltet. Unsere Aufgabe besteht dann nicht darin, den einen Bereich gegen den anderen auszuspielen, wie es manche feministische Theorie unternimmt, die darauf besteht, Frauen entweder in die >männliche< Sphäre hineinzubekommen oder aber auf einer moralischen Überlegenheit des >Weiblichen< zu beharren. Unsere Aufgabe besteht darin, die Dichotomie an sich zu kritisieren und zu unterwandern. Nicht zuletzt aufgrund der weiterhin bestehenden Krise hat es zahlreiche Versuche gegeben, genau dies zu tun, wenn auch nicht immer mit explizit feministischem oder queerem Hintergrund. Ein Beispiel, für das ich mich besonders interessiere, sind die sogenannten >Umsonstläden<, die an einer erstaunlichen Anzahl von sehr unterschiedlichen Orten eingerichtet werden. Ein Umsonstladen ist ein Ort (meist selbstorganisiert und von Freiwilligen betrieben), an dem Dinge abgegeben werden können, die jemand nicht mehr gebrauchen kann, andere jedoch schon. Jede*r kann sich nehmen, was der*diejenige braucht, ohne dass etwas im Tausch gegeben werden muss. Dieses Prinzip hat das Potenzial, die heterosexuelle Matrix auf verschiedene Weisen zu untergraben: Ganz offensichtlich stellt es die Logik des Warenhandels fundamental infrage: den Ansatz, man müsse etwas haben, um etwas bekommen zu können. Dies wird von einem Modell über den Haufen geworfen, das den individuellen wirtschaftlichen >Input< bewusst vom >Output< trennt und diese nicht mehr miteinander verrechnet. Dies lässt das Konzept des Wettbewerbs außen vor (etwas verkaufen zu müssen, bevor es die anderen tun, um wiederum die Dinge kaufen zu können, die man braucht). So entsteht ein System, das niemanden basierend auf seiner*ihrer wirtschaftlichen Lage vom Handel ausschließt.

Gleichzeitig wird in dieser Praxis idealerweise vermieden, ins andere Extrem zu kippen und soziale Beziehungen zu fördern, die dem abgetrennten >weiblichen< Teil der Marktwirtschaft nachempfunden sind. Während das weibliche >Supportsystem< auf einem System basiert, das die Existenz menschlicher Beziehungen erfordert, innerhalb derer umsorgt und gekümmert wird, bieten die Umsonstläden ein Modell politischer Ökonomie, das nicht einmal erfordert, dass sich die teilnehmenden Menschen kennen oder aufeinandertreffen. Insofern bietet es sogar Menschen eine Möglichkeit, am Markt teilzunehmen, die nicht durch persönliche Verbindungen ins System eingebunden sind. Anders gesagt: Ein derartiges Wirtschaftsmodell ist weder in der männlichen noch in der weiblichen Sphäre verankert. Obwohl es sich notwendigerweise mit diesen überschneidet, basiert es auf keiner der beiden >Reiche<. Die existenten Überschneidungen – beispielsweise die derzeitige Abhängigkeit der Umsonstläden vom Mehrwert der Warenwirtschaft oder die Klassifikation der aktivistischen Arbeit als >ehrenamtlich< – ergeben sich daraus, dass ein neues System in einem alten aufgebaut wird. Noch ist es nicht möglich, eine im Wandel begriffene Praxis komplett von den sozialen Umständen abzutrennen, in die sie eingebettet ist. Wenn die Gemeinschaften jedoch wachsen, in denen dies in die Praxis umgesetzt wird, wird es mehr und mehr möglich sein, umzudenken und neue Konzepte und Modelle sozialer und wirtschaftlicher Beziehungen zu thematisieren.

Umsonstläden als praktisches Beispiel einer wirtschaftlichen Praxis, die in keiner der beiden Sphären der heterosexuellen Wirtschaftsdichotomie in Gänze verortet ist und durch ihre bloße Existenz das System in Frage stellt, sind nur ein Teil einer ganzen Reihe von Möglichkeiten, die als >Umsonstökonomien< bezeichnet werden können und durch die nach Alternativen zu Warentausch und Lohnarbeit gesucht wird. Sie sind Orte, an denen die Maxime, die Geschlechter abzuschaffen, gleichbedeutend wird mit der Forderung, den Kapitalismus abzuschaffen. Und so sind sie ein sehr hilfreiches Beispiel dafür, wie politische Praxis an der Schnittstelle von Queer-Aktivismus und Anarchismus aussehen könnte – und sie sind hoffentlich erst der Anfang.

Übersetzt von Dietlind Falk

Sandra Jeppesen

heterosexualität queeren

In diesem text möchte ich reflektieren, welche auswirkungen die integration queerer politik in mein leben hatte und so denkanstöße geben, wie jene anarchist*innen und anti-autoritäre ihren gelebten anarchismus queeren können, die von der gesellschaft aufgrund des biologischen oder sozialen geschlechts ihrer bevorzugten partner*innen als heterosexuell eingestuft werden, vor allem wenn wir uns selbst von allem, was straight[1] ist, vielleicht sogar von der subjektposition heterosexuell selbst, distanzieren. was genau heißt das? das heißt, dass wir daran arbeiten, straight erscheinende orte zu queeren, dass wir in gewissem maße straighte verbündete queerer kämpfe sind, dass wir heteronormativität anprangern. und das sowohl innerhalb der anarchistischen bewegung, als auch an den orten außerhalb der bewegung, an denen wir uns aufhalten: vom arbeitsplatz zur familie, vom klassenraum bis zu kultureller produktion.

dieser text selbst ist eine intervention, die versucht, den raum von narrativ und theorie zu queeren. zum einen durch kleinschreibung[2] und zum anderen durch die darstellung einer persönlichen erzählung, die dazu dienen soll, das queeren von heterosexualität zu theoretisieren und zu durchdenken und so ›straight agierende‹ räume zu ent-heteronormisieren. durch die kritische untersuchung des queerens von hetero räumen aus anarchistischer perspektive entsteht eine politik der befreiung der sexualitäten und gender, die eine schnittmenge mit anarchaqueerer befreiung[3] bildet und dominante gesellschaftliche institutionen wie staat, ehe, kapitalismus, kindererziehung, liebesbeziehungen, freundschaft, familie und andere brennpunkte[?] anarchistischer politik herausfordert.

durch die verbindung von anarchistischer und queerer praxis waren wir in der lage, alternative positionen, handlungen und beziehungen zu finden, die für uns von tieferer bedeutung sind. dabei geht es nicht darum, innerhalb von queertheorie oder queerer praxis einen platz für ›straights‹ zu beanspruchen – ganz und gar nicht. es geht darum, anzuerkennen, dass wir es diesen räumen, orten, menschen und bewegungen schuldig sind, und gleichzeitig geben wir zu, dass wir als menschen, die in beziehungen leben, die ›straight‹ erscheinen, als heterosexuell durchgehen und damit die privilegien genießen, die unsere gesellschaft dieser beziehungsform einräumt. nichtsdestotrotz stellen wir uns in den dienst der anarchaqueeren sache und leben so queer wie möglich. mit anderen worten: queere theorien und praktiken sind essentiell für die befreiung heterosexueller von den normativen standards in bezug auf intime beziehungen, freundschaften und sexualitäten. darüber hinaus enthüllt das queeren von heterosexualität, dass kategorien wie homo- und heterosexuell vollkommen unzureichend sind, um die große bandbreite von sexualitäten zu beschreiben, die uns zur verfügung steht, sobald wir es wagen, die grenzen der heteronormativität zu überschreiten.

wo fing das alles für mich an? ich bin nie ›normal‹ gewesen, was sexualität angeht. doch dass ich begann, queerness als relevant für mein eigenes leben zu empfinden, geschah in einem bestimmten moment, nämlich als ich als freiwillige für *who's emma,*[4] dem anarchistischen punk infoladen in toronto arbeitete. ein (*weißer*, homosexueller, männlicher) freund nahm mich beiseite und sagte, dass er meine anarchafeministische und anti-kapitalistische praxis zwar bewundere, mich aber fragen wollte, ob ich mir nicht vorstellen könne, queere themen zu einem teil meines anarchistischen verständnisses zu machen. aber natürlich, war meine unmittelbare antwort. wahrscheinlich bin ich auch rot geworden, da es mir doch etwas peinlich war, dass jemand mich auf etwas so offensichtliches hinweisen musste. er kritisierte mich aber nicht für etwas, das ich versäumt hatte zu tun. stattdessen eröffnete er mir einen neuen denkraum: die überwindung heteronormativer konzeptionen von anarchistischer politik. das war ein unglaublich wichtiges erlebnis für mich, auch wenn mir das in dem moment noch nicht wusste.

ich schildere hier eine reihe von erzählungen über gespräche, die ich im laufe der jahre mit vielen verschiedenen menschen geführt habe, und von erfahrungen, die meine freund*innen und ich gemacht haben und über die wir sprachen. ich denke, dass wir als queers und anti-heteronormative anarchist*innen persönliche erfahrungen und austausch als einen wichtigen raum politischer wissensbildung schätzen. anders ausgedrückt, dadurch, dass wir in gesprächen geschichten miteinander teilen, lernen wir eine menge über eine vielzahl politischer konzepte, über das unterdrückungs-potenzial von sprache und über unseren eigenen platz in der welt, in der wir leben. ich möchte den menschen, erlebnissen und kollektiven räumen, die mir geholfen haben, mehr über queere praxis zu lernen, meine anerkennung und wertschätzung aussprechen. ich möchte manche dieser begebenheiten als eine art sammlung kleiner geschichten darstellen, um so wenigstens zu einem gewissen grad die form zu wahren, in der sie mir zuteil wurden. selbstverständlich sind sie durch meine perspektive und die lernerfahrung, die ich durch sie machte, beeinflusst. des weiteren ist es gut möglich, dass die gedanken, zu denen sie mich inspirierten, sehr verschieden zu den reaktionen der leser*innen auf sie sein mögen, und das erkenne ich an. mein wissen sowie meine perspektive sind selbstverständlich begrenzt. gleichzeitig möchte ich diese erfahrungen nicht aus einer theoretischen perspektive betrachten und so eine art intellektueller distanz zwischen mir und diesen ideen schaffen, denn ich erlebte sie unmittelbar. trotzdem werde ich mich auch mit vielen konzepten, ideen und theorien auseinandersetzen. unser bildungssystem lehrt uns, geschichten auf eine andere art zu begreifen als ideen (wir setzen uns mit literatur anders auseinander als mit philosophie und konzepten). ich hoffe, dass diese erzählungen nicht als niedliche, kleine anekdoten aus meinem leben abgetan werden, sondern stattdessen als eine quelle für wichtige denkanstöße über sexualitäten wahrgenommen werden. sie können extrem hilfreich sein, damit straighte menschen anti-heterosexistische straighte verbündete werden. zuletzt hoffe ich noch, dass viel mehr menschen ihre eigenen geschichten erzählen werden. und dass diese von anarchist*innen und anderen leser*innen als teil unseres kampfes für radikalen sozialen und politischen wandel ernstgenommen werden.

freundschaft, sexualität, polyamorie und andere formen von intimität[5]

anarchaqueere theorien und praktiken beginnen mit grundlegenden fragestellungen. wie stehen wir emotional und sexuell in beziehung zu anderen menschen? inwiefern wurden diese beziehungsformen durch unterdrückungssysteme wie patriarchat, heteronormativität, kapitalismus, familie, kultur und staat beeinflusst, systeme, an die wir nicht glauben, die wir neu denken und für deren dekonstruktion wir uns beständig einsetzen? obwohl ich von einem jungen alter an eine promiske feministin war und vorgefertigte geschlechterrollen und vorurteile strikt ablehnte, war meine erfahrung mit nicht-monogamen beziehungen, bis ich freiwillig bei *who's emma* arbeitete, eher schwierig. während meines bachelors hatte ich ständig mit der sexuellen doppelmoral zu kämpfen, die diktierte, frauen sollten keinen sex haben wollen, vor allem keinen gelegentlichen, sie sollten keine kurz aufeinander folgenden monogamen beziehungen führen und taten sie dies doch, so ernteten sie dafür scharfe kritik. innerhalb der punkszene hatte ich dann ein paar nicht-monogame beziehungen. eine von ihnen wurde zu einer fernbeziehung und nur eine*r von uns wurde poly. wir kommunizierten schlecht, was vertrauen und offenlegung anging. schließlich führte das zu unserer trennung. in einem anderen fall hatten wir beide andere partner*innen und manchmal gelang uns die kommunikation einigermaßen gut, aber nicht die ganze zeit. wir kannten niemanden sonst, der eine ähnliche beziehung führte. letzten endes trennten wir uns aus anderen gründen.

als ich die anarchistische szene torontos, in erster linie in *who's emma* und der *free skool* kennenlernte, schien es, als ständen alle auf polyamorie und unterschieden nicht wirklich zwischen partner*innen aufgrund von gender, sex, alter oder sonst was. zu der zeit hatte ich viele freund*innen, die nicht-monogame (oder ›nicht-mono‹, wie wir sagten) beziehungen führten und wir alle redeten ständig über diese dinge. das ganze war ein bisschen wie ein spiel ohne grenzen und das anbandeln machte großen spaß. es gab auch mehrere langzeit-beziehungen; die machten spaß und waren gleichzeitig ernsthaft. wir begannen darüber nachzudenken, wie das wort ›nicht-monogamie‹ letztlich eine bestätigung der vorherrschaft und angeblichen ›normalität‹ von monogamie war, und wir wünschten uns einen neuen ausgangspunkt, eine vielzahl von liebes-möglichkeiten, und so begann wir stattdessen, den begriff polyamorie zu benutzen. kurzform: poly. es gab ein wichtiges buch, das wir zu jener zeit alle lasen: *schlampen mit moral*[6] – eine anleitung für polyamorie.

zu dieser zeit wurde auch oft gesagt »behandelt eure liebhaber*innen mehr wie freund*innen und eure freund*innen mehr wie liebhaber-*innen.« wir haben viel höhere ansprüche an liebhaber*innen und wir reflektieren eingehender, wohin eine beziehung führt, verhandeln freiräume, artikulieren unsere bedürfnisse, setzen grenzen, kommunizieren enttäuschungen usw. und manchmal vergessen wir darüber spaß zu haben und die gemeinsame zeit zu genießen. wir können wirklich streng zu unseren liebhaber*innen sein, vielleicht, weil wir uns so verletzlich fühlen. freund*innen gegenüber sind wir viel eher nachsichtig und erlauben, dass alles ein bisschen lockerer zugeht. kein großes ding, wenn sie zu spät kommen oder beispielsweise ab und zu eine verabredung verpassen. auf der anderen seite gibt es auch positives an unserem umgang mit liebhaber*innen. wir neigen dazu, viele kleine dinge speziell für sie zu tun, wir kochen ihnen zum beispiel ihre lieblingsessen, widmen ihnen selbstgebastelte zines oder haben ein kleines mitbringsel für sie dabei, wenn wir sie treffen und geben ihnen etwas, das ausdrückt, ich habe an dich gedacht, etwas, das zeigt, dass wir sie lieben. auf diese art sollten wir liebevoller zu unseren freund*innen sein, mehr besondere dinge für sie tun, sie daten, ihnen mit ganzem herzen selbstgebastelte geschenke widmen und so ausdrücken, wie viel sie uns bedeuten. die bedürfnisse unserer freund*innen aufmerksamer wahrnehmen, sie im alltag unterstützen und sie mehr wie liebhaber*innen behandeln.

hier ein beispiel: ich glaube es war zu dieser zeit, dass eine freundin von mir und ich beide in keine sexuelle beziehung involviert waren, und so lud sie mich, beinahe ein wenig ironisch, am valentinstag zum essen ein. sie ließ mir ein bad ein, reichte mir ein glas wein und kochte für uns, während ich mich in der badewanne entspannte. im nächsten jahr organisierte ich etwas ähnliches für sie. dies waren seltsam romantisch nicht-romantische, sehr fürsorgliche freundinnen-dates.

zu dieser zeit gab es in toronto ein paar polyamouröse langzeit->super-paare<, die uns allen als ein beispiel dafür dienten, dass polyamorie funktioniert. wir alle dachten, wenn die das können, können wir das auch. sie alle etablierten gute kommunikation und einige interessante strategien, von denen wir lernten. ein paar entschied, bevor es auf eine party ging, ob das nun ein date sei, oder nicht. war es keins, waren beide frei, mit anderen leuten nach hause zu gehen. ein anderes poly-paar, das ich kannte, lebte zusammen und hatte die richtlinie, dass sie niemanden mit in ihre gemeinsame wohnung brächten. Egal, wie die regeln lauteten, was mich interessierte war, dass zwei beliebige menschen in der lage waren, ihre eigenen regeln zu entwerfen. du konntest sagen, was du wolltest und hören, was die andere person wollte, es dann ausprobieren und danach miteinander darüber reden, wie es dir mit dem, was passiert war, ging. das war für mich ganz anders, als heterosexuelle monogamie, die meiner meinung nach eine ganze menge regeln hatte, von denen keine einzige sinn ergab, wie zum beispiel die regel, dass eifersüchtig sein bedeutet, dass dir der andere wirklich wichtig ist. oder dass, wenn du erst mit einer und dann mit einer anderen person anbandelst, heißt, dass du die erste person nicht mehr magst, obwohl meiner erfahrung nach gefühle für eine person keine auswirkung auf gefühle zu einem anderen menschen haben, oder sie sogar noch verstärken. in der lage zu sein, diese emotionalen erfahrungen in offen ausgehandelte, vielseitige beziehungen zu integrieren, war fantastisch.

diese offenheit, beziehungen von grund auf neu zu gestalten, nicht völlig ohne regeln, sondern entlang von richtlinien, die wir je nach bedarf entwickeln, wird meiner meinung nach in queer-theorie behandelt. nämlich in eve sedgwicks erstem grundsatz: »alle menschen sind unterschiedlich«.[7] wir haben alle unterschiedliche körper, unterschiedliche körperteile, unterschiedliches verlangen; wir erwarten unterschiedliche dinge von beziehungen, ob sie intim, sexuell oder sonstwie geartet sind. warum also sollten wir unsere beziehungen nicht selbst aushandeln, anstatt einer reihe von heteronormativen anweisungen zu folgen. dies unterschied sich auch von meinen vorangegangen offenen beziehungen in der punkszene, in der leute manchmal auf unehrlichkeit oder zwang zurückgriffen und das dann nicht-monogamie nannten. in der punkszene lernte ich keine methoden kennen, um die erfüllung jeweiliger bedürfnisse auszuhandeln. es ging eher so in richtung: ich kann nicht monogam sein, also kannst du entweder mit mir gemeinsam nicht-monogamie praktizieren oder wir machen schluss. es gab keinen raum, um zu sagen, hey, was du gerade getan hast verletzt mich – gibt es eine möglichkeit, damit umzugehen, die uns erlaubt, das zu kommunizieren und so vertrauen wieder herzustellen?

einst hatte ich das glück, an einem kurs über polyamorie in der freien anarchistischen universität von toronto teilzunehmen. einer der besten sätze, die der referent sagte, war, dass egal, wie oft oder aus welchem grund du mit jemandem sex hast, du solltest dieser person gegenüber immer ehrlich und respektvoll sein, sogar dann, wenn ihre erwartung von deiner abweicht (z.b. könnte eine person ein party-one-night-stand erwarten, während der andere mensch an einer aktiven polyamourösen beziehung mit alternativen formen von sexuellen und intimen praktiken als teil einer gemeinschaft interessiert sein könnte). ehrlichkeit und respekt, angemessenes etablieren von konsens (manchmal auch einschließlich der parteien, die nicht anwesend sind, wie der*die partner*in der anderen person), grenzen setzen und sich an abmachungen halten sind alles essenzielle elemente einer jeden begegnung. für mich ist das dermaßen weit entfernt von allem, was heterosexuelle beziehungen normalerweise ausmacht, dass es sich hierbei um ein ganz anderes modell zu handeln scheint. selbst dann, wenn diese partnerschaften >straight< sind.

für mich waren die polyamouröse szene und die radikale queer-szene miteinander verbunden. wir alle donnerten uns auf und gingen zu >vazaleen<, will munros radikaler queer-punk-anarchist*innen-tanz-party in toronto. das publikum von vazaleen war ein bunt gemischter haufen von trans personen, drag queens und kings und queers jeder couleur. ein paar >straights< waren auch darunter, aber wir waren die sorte von straights, die sich bewusst von einer heteronormativen identität abgrenzt. wir identifizierten uns nicht durch unser angeborenes biologisches oder ansozialisiertes geschlecht, wir vermieden normen und heterosexuelle stereotype, wir kritisierten die behandlung von frauen als objekte und wir sagten vorgefertigten gender- und sexual-schablonen den kampf an, denn wir sahen sie als teil von kapitalismus und patriarchat. vielleicht identifizierten sich manche von uns mit queerness und fühlten sich zu angehörigen bestimmter subkulturen, wie bears, femmie boys, butch dykes, trannies oder sonst einer gruppe hingezogen. dies war ein ort der subversion, wo mit den definitionen von gender und sex gespielt und diese lustvoll gesprengt wurden. ein queerer ort voll von queeren leuten unter denen selbstverständlich einige anarchist*innen und manche non-straight-acting heteros waren. ich liebte die vazaleen partys, denn wenigstens meinem empfinden nach gab es dort keine spur einer normativen form von sexualität und ganz bestimmt war dieser ort nicht heteronormativ. doch vazaleen war genausowenig homonormativ. hier fand sich kein abklatsch der mainstream darstellungen von >homo paaren<, wie sie zum beispiel in den tv produktionen *The L Word* oder *Queer Eye* vorherrschen und die die normen von konsum und eingliederung propagieren. vazaleen fühlte sich an wie ein raum, in dem viele formen von sexuellem widerstand zusammenkamen.

nicht-normative sexualitäten

nicht-normative sexualität heißt unter anderem, dass menschen sexuelle normvorstellungen hinter sich lassen und spontan ihre sexualität teilen und langzeit-beziehungen eingehen, wer auch immer die menschen sind, die sie dazu inspirieren. in meinem fall geschieht das mal mit frauen, mal mit männern. oft sind es menschen, die nicht in meinem alter sind. als ich jünger war, hatte ich oft dates mit älteren menschen und jetzt, da ich selbst etwas älter bin, scheine ich mich eher mit jüngeren menschen zu umgeben. das sind im großen und ganzen die menschen, in deren gesellschaft ich mich wiederfinde und mit denen ich zeit verbringe. für mich ist alter kein interessantes kriterium, um menschen einzuteilen. meine freundschaften haben immer verschiedene altersgruppen und sogar generationen eingeschlossen. mein derzeitiger partner ist mehr als zehn jahre jünger als ich. als wir zusammenkamen waren wir polyamourös und obwohl wir gut kommunizierten und tollen sex hatten, nahmen wir unsere beziehung nicht zu ernst. wir hatten einfach jede menge spaß. beide von uns hatten andere partner*innen, aber das ließ bald irgendwie nach und unsere verbindung wurde von mehr exklusivität gekennzeichnet. wir einigten uns zunächst ausdrücklich darauf, hauptpartner*in des anderen zu werden, dann entschieden wir uns für monogamie. ich hatte immer gemischte gefühle in bezug auf diese entscheidung. vor kurzem bin ich in eine andere stadt gezogen und wir entschlossen uns, zur polyamorie zurückzukehren, doch bisher hat noch keine*r von dieser veränderung unseres arrangements gebrauch gemacht.

die beziehung ist für mich einfach unglaublich. er ist wahnsinnig sexy und unser sexleben ist verdammt heiß. wir tun vieles, das absolut nicht heteronormativ ist (was genau wird nicht verraten). ich habe das gefühl, dass ist charakteristisch für meine sexualität, aber auch für die art, wie ich vertrauen, fürsorge und intimität mit einem*r partner*in entwickele. er besitzt diese emotionale intelligenz und das einfühlungs-vermögen, dass klassischerweise nicht mit männern assoziiert wird und das so wichtig dafür ist, eine beziehung zu stärken, vielleicht gerade, weil ich diese eigenschaften nicht habe und diese dinge von ihm lerne. heute rief jemand an und meinte, seine stimme würde androgyn klingen, und vielleicht ist auch das teil seiner anziehungskraft. er entspricht dem ty-pischen geschlechterskript[8] genauso wenig wie ich. für uns beide ist die nicht-normativität unserer beziehung mindestens einer der aspekte, die unsere beziehung am leben halten und interessant machen.

auf der anderen seite befürchte ich manchmal, dass unser altersunter-schied ein machtungleichgewicht bedeutet. wir beide haben diese reali-tät anerkannt und arbeiten zusammen daran, sie zu kompensieren und sicherzustellen, dass die beziehung ausgeglichen ist. eine andere sache, die mich beunruhigt, ist die frage, ob ich durch mein interesse an jünge-ren menschen nicht auf die eine oder andere art altersdiskriminierung reproduziere: zum einen die der anarchistischen szene, die eine eindeutig jugend-orientierte szene ist, und zum anderen die internalisierte alters-diskriminierung der mainstreamgesellschaft, die jugendlichkeit schätzt und suggeriert, dass wir das altern bekämpfen oder nicht wahrhaben sollten, anstatt es zu akzeptieren oder sogar zu respektieren (wie manche kulturen es tun). manchmal denke ich, es ist schade, dass es keine größere vielfalt der altersgruppen in der anarchistischen >szene< gibt. eine sache, die mir oft passiert, wenn ich mein alter nenne, ist, dass mir gesagt wird, ich würde viel jünger aussehen, als ich tatsächlich bin. das ist als kompli-ment gemeint und ich empfinde es nicht als beleidigend, aber manchmal hinterlässt es bei mir den eindruck, es wäre etwas falsch daran, dass ich so alt bin, wie ich eben bin. dass ich auf die eine oder andere art besser wäre, wenn ich jünger wäre. oder andersherum, dass ich etwas tue, das meinem alter nicht entspricht und das dazu führt, dass leute denken, ich müsse jünger sein. ich frage mich, ob diese verinnerlichte altershierarchie eine rolle bei meiner partnerwahl spielt, also im bezug darauf, wen ich als attraktiv empfinde. Das, was mainstreamrepräsentationen als anziehend an älteren männern darstellen, löst bei mir übelkeit aus. ich glaube, zu wem ich mich hingezogen fühle, hat mehr mit meinen punkwurzeln und der entsprechenden ästhetik zu tun.

queere kindererziehung und gemeinschaft

ich denke, eine andere art, auf die anarchismus mir erlaubt hat, ein weniger heteronormatives leben zu führen, ist die akzeptanz dafür, keine kinder zu kriegen und teil einer gemeinschaft zu sein, die individuelle entscheidungen respektiert. als ich mich entschied, polyamourös zu sein, wurde das akzeptiert. ich habe den eindruck, dass auch die entscheidung, monogam zu sein, generell akzeptiert wird, denn es gibt das konzept von radikaler monogamie, das strikte gendervorgaben und vorstellungen über sexualität sprengt. manche meiner bekannten sagten mir, sie hätten gezögert, zuzugeben, dass sie monogamie wählten, da es in anarchistischen kreisen mittlerweile die erwartung gebe, anarchist*innen müssten polyamourös sein, was beinahe ein bisschen ironisch ist. es wird akzeptiert, keine kinder haben zu wollen, während die mainstreamgesellschaft frauen, die sich gegen kinder entscheiden oder der politik den vorzug geben, mit misstrauen begegnet. als ulrike meinhof sich entschloss, eine urbane guerillakämpferin zu werden, im untergrund zu leben und am umsturz des deutschen staats zu arbeiten, dämonisierten viele zeitungen sie nicht für ihren politischen aktivismus als solchen, sondern für ihre entscheidung, deshalb ihre kinder zurückzulassen. sie sagten, sie sei nicht nur eine schlechte mutter, sondern regelrecht geisteskrank, da sie ihre kinder bei ihrem vater lasse.[9] für anarchist*innen jedoch scheint es keine verbindlichen annahmen über die lebenswege einer*s jeden einzelnen zu geben. auch gibt es keine generelle marschrichtung, die heiraten, sich niederlassen, kinder kriegen, politischen aktivismus etc. vorschreibt. es gibt das gefühl, dass du tun kannst, was immer du entscheidest und auf die art, wie du es willst. menschen versuchen so sehr es geht mit der unterstützung anderer leute in unserer gemeinschaft neue wege für sich selbst zu kreieren.

ich entschied schon vor langer zeit, dass ich, anstatt einem vorgeschriebenen weg mit den stationen ehe, kinder, haus am stadtrand zu folgen, lieber den weg des lebens in gemeinschaft einschlagen wollte. dies war eine bewusste entscheidung, denn ich fühlte, dass das modell der glücklichen ehe in der vorstadt höchstwahrscheinlich nicht teil meines lebens sein würde, da ich mich dieser vorstellung nicht unterwerfen und sie nicht anstreben wollte. im gegenteil: sie versetzte mich in angst und schrecken. es war für mich eine große erleichterung, félix guattaris buch *soft subversions* zu lesen, in dem er das aufwachsen in der vorstadt beschreibt und darüber spricht, wie sehr ihn das entfremdete und wie er sich dort »einen hauch schizophren«[10] fühlte. ich liebe diese buch. also ließ ich diesen ganzen traum hinter mir. für mich sah er sowieso mehr wie ein alptraum aus: in der vorstadt zwischen bürokraten-kindern aufzuwachsen, umgeben von leuten, die ein aktives, raues leben im urbanen raum fürchten und sich in eine gegend voller sauber getrimmter rasenflächen und höflicher konversation zurückziehen. tote zeit, wie die situationist*innen das nennen.[11]

als ich anfing, diesen text zu verfassen, lebte ich in der innenstadt von montreal in einer vollgestopfen vier-zimmer-wohnung mit drei anderen leuten, von denen einer zufällig mein partner ist. dieser ort ist queer und wir bevorzugen es, bewusst queere mitbewohner*innen einziehen zu lassen. die weiteren kreise unserer community umfassen die st. henri anarchistischen punks, studentische und akademische anarchist*innen, die radikale queer- und trans-szene, anti-rassistische aktivist*innen und viele verschiedene feminist*innen. dieses lose netzwerk verschiedener gruppen erstreckt sich über ganz kanada, in die usa und bis nach korea, frankreich und deutschland. unsere gemeinschaft schließt auch viele leute ein, die keiner dieser identitäten entsprechen, die geografisch und kategorisch ein nicht einseitig verortetes leben führen.

manche menschen in unserer community haben kinder, andere nicht. manche von uns denken, die aktuelle ökologische und geopolitische lage ist zu instabil, um kinder zu kriegen, aber andere sind kühn genug, es dennoch zu tun. vor acht jahren lebte ich in toronto in einem gemein-schaftshaus mit fünf anderen leuten. zu diesem zeitpunkt wollten außer mir noch zwei andere frauen kinder haben. eine von ihnen war teil eines super-paares, das für einige jahre eine polyamouröse beziehung geführt hatte. wenn ich mich recht erinnere, waren es ungefähr vier jahre ge-wesen. zusätzlich zu ihrem männlichen cis-gender partner begann diese frau sich mit einer person zu treffen, die früher als ›non-bio-boy‹ be-zeichnet worden wäre (dieser begriff wird jedoch nicht mehr benutzt, da er aus dem biologischen essenzialismus kommt), also ein gender-queer guy oder ein trans mann, wie wir heute sagen würden (doch tatsächlich haben alle diese bezeichnungen komplizierte historische hintergründe und ihre verwendung, genau wie die von ›non-bio-boy‹, wird von neuen bezeichnungen abgelöst werden, sobald wir bessere erfinden). alle drei zogen gemeinsam in ein gemeinschaftshaus mit anderen leuten und begannen zu planen, wie sie zusammen ein kind zeugen und großziehen könnten. letzten endes beendete sie die beziehung mit dem cis-gender mann und erwartete ein kind, das sie dank einer samenspende des ex ih-res trans partners empfing. die beiden leben jetzt monogam und ziehen das kind gemeinsam auf. wir hatten ein witziges gespräch vor ein paar jahren, als wir uns gegenseitig gestanden, dass wir in monogamen bezie-hungen lebten, als sei das ein schmutziges geheimnis.

die andere frau lebte streng monogam. sie begann, regelmäßig eine frau zu treffen, und sie beschlossen gemeinsam, ein kind zu haben und als paar zusammenzuleben. Interessanterweise entschieden beide frauen, babys von samenspendern zu haben, die sie kannten und mit denen sie langjährige freundschaften verband. der erweiterte lebensraum einer gemeinschaft wird kleiner und intensiver, wenn es ein baby gibt. die ge-meinschaft findet ihren weg in dein leben auf eine andere art.

ich traf mich im rahmen meines baby-projektes einige male mit ei-nem expartner, der eine aktuelle partnerin und zwei kinder in new york city hat. wir zogen die möglichkeit in erwägung, zusammen ein kind zu haben, und besprachen, wie die zukunft mit seiner derzeitigen partnerin und ihren kindern aussehen könnte. er erwähnte, dass es seiner ansicht nach besser sei, sie wüsste davon nichts. ich hielt das für keine beson-ders gute idee. es hörte sich nicht nach einer konsensuellen entscheidung an, da nicht alle beteiligten parteien ihre zustimmung gaben. ich zog es nicht durch und entschied mich dann letzten endes gegen ein kind.

menschen fällen entscheidungen über die frage nach dem kinder kriegen auf ganz unterschiedliche art, selbst menschen, die in scheinbar heterosexuellen beziehungen leben. das einverständnis aller beteiligten zu berücksichtigen, mit oder ohne die legale methode der klinischen künstlichen befruchtung zu arbeiten (die sehr teuer und sehr medikalisiert ist), oder sogar zu entscheiden, von der fortpflanzung abstand zu nehmen, kann zu diesem prozess gehören. interessanterweise hat diese entscheidung für mich bedeutet, dass ich, neben der beziehung zu meinem partner, versuche, tiefere verbindungen zu anderen menschen aufzubauen. ich habe das gefühl, ich brauche engere freundschaften. ich möchte zu mehr menschen liebevoll sein, nicht auf sexuelle, sondern intime und freundschaftliche art, kreative kollaborative partnerschaften aufbauen und solidarische formen der interaktion finden. je älter ich werde, desto mehr möchte ich zeit mit meinen nichten und neffen verbringen, die über das ganze land verstreut sind. sie gehören nicht zur anarchistischen szene, aber dennoch sind sie natürlich ein wichtiger teil meiner community.

befreiung, verantwortung und intimität

in diesem zusammenhang wird befreiung zu einem seltsamen konzept. ich schätze spontane ausflüge hinunter zu den bahngleisen, dérives[12] und umherschweifen in den städten genauso, wie jede*r andere anarchist*in. sich auf und davon machen und das ganze land ohne fahrschein an bord eines güterzugs durchstreifen, einfach irgendwohin reisen, keine wohnung, kein geld, aber immer jemanden finden, der einen mitnimmt oder aufnimmt, das war immer befreiend für mich. unterwegs zu sein am rande des kapitalismus, ganz entgegen der weise, wie angehörige der mittelschicht leben oder reisen. allgemein gesprochen: an arbeit und haus gebunden.

aber dann, vor ein oder zwei jahren, nahm ich an einem anarchistischen workshop teil, bei dem der workshopleiter eine sehr interessante sicht auf den verantwortungsbegriff vorstellte. ich habe den eindruck, die mainstreamgesellschaft hat uns darauf getrimmt, verantwortungs-losigkeit zu verehren, und im rahmen von anarchismus verknüpfen wir sie mit vorstellungen von freiheit, nomadentum, spontanität und befreiung. doch in wahrheit gehen wir so dem kapitalistischen ideal des individualismus in die falle und das erscheint mir absolut nicht nachhaltig zu sein.

einst unterhielt ich mich zum beispiel mit einem freund, der seine beziehung beendete, weil er beschlossen hatte, reisen zu gehen. ich fragte ihn, ob das nicht ein wenig egoistisch sei, da er die bedürfnisse und gefühle seiner partnerin nicht wirklich berücksichtigte. er antwortete, er müsse sich selbst an erste stelle setzen. ich glaube, dass viele leute, ob anarchist*innen oder nicht, diese auffassung teilen, nur, dass sie von anarchist*innen manchmal hinter einer fassade von politischer befreiungs-rhetorik versteckt wird. dabei sieht das für mich viel eher nach versagen in bezug auf unsere verantwortung gegenüber den menschen aus, mit denen wir intime beziehungen eingegangen sind.

bei dem workshop sagte der leiter (ein älterer mann, der sich als indigen identifizierte), dass verantwortung uns sage, wo wir in unserem leben hingehören. ich hatte immer schwierigkeiten mit dem begriff von zugehörigkeit, da ich mich auf der einen seite nach ihr sehnte, aber andererseits nicht in der lage schien, sie zu finden, denn ich war fasziniert von idealen wie spontanität, freiheit, einem nicht-sesshaften leben und der möglichkeit, überall neue freundschaften zu finden und beziehung mit den menschen, die zufällig meinen weg kreuzte, einzugehen. gleichzeitig verwirrte es mich, dass ich immer menschen liebte, die umherzogen und dass dies eine langfristige bindung unmöglich machte. so mussten wir entweder schlussmachen oder für lange zeit ohne einander sein und wiedersehen waren immer schwierig. ich denke, ich träumte davon, einen partner zu finden, der ebenfalls nicht an einen ort gebunden wäre und mit dem ich gemeinsam reisen und spontan sein könnte. das wären dann sozusagen ›reise-wurzeln‹, die ich überallhin mit hinnehmen könnte.

meine vorstellung hat sich geändert. jetzt sehe ich verantwortung verbunden mit intimität als eine tiefe verbindung zu einer anderen person. und diese verbindung bedeutet, die gefühle und bedürfnisse dieser person genauso wichtig zu nehmen wie unsere eigenen, oder recht häufig

sogar, als wichtiger betrachten. anstatt die achtung für das selbst im konflikt mit der fürsorge für andere zu sehen, hängt die verantwortung für
uns selbst von unserer verantwortung für andere ab. gemäß dem zutiefst
anarchistischen prinzip, dass die befreiung einer einzelnen person auf
der befreiung aller um sie herum basiert. um ein beispiel dafür zu nennen, wie diese praxis im alltag aussehen kann, stellt euch vor, dass eine
person die menschen in ihrer gemeinschaft um hife bitten kann, wenn
sie*er gesundheitsfürsorge benötigt, denn es gibt eine gemeinsame über-
einkunft, dass wir uns alle umeinander kümmern und sich auch um uns
gekümmert wird. wenn andere menschen hilfe benötigen, sind wir im
gegenzug für sie da. aufeinander acht geben nährt uns selbst und unsere
gemeinschaften. andersherum gilt auch, dass um hilfe bitten anderen
zugute kommt, denn auf diese art wächst in unserer community die fähigkeit, sich umeinander zu sorgen, und das ermöglicht die entwicklung
vieler formen von intimität jenseits von heteronormativen zweierbezie-
hungen.

kommen wir zurück zum queeren des anarchismus. ich denke, was
queere praxis anarchismus zu bieten hat, ist eine sprache der intimität.
die sprache und das damit einhergehende praktizieren von intimität
sind essenziell für revolutionäre politik. radikale queere theorie und
politische praxis bieten nicht-heteronormativen heterosexuellen beziehungen eine große vielfalt an möglichkeiten: darunter polyamorie,
intime freundschaften, kommunikative gemeinschaften, ein modell
von auf gegenseitigkeit aufbauender gesundheitspflege für psychisches,
körperliches und emotionales wohlbefinden, formen von sexualität, die
auf intimität, respekt und konsens beruhen. selbstverständlich funktioniert all das nicht immer so perfekt, wie es sich anhört, aber auch das
ist eine wichtige lektion beim queeren des anarchismus. beziehungen
sind lebenslange prozesse des teilens, aushandelns und aufbauens von
gegenseitiger unterstützung in allen schattierungen mehr und weniger
intimer beziehungen. ich denke, was anarchismus radikalen queeren
räumen, gruppen, netzwerken und gemeinschaften anbieten kann, ist
die möglichkeit, konsens, respekt, nicht-hierarchische liebe, emotionale
fürsorge und kollektives zusammenleben in beziehungen zu integrieren,
sodass diese gemeinschaften wachsen können und sich selbst bzw. wir

uns selbst erhalten können und eine anti-staatliche, anti-kapitalistische perspektive bewahren und anti-rassismus, anti-kolonialismus und überschneidungen mit anderen bewegungen und ideen mit an den tisch bringen. zusätzlich zum queeren anarchistischer kreise, anarchisieren wir also queere bewegungen. was dabei entsteht, ist eine vision, in der anarchismus und queerness nicht als zwei separate einheiten gesehen werden, die sich langsam aufeinander zubewegen (die geschichte der anarchistischen bewegung ist ohnehin voller queers und die geschichte der queeren bewegung voller anarchist*innen), sondern stattdessen eine symbiose eingehen, in der die grenzen zwischen beiden verschwimmen und sie untrennbar werden.

heterosexualität aus anarchistischer perspektive zu queeren, findet in einem kontext statt, in dem beziehungen heteronormativität überwinden und in dem wir uns auch von homonormativität abgrenzen (von modellen wie zum beispiel dem kapitalistischen, staatlich organisierten, *weiß* dominierten ›gay pride‹) und uns wahrhaftig für nicht-heteronormative formen der sexualität öffnen, wo die label ›homo‹ und ›hetero‹ grundsätzlich infrage gestellt werden. sexualität ist also, wie mein*e mitbewohner*in letztens sagte, genau wie gender, als narrativ zu verstehen. eine fortlaufende geschichte, eine reihe ineinanderfließender erfahrungen, die wir verfassen und überarbeiten während wir sie leben, bestehend aus elementen, die wir nach unserem ermessen erfinden oder loswerden können als teil einer multiplen, verflochtenen, nicht-linearen, rhizomatischen vielfalt der sexualitäten und gender, die unser ganzes leben dauert.

nicht-heteronormatives begehren

letzte woche unterhielt ich mich mit einem freund von mir über unsere nicht-heteronormativen heterosexuellen beziehungen. er datet gerade jemand neues und machte so eine merkwürdige erfahrung. oder jedenfalls dachte er sein erlebnis sei etwas schräg gewesen, bis er anfing, mit freund*innen darüber zu reden und sich herausstellte, dass viele diese erfahrung teilten. ich muss hier kurz verallgemeinern: es scheint unter anarchistischen hetero paaren, als wären die männer wirklich gut darin, sanft und sensibel zu sein und die frauen die richtung vorgeben zu lassen, wenn es um intimität, sexualität und freundschaft geht. es gibt eine neue art von sprache, die von männern verlangt, wege zu finden, um begehren auszudrücken, ohne zu direkt oder aggressiv zu sein. eine zaghafte sprache im konditional, bestehend aus fragen statt forderungen: wäre es okay, wenn? wie wäre es, wenn ich dir sage?

für feministinnen, für frauen, die in von freundschaften und intimen beziehungen respektiert werden wollen, ist das fantastisch. es macht unsere beziehungen wunderbar, warm, offen, fürsorglich und liebevoll. doch was hat das jetzt mit dieser merkwürdigen erfahrung zu tun, fangt ihr vielleicht an, euch zu fragen?

als frauen möchten wir manchmal leidenschaftlich begehrt werden. es mag vorkommen, dass wir von lust und leidenschaft überwältigt werden möchten und mitunter könnten wir es sogar mögen, wenn es ein wenig hart zur sache geht, ihr wisst schon, ein biss in den nacken, eine unbequeme stellung. sex auf dem fußboden unter einem tisch oder es so wild treiben, dass wir beinahe aus dem bett fallen, ohne es zu bemerken. (das ist natürlich nichts neues für alle, die auf bdsm oder anderen fetischsex stehen, bei dem absichtliche machtverschiebungen beim sex ausprobiert werden). ich könnte noch einiges mehr aufzählen, aber kommen wir zum punkt: es scheint, als seien wir dabei, neue normen zu erschaffen. diese normen beinhalten dinge wie respekt, kommunikation, sanftheit und sensibilität und natürlich sind all diese dinge großartig und sollten teil einer jeden beziehung sein: von sexuellen und intimen verbindungen bis hin zu freundschaft, kindererziehung, unterricht, kontakten auf der arbeit und familie. aber: genau wie mit allen anderen normen, und das gilt auch innerhalb von polyamorie und anderen anti-heteronormativen beziehungen, laufen wir gefahr, uns auf bestimmte verhaltensmuster festzulegen und zu vergessen, dass wir die macht haben, zu sagen, was wir wollen, und es so in der hand haben, fließende, lebendige beziehungen zu kreieren, die nicht stillstehen oder sich an vorgefertigte erwartungen anpassen oder von der vorstellung einer anderen person darüber, was richtig und falsch für uns ist, abhängen.

dylan vade ist ein trans anwalt, der über die gender galaxie schreibt. die gender galaxie ist die idee, dass gender und sex nicht als binäre gegenteile fungieren (männlich / weiblich oder maskulin / feminin), sondern dass es tausende arten gibt, unser biologisches oder soziales geschlecht auszuleben. in dieser galaxie sammeln sich manche formen von gender und bilden zusammen konstellationen. manchmal sind diese gebilde wahrnehmbar und manchmal nicht.[13] mir gefällt der gedanke, dass es sich mit den verschiedenen sexualitäten auch so verhält. anstelle der dualität von homosexuell / heterosexuell gibt es tausende verschiedener wege, wie wir unsere sexualitäten leben können.

das führt mich zu einem letzten punkt, der seit kurzem in gesprächen aufkam. vor ein paar wochen hatten wir eine frau zu gast, die von den gesetzen zur gleichgeschlechtlichen ehe in kanada profitierte und vor einigen jahren geheiratet hatte. als ihr partner eine geschlechtsumwandlung von frau zu mann begann, wurde ihr gleichgeschlechtlicher status etwas uneindeutiger. sie erzählte, dass sie jetzt, da er den umwandlungsprozess abgeschlossen hat, von anderen als heterosexuelles paar wahrgenommen werden. sie genießt es, sich im alltag bewusst ›tuntig‹ als high-femme in szene zu setzen, vor allem, wenn es dabei queer zugeht, ist sich jetzt jedoch unsicher, wie das von anderen interpretiert wird; nämlich oftmals als straight. wenn eine queere performance als heterosexuell missverstanden wird, läuft sie gefahr, dass das spiel mit referenzen wie femininer kleidung oder inszenierung und gestik der fünfziger jahre usw. von queers und heteros gleichermaßen missverstanden wird und so stereotype geschlechterrollen bestärkt anstatt sie zu untergraben. sie sagte auch, es sei seltsam, in der öffentlichkeit[14] auf einmal heterosexuelle privilegien zu genießen, obwohl sich ihre beziehung im privatleben immer noch ausgesprochen queer und überhaupt nicht privilegiert anfühlt. mit anderen worten: ihr narrativ ist nicht von privilegien geprägt und dennoch ist das jetzt die ebene, auf der unbekannte ihr und ihrem partner begegnen. die geschichte wird so uneindeutig, oder wie bobby noble sagt: inkohärent.[15] das ist eine weitere möglichkeit, wie heterosexualität in radikalen umfeldern und leben gequeert werden kann.

eine andere frau-zu-mann trans person erzählte mir, wie er jetzt damit kämpft, als queer oder trans akzeptiert zu werden: menschen interpretieren ihn schlicht als straight, dabei hat er für mehr als vierzig jahre als frau und lesbe gelebt. er fühlt sich beinahe, als könne er nicht mehr teil der queer community sein, außer wenn er unter freund*innen ist, die ihn schon lange kennen. er erzählte mir zum beispiel, dass er letztens in eine bar ging, die einen günstigeren eintrittspreis für trans männer anbot, und er musste wirklich darauf bestehen, dass er trans war. das sicherheitspersonal an der tür glaubte ihm nicht. er dankte ihnen mehrmals, da sie so sein selbstgewähltes sex / gender bestätigten, aber letzten endes musste er den gefürchteten ausweis zücken, wo sein geschlecht immer noch als >weiblich< eingetragen ist, um als trans mann anerkannt zu werden. was für eine ironie. keine trans person möchte eine solche erfahrung machen müssen. es zeigt, wie heteronormativität, die bedingt, dass leute annehmen, jeder mensch sei gender-straight und nicht-queer, sogar queere szenen durchzieht, die sich ja bemühen, trans personen zu privilegieren. darüber hinaus zeigt diese begebenheit, dass sogar orte, die sich radikal queerer politischer praxen und subjektivitäten verschreiben, die idee, dass jemandes selbst-bezeichnung ausreichend ist, um ernstgenommen zu werden, ohne ein entsprechendes dokument vorzulegen, nicht immer besonders gut in die praxis umgesetzt wird.

dies ist ein weiteres risiko beim queeren von heterosexualität. natürlich muss heterosexualität infrage gestellt, gequeert und von ihrem privilegierten thron gestoßen werden. gleichzeitig müssen wir jedoch vorsichtig sein, queere orte, subjektivitäten, identitäten, ideen, theorien und alles weitere nicht zu heterosexualisieren oder zu heteronormativieren. es gibt hier einen platz für heterosexuelle, queere verbündete, sogar für die unter uns, die allein schon bei dem wort >heterosexuell< zusammenzucken und sich in ihrer identität stark von diesem konzept abgrenzen. ich hoffe und glaube, dass wir unsere praxis queeren können, ohne queer für uns selbst zu beanspruchen oder von queerness besitz zu ergreifen. mit anderen worten, die idee ist, queere kämpfe zu unterstützen, queere ideen in unsere praxis zu integrieren, so queer wie möglich zu sein, um als verbündete queere unterdrückung zu beenden. es geht sicherlich nicht darum – und das ist ein weiteres risiko – queere identitäten zur schau zu stellen, wenn es bequem ist, und dann unverändert und unberührt durch diese erfahrung zu unseren heterosexuellen privilegien zurückzukehren.

das heißt befreiung. es heißt, dass wir die geschichte unserer leben, unserer verlangen, unserer gender, unserer sexualitäten beständig fortschreiben. es heißt, dass wir anstelle der freiheit, die janis joplin besang (»du weißt schon, freiheit, das ist nur ein anderes wort dafür, nichts zu verlieren zu haben«), als meine eltern ihre offene beziehung entdeckten (das allein ist eine weitere geschichte!), befreiende erfahrungen und beziehungen finden, die auf gemeinschaften und langzeitiger verbindlichkeit beruhen und uns erlauben, zu erforschen, was diese beziehungen bedeuten und wie sie am erfüllendsten für alle beteiligten sein können.

für mich waren die anarchistischen / queeren gemeinschaften, die ich im laufe der jahre kennenlernte, essenziell, um zu dieser offenheit zu gelangen. essenziell für die person, die ich geworden bin, und was wichtiger ist: essenziell für revolutionäre politik. die komplette kapitalistische patriarchale *weiße* dominanz, die die welt ungerecht strukturiert und die auf ungleichen machtverhältnissen beharrt, braucht heteronormative beziehungen. zerschmettern wir diese beziehungen, so fangen wir an, patriarchat, *weiße* vorherrschaft und kapitalismus umzustürzen.

Denn, wie jamie heckert argumentiert, bedeutet dem mikro-faschismus in identitäten und intimen beziehungen entgegenzutreten, den makro-faschismus der institutionen und machtstrukturen an der wurzel zu bekämpfen.[16] queere praxis, beziehungen, communitiys, szenen und intimitäten sind deshalb wichtige beiträge auf dem weg hin zu umfassend befreienden weisen des seins, tuns, denkens, fühlens und agierens in dieser welt und sind somit hoch politisch. sogar für heteros.

Übersetzt von Rebecca Mann

1   straight: identität und verhalten, das heterosexuelle unterdrückung reproduziert. die automatische annahme, jeder mensch sei nicht-queer und nicht-trans in bezug auf identität und sexualität. (anmerkung der übersetzerin)

2   die standardisierte orthografie (systeme des schreibens) infrage zu stellen durch den verzicht auf großschreibung und die verwendung ›unvorschriftsmäßiger‹ grammatik wie fragmentierte sätze und dergleichen, hat eine lange geschichte und eine umfangreiche bandbreite an beweggründen. in erster linie fordert es die phallogozentrische dominanz textbasierter repräsentationen heraus, z.b. die vermeintliche überlegenheit phallischer (maskuliner) sprachverwendungen und

sprechakte, die traditionell die grundlage westlicher philosophischer, theoretischer, literarischer und anderer sprachbezogener studien ausmachen und die zu semiotischer unterwerfung führen können (Félix Guattari, Soft Subversions New York: Semiotext(e), 1996). – semiotische unterwerfung ist das gefühl, dass sprache uns unterwirft, anstatt dass wir als subjekte sprache nutzen, um uns auszudrücken. zweitens wird so die privilegierung des geschriebenen wortes im gegensatz zu mündlicher überlieferung infrage gestellt. drittens fordert es pädagogische normen heraus, die schulkindern von einem jungen alter an aufgezwungen werden und die von anarchistischen ansätzen zu bildung, wie den free skools, infrage gestellt werden. viertens: es stört die annahme, dass die beziehung zwischen autor*in und leser*in binär sei und der*die autor*in dominant sei und erlaubt der*dem leser*in in den text einzugreifen und gleichwertig mit der*dem autor*in zu sein. fünftens: durch die dekonstruktion der binären beziehung zwischen maskulin / feminin, schriftlich / mündlich, korrekt / inkorrekt, leser*in / autor*in etc erobern nicht-unterdrückte orthografien, die sich weigern, großbuchstaben und traditionelle grammatik zu benutzen, raum für eine privilegierung des kollektivs und für die kooperation bei der konstruktion von bedeutung und sie dezentrieren die vorherrschaft der*des individuellen autors*in, des angeblich (reichen, straighten, *weißen*, männlichen) erhabenen genies, das texte verfasst. aus diesen gründen handelt es sich hierbei um eine radikale, feministische, queere, anarchistische strategie und es sprengt die art, auf die texte verfasst, wertgeschätzt, legitimiert und verteilt werden. bell hooks lenkte aufmerksamkeit auf diese debatten, beispielsweise indem sie sich umbenannte, sich von ihrem ›sklavinnennamen‹ lossagte und ihren namen in kleinbuchstaben schrieb.

3 Queeruption London (2004): Queerewind. London: Queeruption Collective.

4 O'Connor, Alan (2002): Who's Emma? Autonomous Zone and Social Anarchism.Toronto: Confused Editions.

5 Berlant, Lauren (2000): ed. Intimacy. Chicago: University of Chicago Press.

6 Easton, Dossie (1997): The Ethical Slut: A Guide to Infinite Sexual Possibilities. San Francisco: Greenery P. Deutsch (2017): Schlampen mit Moral. Eine praktische Anleitung für Polyamorie, offene Beziehungen und andere Abenteuer. München: mvg.

7 Sedgwick, Eve Kosofsky (1990): Epistemology of the Closet. Berkeley: University of California Press. Deutsch(2003): Epistemologie des Verstecks. In: Andreas Kraß (Hrsg.): Queer Denken.

8 Butler, Judith (1990): Gender Trouble. New York: Routledge. Deutsch (2014): Das Unbehagen der Geschlechter. Frankfurt am Main: Suhrkamp.

9 Bugnon, Fanny: A propos de la violence politique féminine sous la Troisième République. Unveröffentlichtes Manuskript.

10 Guattari, Félix (1996): Soft Subversions. New York: Semiotext(e).

11 Debord, Guy (1983): Society of the Spectacle. 1967. Detroit: Black and Red. Deutsch (1996): Guy Debord: Die Gesellschaft des Spektakels. Berlin: Edition Tiamat.

12 dérives: zielloses herumstreifen in der gruppe, intensivierung der wahrnehmung der umgebung als form von aktivismus, entwickelt von künstlerkollektiven (anmerkung der übersetzerin)

13 Vade, Dylan (2004–2005): Expanding Gender and Expanding the Law. Toward a Social and Legal Conceptualization of Gender that Is More Inclusive of Transgender People. In: Michigan Journal of Gender & Law. 11. S. 253–316.

14 Warner, Michael (2002): Publics and Counterpublics. New York: Zone Books.

15 Noble, Jean Bobby(2004): Masculinities Without Men? Female Masculinity in Twentieth-Century Fictions. Vancouver: UBC Press.

16 Heckert, Jamie (2004): Sexuality / Identity / Politics. In Changing Anarchism. Edited by Jonathan Purkis and James Bowen. Manchester: Manchester University Press.

Susan Song

Polyamorie und Queer-Anarchismus: Unbeschränkte Möglichkeiten des Widerstandes

Überschneidungen von Queer-Theorie und Anarchismus

Dieser Artikel diskutiert die Bedeutung der Queer-Theorie für anarchistische Sexualpraktiken und geht darauf ein, warum Anarchist*innen Kritik an der *Zwangs*monogamie als Beziehungsform üben könnten. Die Queer-Theorie widerspricht Heteronormativität und erkennt die Grenzen der Identitätspolitik. Der Begriff ›queer‹ impliziert einen Widerstand gegen das ›Normale‹ und das, was natürlich und intrinsisch erscheint. Heteronormativität ist ein Begriff, der eine Reihe von Normen beschreibt, die auf der Annahme basieren, dass jede*r heterosexuell, männlich / weiblich und monogam ist. Dies impliziert eine Dauer und Stabilität dieser geschlechtlichen Identitäten. Die Queer-Theorie kritisiert auch Homonormativität, in der nicht-heterosexuelle Beziehungen erwartet werden. Diese ähnelt der Heteronormativität, zum Beispiel da sie Monogamie und Besitzansprüche eines*einer Partner*in beinhaltet. Auf diese Weise widerspricht die queere Theorie und Praxis der Erwartung, dass jede*r eine monogame, cisgender[1] und heterosexuelle Beziehungsform haben sollte.

In *Anarchism, Poststrukturalism and the Future of Radical Politics* unterscheidet Saul Newman den Anarchismus von anderen radikalen politischen Kämpfen. Newman beschreibt aufkommende antikapitalistische und Antikriegs-Bewegungen, die »anti-autoritär und nicht-institutionell ... [sind, als] ... anarchistische Kämpfe«.[2] Er beschreibt diese anarchistischen Bewegungen als solche, die »gegen die zentralisierenden Tendenzen vieler radikaler Kämpfe, die in der Vergangenheit stattgefunden haben, Widerstand leisten, ... sie zielen nicht darauf ab, die Staatsmacht als solche oder die Mechanismen und Institutionen des Staates zu nutzen«.[3] Anarchismus ist hier zu verstehen als ein Widerstand gegen Institutionalisierung, Hierarchie und vollständige oder partielle politische Eingliederung in den Staat.

Newman zitiert auch anarchistische Denker wie »Bakunin und Kropotkin, [die] sich weigerten, von Sozialvertragstheoretikern, diesen Apologeten für den Staat wie Hobbes und Locke, getäuscht zu werden, die behaupten, die Souveränität basiere auf rationaler Zustimmung und dem Wunsch, dem Naturzustand zu entkommen. Für Bakunin war das eine Fiktion, ein ›unwürdiger Scherz‹. ... Mit anderen Worten: Der Gesellschaftsvertrag ist nur eine Maske für die Illegitimität des Staates – für die Tatsache, dass die Souveränität über Menschen verhängt wurde, anstatt durch ihre rationale Zustimmung zu entstehen.«[4] Er beschreibt den Widerstand gegen den Staat, wobei er diesem seine Legitimität als einer scheinbar gewählten Form aberkennt. Ebenso kann die Queer-Theorie dazu dienen, biologische Diskurse über Geschlecht und Sexualität zu kritisien, in denen diese Kategorien als ›natürlich‹ definiert werden. Die Queer-Theorie kann dabei darauf verweisen, dass in den historischen und sozialen Kontexten unterschiedliche Formen von Geschlecht und Sexualität geformt und beeinflusst wurden. Die Queer-Theorie behauptet, dass Sexualität als eine Kategorie und Identifikationsweise, die als ›biologisch natürlich‹ gedacht werden, in Wirklichkeit sozial konstruiert ist. Dies wird anhand der Art und Weise demonstriert, in der ›Homosexualität‹ und ›Geschlecht‹ als biologische Kategorien geschaffen wurden. Im späteren 19. Jahrhundert entstand der Begriff ›homosexuell‹ als eine Möglichkeit, *eine Identität* für diejenigen *zu definieren*, die zu gleichgeschlechtlichen sexuellen Handlungen neigen. ›Homosexualität‹ als Begriff entstand als eine Möglichkeit, Heterosexualität zu definieren, was somit auf den sozial konstruierten und unnatürlichen Ursprung des Begriffs verweist. Biologische und medizinische Diskurse über Geschlecht und Sexualität sind historischen Veränderungen unterworfen. In *Making Sex* stellt Thomas Laqueur fest, wie Sex »irgendwann im 18. Jahrhundert« aus politischen und nicht aus medizinischen oder wissenschaftlichen Gründen konstruiert wurde.[5] »Organe, die bislang einen Namen miteinander geteilt hatten – Ovarien und Testikel –, wurden nun sprachlich unterschieden. Organe, die nicht durch einen eigenen Namen unterschieden worden waren – beispielsweise die Vulva –, erhielten nun einen.«[6] Der weibliche Orgasmus und seine Bedeutung wurden auch als zeitgenössisches Thema diskutiert. Der Geschlechtsunterschied wurde dazu genutzt, eine Hierarchie der Geschlechter zu artikulieren, in der Frauen gegenüber Männern als unterlegen galten. Dieses Modell der Unterschiedlichkeit der Geschlechter ist, wie Laqueur schreibt, »im selben Maß [Hervorbringung] der Kultur, wie es das Ein-Geschlecht-Modell war und ist.«[7] Dieser Übergang wird anhand mancher Fälle ersichtlich, wie als de Graafs Beobachtungen die Behauptung hervorbrachten, dass »weibliche Hoden besser Ovarien genannt werden sollten«.[8] Anatome des 18. Jahrhunderts schufen »detaillierte Illustrationen eines ausdrücklich weiblichen Skeletts, um zu dokumentieren, daß der Geschlechtsunterschied nicht nur bis knapp unter die Haut ging«.[9] In diesem Ein-Geschlecht-Modell ist der männliche Körper die Norm, mit dem andere Körper verglichen werden. Dieses Modell geht problematischerweise davon aus, dass der biologische Unterschied einen ›normalen‹ sozialen Unterschied hervorbringt. Allerdings destabilisiert Laqueur diese Vorstellung von Geschlecht als einer ›natürlichen‹ Kategorie, die auf signifikante biologische Unterschiede verweist. Stattdessen postuliert er, dass die Konstruktion des Geschlechts durch eine Hierarchie der Geschlechter und politische Impulse beeinflusst und geprägt werde.

Über Klassenpolitik hinaus

Die Queer-Theorie denaturalisiert Hierarchien von Geschlecht, Sexualität und politischem Einfluss und ist ein wertvolles Werkzeug für anarchistische Praxis. Die Queer-Theorie hinterfragt hierarchische Unterschiede und das ›Normale‹. Zudem eröffnet sie neue Schauplätze für einen Kampf jenseits der Klassenpolitik. Aus der feministischen Theorie entstand die Idee, dass Geschlecht sozial und nicht biologisch konstruiert ist. Daher ist die geschlechtliche Identität eines Menschen weder angeboren, noch natürlich, stabil oder ›essenziell‹. Stattdessen ist das Geschlecht ein Produkt von sozialen Normen, individuellen Verhaltensweisen und institutioneller Macht. Die gay / lesbian studies fügten dem Diskurs um Geschlecht und Sexualität, Homosexualität und LGBT-Identitäten als zu Diskursinhalte hinzu. In der der feministischen Theorie und den gay / lesbian Studies folgenden Queer-Theorie werden Sexualität und sexuelle Verhaltensweisen als sozial konstruiert und historisch kontingent verstanden. Die Queer-Theorie ermöglicht die Miteinbeziehung einer Vielzahl von sexuellen Praktiken und thematisiert Heteronormativität, Nicht-Monogamie, BDSM-Beziehungen und Sexarbeit.

Die Queer-Theorie eröffnet eine kritische Perspektive auf soziale Beziehungen, die sich von der typisch anarchistischen unterscheidet. Der klassische Anarchismus war vor allem auf die Analyse der Machtverhältnisse zwischen Menschen, Wirtschaft und Staat ausgerichtet. Die Queer-Theorie versteht die Menschen hingegen in Bezug auf das Normale und das Abweichende und schafft damit unbeschränkte Möglichkeiten des Widerstandes. Die Queer-Theorie versucht, das ›Normale‹ in derselben Weise aufzubrechen, wie die Anarchist*innen Hierarchie, Ausbeutung und Unterdrückung. Wir können die Queer-Theorie nutzen, um neue soziale Beziehungen zu entwerfen, die dem Patriarchat und anderen Unterdrückungsformen entgegenstehen, indem wir eine ›queer-anarchistische‹ Form sozialer Beziehungen schaffen. Indem multiple und fluide Formen von sexuellen Beziehungen und Identifikationen, die über binäre Kategorien wie homosexuell / heterosexuell hinausgehen, miteinbezogen werden, ermöglicht es eine queer-anarchistische Praxis, sowohl den Staat und den Kapitalismus, als auch sexuelle Unterdrückungen und Normen infrage zu stellen, welche häufig im Staat und in anderen hierarchischen sozialen Beziehungen eingebettet sind.

Queer-Anarchismus als soziale Struktur

Eine queere Ablehnung der Institution Ehe kann auf einer anarchistischen Opposition gegen hierarchische Beziehungsformen und staatliche Eingliederung beruhen. Ein*e Anarchist*in, der*die sich um die Kinder Anderer kümmert, und damit ein alternatives Familienmodell begründet, kann als jemand gesehen werden, der*die eine queere Beziehung lebt. Gustav Landauer schreibt in *Revolution and Other Writings*: »Staat ist ein Verhältnis, ist eine Beziehung zwischen den Menschen, ist eine Art, wie die Menschen sich zueinander verhalten; und man zerstört ihn, indem man andre Beziehungen eingeht, indem man sich anders zueinander verhält.«[10] Als Anarchist*innen, die im Bereich der Sexualpolitik arbeiten und gegen alle Formen der Unterdrückung ankämpfen, können wir eine neue ›queer-anarchistische‹ Form der Beziehung schaffen, die anarchistische Konzepte der gegenseitigen Hilfe, der Solidarität und der freiwilligen Assoziation mit einer queeren Analyse von Normativität und Macht verbindet. Wir müssen uns darum bemühen, in unseren anarchistischen Bewegungen neue Formen der Beziehung zu schaffen und anzunehmen, die den Staat zerschlagen und die Unterdrückung in und außerhalb unserer Schlafzimmer bekämpfen.

Ein Weg, um unsere sozialen Beziehungen mit der queer-anarchistischen Analyse zu verknüpfen, ist das Praktizieren von Alternativen zum Staat und zu heternormativen Konzepten von Sexualität. Wir können eine Vielzahl von sexuellen Praktiken, einschließlich BDSM, Polyamorie und queer-heterosexueller Praktiken, miteinbeziehen – sollten diese jedoch nicht als neue Normen setzen, sondern als vielfältige Praktiken begreifen, die oftmals in unserem normativen Verständnis von Sexualität marginalisiert werden. Die Praxis polyamoröser Beziehungen, mehr als eine*n Partner*in zu haben, stellt die Zwangsmonogamie und die staatlichen Vorstellungen von einer angemessenen oder normalen sozialen Beziehung infrage. Polyamorie ist nur eine der Praktiken, die aus dem Prozess des Nachdenkens über Beziehungsformen, die (wenn auch nicht automatisch) queere und anarchistische Aspekte verkörpern, resultieren können. BDSM ermöglicht die Destabilisierung von Machtverhältnissen, indem die wirklichen Machtverhältnisse in einer konsensualen, ausgehandelten Situation durchführt und dekonstruiert werden. Queer-heterosexuelle Praktiken erlauben die Fluidität des Geschlechts und sexueller Praktiken innerhalb heterosexueller Beziehungen. Obwohl das Ausüben dieser Beziehungsformen nicht per se revolutionär ist, können wir aus diesen Praktiken lernen, wie neue Konzepte sozialer Beziehungen geschaffen und vor allem die normative Indoktrination der beschränkten und hierarchischen Sexualkultur unserer Gesellschaft infrage gestellt werden können.

Polyamorie als queer-anarchistische Praxis

Polyamorie bezieht sich auf die Praxis, offen und ehrlich mehr als eine intime Beziehung gleichzeitig zu führen, mit dem Wissen aller Teilnehmenden. Dazu gehören Beziehungen wie swingen, friends with benefits und offene Beziehungen. Der offene und ehrliche Aspekt der Polyamorie verweist auf die anarchistische Vorstellung von freiwilliger Assoziation und gegenseitiger Hilfe. Polyamorie ermöglicht freie Liebe in einer Weise, die monogame Vorstellungen von Sexualität nicht zulassen. Emma Goldman schreibt in *Ehe und Liebe*: »Der Mensch kann Gehirne kaufen, aber nicht für alles Geld der Welt ist Liebe käuflich. Der Mensch hat Körper unterworfen, aber keine Macht der Welt kann die Liebe unterwerfen. Der Mensch hat ganze Nationen erobert, aber keine Armee konnte die Liebe erobern. [...] Die Liebe hat also die magische Kraft, einen Bettelmann zum König zu machen. Ja, Liebe ist frei; anders kann sie nicht existieren. In der Freiheit zeigt sie sich uneingeschränkt, reichlich und in ihrer ganzen Schönheit.« [11]

In freier Liebe sind die anarchistischen Vorstellungen der gegenseitigen Hilfe enthalten. Um zu einem früheren Punkt zurückzukehren: Polyamorie als Form hinterfragt die Auffassung des*der eigenen Partner*in als Besitz oder Eigentum. Anstatt exklusive Besitzansprüche an eine*n Partner*in zu stellen, ermöglicht Polyamorie, Liebe mit so vielen Partner*innen zu teilen, wie sich damit einverstanden erklären. Im Gegensatz zur Zwangsmonogamie kann Polyamorie mehr als eine*n Partner*in zulassen, die Vorstellungen einer normalen / natürlichen Beziehung infrage stellen und eine queere Form der Beziehung vermitteln. In unseren Gesetzen und Institutionen ist das Konzept der Zwangsmonogamie weit verbreitet. Die Erwartung und der Druck, sich der Monogamie anzupassen, werden mittels der Gewährung materieller und gesellschaftlicher Vorteile aufgewogen. Damit soll nicht behauptet werden, dass diejenigen, die monogame Beziehungen bevorzugen, weniger frei seien als ihre polyamorösen Pendants. Die Kritik an der Herausbildung der Monogamie als obligatorischer Beziehungsform beinhaltet keine Bewertung individueller romantischer / sexueller Praktiken.

Polyamorie kann auch staatliche Vorstellungen von Besitz und Eigentum infrage stellen. Die Ehe als Institution ist mit der Vorstellung von heterosexueller Reproduktion und Patriarchat verknüpft. Die Arbeiten von Sara Ahmed können dazu genutzt werden, Polyamorie weiter zu konzeptualisieren. »Über die Politik der ›Lebenslinien‹ nachzudenken, hilft uns gewissermaßen, die Beziehung zwischen dem Erbe (den Linien, die uns als Ausgangspunkt im familiären und sozialen Raum gegeben wurden) und der Reproduktion (der Aufforderung, dass wir das Geschenk zurückgeben, indem wir diese Linie verlängern) zu überdenken. Wir reproduzieren nicht automatisch, was wir ererbt haben, und auch, dass wir unser Erbe in Besitztümer umwandeln, verläuft nicht automatisch. Wir müssen den Druck, der solche Umwandlungen erzwingt, in den Blick nehmen.«[12] Ihre Analyse zeigt, wie das Konzept der Polyamorie Ideen von Erbe und Besitz infrage stellen kann. Polyamorie erlaubt eine Vielzahl von Partner*innen und ist nicht notwendigerweise in der gleichen Weise auf heterosexuelle Reproduktion ausgerichtet, wie die Ehe als staatliche Institution. Auf diese Weise kann Polyamorie Reproduktion und Erbschaft durch die Schaffung neuer Familien- und Beziehungsformen unterbrechen, die nicht von sexuellem Eigentum ausgehen und die nicht Teil der staatlich durchgesetzten und überwachten Beziehungen sind.

Aufruf zur sexuellen Befreiung

Du könntest dich fragen, inwiefern Polyamorie für dich relevant ist, wenn du nicht daran interessiert bist, diese zu praktizieren. Worin liegt der Sinn einer Kritik der Monogamie, wenn ich in einer glücklichen monogamen Beziehung lebe? Indem wir die Queer-Theorie in unser Schlafzimmer und auf die Straße bringen, können wir unseren Kampf um Befreiung um eine neue Perpektive erweitern, die zuvor nicht bedacht wurde, aber notwendig ist. Wenn Menschen, die in glücklichen monogamen Beziehungen leben, die Geschichte der sexuellen Repression in diesen Beziehungen betrachten, können sie verstehen, was es bedeutet, trotz dieser Geschichte sexuell befreit zu sein. Auch wenn sie sich weiterhin für monogame Beziehungen entscheiden. Wir können uns von den einengenden und willkürlichen Geschlechternormen und Erwartungen nicht nur in unseren romantischen Beziehungen, sondern auch in unserem Alltag befreien. Die Queer-Theorie eröffnet den Raum, um mit unserem Gender zu spielen und über es hinauszugehen, um die Grenzen der Identitätspolitik zu hinterfragen und somit in den Blick zu nehmen, dass Sexualität und andere Identitäten nicht stabil sind noch sein müssen. Sexualität kann fluide sein und in vielfältiger Weise Ausdruck finden.

Wir wollen mehr als die alleinige Befreiung der Klassen. Wir wollen uns von bürgerlichen Erwartungen – verheiratet sein zu müssen, in binären Kategorien von Männern und Frauen und in starren normativen Rollen leben zu müssen, der Monogamie – befreien. Wir sollten für unsere transgender Freunde und Genoss*innen für einen freien Genderausdruck und für freie, einvernehmliche Sexualität und Liebe kämpfen. Dieser Kampf findet nicht nur auf der Straße statt. Er findet in unseren Toiletten und Badezimmern statt, in denen trans und andere den binären Geschlechtern nicht entsprechende Menschen nicht anerkannt, sondern binäre Geschlechternormen verfestigt werden, die Fluidität von Geschlechtsidentitäten ignoriert wird und trans Menschen in einem Prozess des Otherings zu dem anderen Geschlecht werden. Der Kampf findet in unseren Familienstrukturen statt, die die bürgerliche Ordnung in unseren Leben aufrechterhalten. Er findet in den Diskursen über Sexualität statt, wo Sexualität aus einer westlichen, medizinischen, biologischen Perspektive betrachtet wird. Er findet in unseren Bewegungen und Versammlungen statt, in denen kritische Stimmen, die nicht heterosexuell, *weiß* und cismännlich sind, marginalisiert werden. Wir sollten neue, verschiedene Lebensweisen schaffen, die queere Seins- und Beziehungsformen miteinbeziehen.

Die sexuelle Befreiung sieht für jede*n Einzelne*n anders aus. Meiner Meinung nach ist es befreiend, in einem konsensuellen Rahmen einvernehmlich von einem Freund gefesselt und gepeitscht zu werden. Jemanden zu küssen oder zu umarmen, mit dem du vorher behutsam einen Konsens ausgehandelt hast, kann enorm befriedigend sein. In einer offenen, ehrlichen, polyamorösen Beziehung zu leben, war bisher eine der befreiendsten romantischen Beziehungserfahrungen meines

Lebens. Allerdings ist die sexuelle Befreiung eine zutiefst subjektive Erfahrung. Die Auffassung der Polyamorie als queer-anarchistische Praxis beinhaltet selbst problematische binäre Kategorien und potenziell auch eine neue >Norm<, dass Polyamorie der Monogamie und anderen heteronormativen Beziehungen überlegen sei.

Um auf Ahmed zurückzukommen: Entscheidend in der Betrachtung neuer Beziehungsformen ist, eine Umgestaltung voranzutreiben. Dies sollte berücksichtigt werden, wenn wir neue Weisen, uns aufeinander zu beziehen, entwickeln, die das Patriarchat,[13] den Kapitalismus und die Heteronormativität herausfordern. Wir müssen unsere Ideen darüber, wie eine anarchistische Sexualpraxis aussieht, erweitern und sicherstellen, dass die Zerschlagung von Geschlechternormen, die Überzeugung, dass Sexualität und Geschlecht fluide, instabile Kategorien sind, und die Kritik am Zwang zur Monogamie ebenso sehr Teil unserer anarchistischen Praxis sind, wie die Infragestellung konventioneller Beziehungen. Wir sollten so leben, arbeiten und uns organisieren, dass wir bewusst eine neue Kultur aufbauen, die Patriarchat und Heteronormativität entgegensteht. Diese Arbeit ist von grundlegender Bedeutung für unsere gemeinsame Befreiung vom Kapitalismus – aber auch von Patriarchat, Heteronormativität und restriktiven und zwanghaften sexuellen Erwartungen aller Art.

Übersetzt von Tobias Brück

---

1 >Cisgender< ist ein Begriff, der sich auf Personen bezieht, die eine Geschlechtsidentität haben, die ihrem bei der Geburt zugewiesenen Geschlecht entspricht. Zum Beispiel ist eine cisgender Frau eine Frau, der bei der Geburt das weibliche Geschlecht zugewiesen wurde und die sich mit diesem identifiziert. Dieser Begriff wird manchmal als konträr zum Begriff transgender verwendet.

2 Newman, Saul (2007): Anarchism, Poststructuralism and the Future of Radical Politics. SubStance (36) (2), S.4.

3 ebd.

4 ebd., S. 6.

5 Laqueur, Thomas (1992): Auf den Leib geschrieben. Die Inszenierung der Geschlechter von der Antike bis Freud. Frankfurt am Main / New York: Campus, S.172.

6 ebd.

7 ebd., S. 177.

8 ebd., S. 207.

9 ebd., S. 181.

10 Landauer, Gustav (1910): Schwache Staatsmänner, schwächeres Volk! In: Der Sozialist, 15.06.1910, abrufbar unter: http://raumgegenzement.blogsport. de/2009/10/08/gustav-landauer-schwache-staatsmaenner-schwaecheres-volk-1910/ (Zugriff 08.05.2017).

11 Goldman, Emma (2013): Anarchismus & anderen Essays. Münster: Unrast Verlag. S. 199.

12 Ahmed, Sara (2006): Queer Phenomenology: Orientations, Objects, Others. Durham: Duke University Press. S. 17.

13 Das ›Patriarchat‹ ist ein Herrschaftssystem, welches sich in Institutionen und anderen Formen sozialer Organisationen äußert und das Männer priveligiert und ihnen Macht über Frauen und Menschen, die nicht cisgender sind, zusichert.

Diana C. S. Becerra

Sex and the City: Von liberaler Politik zu einer ganzheitlich revolutionären Praxis[1]

Ich war gerade unterwegs in Downtown New York City, um die Bahn nach Harlem zu nehmen, als ich eine lange Schlange enthusiastischer Fans bemerkte, die vor einem Kino auf den neusten Streifen warteten: *Sex and the City 2*. Das weckte in mir Erinnerungen an mein erstes Jahr am City College und an die Nächte, die ich mit meinen Freundinnen damit verbrachte, alte Folgen von *Sex and the City* zu schauen. Ein wenig angetrunken erzählten wir von unserem eigenen Sexleben und verglichen es mit den meist aberwitzen Szenarios der jeweiligen Episode. Unsere Erfahrungen waren im Gegensatz zu denen der vier glamourösen Hauptcharaktere von offensichtlichen ethnischen und sozialen Differenzen geprägt. Wir waren drei Frauen of Color, die in typischen Familienrestaurants mit – meistens viel zu lauter – Bachata- und Salsa-Musik essen gingen und billiges Bier statt teuren Cocktails tranken (es sei denn zum halben Preis während der Happy Hour).

Sex and the City war so einflussreich, dass Natasha Walter, Autorin von *The New Feminism*, nicht umhin konnte zu bemerken: »Ich glaube nicht, dass in Zukunft jemand über den Status der Frauen in den USA zur Jahrtausendwende schreiben können wird, ohne sich ein paar alte *Sex and the City*-Folgen anzuschauen und zu würdigen, wie die Single-Frauen Manhattan eroberten«.[2] Aber *welche* Frauen, welcher Ethnie, Klasse und sexuellen Orientierung und auf welchen Straßen Manhattans? Kim Akass von der London Metropolitan University befand, dass die Serie Frauen eine Sprache gegeben habe, »mit der sie über ihre Erfahrungen und Freundschaften sprechen können«. Pepper Schwartz, Soziologie-Professorin an der University of Washington behauptete, Sex and the City sei »eine Gezeitenwende in der Art und Weise, wie Frauen über Sexualität sprechen«.[3] Wie gestaltet sich die Diskussion über Sex in *Sex and the City*? Wie befreiend und inklusiv sind diese Sexgespräche wirklich? Welche Bedingungen schafft die Serie für das Verständnis unseres Gender- und Sexlebens?

Dass die meisten von uns sich einen so glamourösen Lebenswandel, wie er in der Serie gezeigt wird, nicht leisten können, ist offensichtlich, vor allem in den derzeitigen ökonomischen Krisenzeiten: Viele haben ihre Jobs und ihre Häuser verloren, können ihre Rechnungen, Schulgebühren usw. nicht mehr bezahlen. Da die Serie das Leben der Reichen glorifiziert und die Kultur der Arbeiterklasse völlig verschmäht, mögen manche progressive Menschen sie gänzlich abschreiben und für dumm und irrelevant erklären. Weniger kritische Mitmenschen sehen sie hingegen eher als pure Unterhaltung und meinen, sie hätte nichts mit Politik zu tun. Wir müssen uns aber der Versuchung erwehren, die populäre Kultur abzuschreiben. Sie verbreitet und verstärkt viele Werte, die als >normal< und >natürlich< angesehen werden. Das macht sie zu einem mächtigen Werkzeug, mit dem sich die öffentliche Meinung darüber beeinflussen lässt, welche Beziehungen akzeptabel sind und welche nicht.

Indem die Serie die institutionalisierten gesellschaftlichen und materiellen Privilegien von Elite-Frauen verherrlicht, unterwandert sie ihre dezent progressiven Werte. Geprägt durch die Philosophie des liberalen Feminismus, normalisiert *Sex and the City* die Unterdrückung der meisten Frauen und Männer. Der liberale Feminismus hat sich schon immer durch das reformistische Ziel ausgezeichnet, ethnisch und finanziell privilegierte (cisgender) Frauen in dominanten Institutionen zu etablieren. Um einen Schritt in Richtung Freiheit zu tun, müssen wir verstehen, wie unterdrückerische Verhältnisse in unserer Gesellschaft entstehen und verstärkt werden. Von unserer persönlichen Komplexität ausgehend, müssen wir begreifen, wie unterschiedliche Arten von Privilegien und Unterdrückung sich überschneiden und verstärken, sowohl in den Erfahrungen anderer als auch in unseren eigenen. Damit wird es uns eher gelingen, eine unterdrückerische Sexualität holistisch zu dekonstruieren und die Bedingungen für eine befreiende Sexualität zu erschaffen.

Von Gucci zu Gramsci

Unterdrückerische Systeme werden durch die (oft erzwungene) Mitwirkung der Unterdrückten aufrechterhalten. Aber wie ist das möglich? Was zwingt uns dazu, Verhältnisse und Systeme zu unterstützen, die unsere Bezugsgruppen und uns selbst unterdrücken? Genau das hat sich der italienische Revolutionär Antonio Gramsci in den 1920er- und 1930er-Jahren gefragt. Er entwickelte das Konzept der ›Hegemonie‹, um den Prozess zu verstehen, in dem die Arbeiterklasse so sozialisiert wird, dass sie in ihrem Denken und Handeln dem dominanten Diskurs der Eliten folgt. Mit dem Aufstieg nationaler, feministischer und sexueller Befreiungsbewegungen im späteren 20. Jahrhundert weiteten viele Revolutionäre das Konzept der Hegemonie auf ethnische, geschlechtsspezifische und sexuelle Unterdrückung aus.

Zwar besitzen wir alle Macht, doch manche Gruppen besitzen eindeutig mehr Macht über ihr eigenes und leider auch über das Leben (und den Tod) anderer. Das Konzept der Hegemonie ist von Nutzen, um zu erkennen, wie privilegierte Gruppen diese Macht erhalten. Hegemonie wird vor allem durch Institutionen (Ehe, Arbeit, Schule, Militär usw.) aufrechterhalten, die den Menschen beibringen, die vorherrschenden Meinungen, Werte, Rollen und Denkweisen ihrer Gesellschaft und ihrer Unterdrücker*innen zu akzeptieren und sich mit ihnen zu identifizieren. Den Erfolg der Hegemonie kann man daran messen, wie wenig sich die Unterdrückten Alternativen vorstellen können – dass sie glauben, ihr Elend sei natürlich oder sogar gerecht. Zum Glück hat die Hegemonialmacht privilegierter Gruppen ihre Grenzen. Trotz unserer intensiven Sozialisierung sind wir als menschliche Wesen noch immer dazu fähig, unsere Lebensbedingungen zu hinterfragen und Alternativen zu erschaffen.

Eine Einführung in Sex (and the City)

Um die Serie in Bezug auf Hegemonie untersuchen zu können, müssen wir uns erst einmal mit der Handlung vertraut machen. *Sex and the City* porträtiert das fabelhafte Leben von vier (elitären, *weißen*, reichen, heterosexuellen, schlanken) Single-Frauen in New York City Ende der 90er- bis Anfang der 2000er-Jahre. Die Hauptfigur, Carrie Bradshaw (gespielt von Sarah Jessica Parker), schreibt eine gewitzte Sex-Kolumne für die fiktionale Zeitung *New York Star*. Carrie nutzt ihr eigenes Liebesleben, die Erfahrungen und Perspektiven ihrer Freundinnen Samantha Jones,

Charlotte York und Miranda Hobbes sowie die Dating-Szene Manhattans als Inspiration und journalistischen Stoff. Die Sex-Kolumne dient Carrie als Raum für Fragen und unverblümte Zweifel an der Suche nach ›Mr. Right‹, der Ehe und dem Kinderkriegen. Carries geständige Diskussionen über Sex und Beziehungen bringen die vier Figuren dem Publikum näher.

Einer der attraktivsten und kontroversesten Aspekte der Serie war ihr offener Umgang mit dem Thema Sex. Wie es in der Serie heißt, haben Frauen das Recht auf großartigen Sex und auch das Recht, überall darüber zu sprechen! Kein gesellschaftlicher Raum New York Citys bleibt außen vor. In *Sex and the City* wird einfach alles, von der Karriere bis zum Cunnilingus, bei teuren Cocktails und Zigaretten diskutiert. Und natürlich Sex, alle Arten von Sex – guter Sex, schlechter Sex, Sex, bei dem dein Kopf gegen den Bettpfosten stößt, atemberaubender (Ich-hatte-einen-Orgasmus-)Sex – werden in aberwitzigem Detail diskutiert. Zwar konzentriert sich die Serie hauptsächlich auf heterosexuellen Sex, jedoch hat auch nicht-heterosexueller Sex einige Gastauftritte, ob in Form von Samanthas kurzer Beziehung zu der brasilianischen Künstlerin Maria Diega Reyes oder in der problematischeren Form von Samanthas herablassender Interaktion mit ein paar Schwarzen transgender Sexarbeiter*innen.[4] Während *Sex and the City* Einsichten in das Leben reicher homosexueller Männer und Frauen bietet, wird in der Serie oftmals eine binäre Sicht auf männlich / weiblich / homo / hetero vermittelt. Wie Charlotte einmal bezüglich sexueller Identitäten kommentiert: »Ich halte von Etiketten sehr viel. Schwul, normal – wähl eine Seite aus und halte dich daran.« (»Junge, Mädchen, Junge, Mädchen«). Diese heterosexistische Bemerkung betrachtet Sexualität als unveränderlich und verweigert Menschen, vor allem queeren und transgender Personen, das Recht, eine Identität anzunehmen, die fernab des binären Systems liegt.

Da Hegemonie ein Herrschaftsprozess ist, bleibt etwas Raum, um die Erwartungen und Rollenbilder, die bestimmten Gesellschaftsgruppen anhaften, zu hinterfragen oder zu verneinen. Durch Humor stellt *Sex and the City* die häuslichen Rollen finanziell privilegierter Frauen infrage. Die Serie zeigt eine neue Kultur, in der Frauenfreundschaften, finanzielle Unabhängigkeit, weibliches sexuelles Empowerment, Individualität und Entscheidungsfreiheit hochgehalten werden. Diese Art des Hinterfragens sehen wir in Sex and the City. Die vier weiblichen Charaktere verhöhnen die Erwartungen, die normalerweise an Single-Frauen in den Dreißigern gestellt werden; romantische Fantasien und Vorstellungen von Liebe werden einem konstanten Bewertungsprozess unterzogen. Samantha lehnt Monogamie ab, ist »prosexuell« (»ich *pro*biere alles einmal aus«) und verteidigt leidenschaftlich das Recht einer jeden Frau, beim Sex zum Orgasmus zu kommen. Sie verkündet stolz: »Bitte, ich geb zu, dass ich ein- oder zweimal genötigt war, selber mit zuzugreifen, aber ja, wenn ich eine Zusage zu einer Party gebe, ist es mein Prinzip, auch zu kommen«. Samantha ist die Antithese zum weiblichen Stereotyp, der verzweifelt auf der Suche nach einer monogamen Beziehung ist. Eine weitere führende Kritikerin ist Miranda, die in sarkastischem Ton die doppelten Standards für Männer und Frauen in Bezug auf beispielsweise Sex, finanzielle Unabhängigkeit, das Älterwerden oder Schönheit hinterfragt. Miranda steht vor allem romantischen Fantasien kritisch gegenüber: »Seelenverwandte gibt es einzig und allein in der Glückwunschkartenreihe von Schreibwarengeschäften«. Sie kritisiert ihre Freundinnen sogar für ihre oftmals obsessiven Gespräche über Männer, ein Thema, das einen Großteil der gemeinsamen Zeit der Frauen einnimmt: »Alles, worüber wir miteinander sprechen, ist Big [Carries Ex-Freund] oder Pauls Eier oder James' kleiner Schwanz. Wie kann es sein, dass vier so kluge Frauen wie wir kein anderes Thema haben als ihre Freunde? Das ist wie in der siebten Klasse – nur mit Bankkonto. Was ist mit uns? Was wir denken, wir fühlen, wir wissen? Herrgott! Wieso dreht es sich immer nur um die Typen?«

Miranda äußert ihre Frustration darüber, dass sie ihr Glück daran messen soll, wie ›erfolgreich‹ (von Dauer und auf die Ehe zuführend) ihre Beziehungen zu Männern sind, statt an ihrem Erfolg als Wirtschaftsjuristin, der ihr Selbstwertgefühl und finanzielle Unabhängigkeit verschafft. Die ständige Diskussion über Männer wird zur stereotypischen Obsession junger Mädchen parallelisiert. Insgesamt hält die Serie die Macht der Frauenfreundschaft hoch und hinterfragt die Idee, dass Frauen völlig auf Männer angewiesen seien, um ihre emotionalen

Bedürfnisse zu befriedigen. Sie stellt die Idee infrage, dass »man niemand ist, bis man jemanden hat«. Wie Michael Patrick King, Produzent der Serie, sagt: »Wir sagen das, was niemand jemals zu Singles in den Dreißigern sagen würde: ›Vielleicht ist dein Leben besser als das der Verheirateten.‹«[5]

Obwohl Charlotte, eine der Hauptfiguren, unbedingt heiraten will, demonstriert *Sex and the City* oft, dass man sein Glück auch abseits der Ehe finden kann und dass nicht alle Frauen eine monogame Beziehung wollen oder Kinder bekommen müssen, um ein erfülltes Leben zu haben. Dem entspricht, dass radikale Stimmen der LGBTQ-Bewegung schon lange fordern, dass die Ehe weder gesetzlich noch wirtschaftlich oder gesellschaftlich über anderen Beziehungsformen stehen sollte.[6] Unser Gesellschaftskonzept sollte die vielfältigen Arten, wie Menschen ihre einvernehmliche Liebe ausleben und Gemeinschaften jenseits von Herrschaft aufbauen, anerkennen, respektieren und materiell unterstützen. Die Mehrheit der Menschen, ungeachtet ihres sozialen oder biologischen Geschlechts, lebt nicht in einer traditionellen Kleinfamilie.[7] Das trifft vor allem auf queere, People of Color- und Arbeiterklasse-Gemeinden zu, in denen erweiterte Familien- und Freund*innen-Kreise benötigt werden; in den letzten beiden Arten von Haushalten gibt es besonders viele alleinerziehende Mütter.

Auseinandersetzung mit Unterdrückung

Mit ihren ›persönlichen Entscheidungen‹ stellen die vier Charaktere in *Sex and the City* Geschlechterrollen infrage. Doch wie wird ›Empowerment‹ definiert? Charlotte rechtfertigt ihre Entscheidung, ihren Job zu kündigen und Hausfrau zu werden, folgendermaßen: »In der Frauenbewegung dreht es sich vor allem um die freie Wahl. Und wenn ich entscheide, meinen Job aufzugeben, dann ist das eben meine Wahl. [...] Es ist mein Leben und meine Wahl! [...] Ich wähle meine Wahl! Ich wähle meine Wahl!«[8]

Während alle Eltern das Recht haben, über die nötigen Ressourcen zu verfügen, um ihre Kinder großzuziehen, befinden sich die meisten Frauen nicht in der Position, Charlottes Entscheidung zu treffen. Jedwedes politische Projekt zur ›Wahlfreiheit‹ sollte kritisch die Optionen beleuchten, die den Menschen offenstehen. Für die Mehrheit sind diese begrenzt, ja geradezu beklemmend. Während wir also um das Grundrecht jedes Menschen auf seine eigenen Entscheidungen, vom Schlafzimmer über den Arztbesuch bis hin zum Arbeitsplatz, kämpfen, müssen wir einsehen, dass institutionalisierte Privilegien manchen Menschen mehr Wahlmöglichkeiten einräumen als anderen und zwar direkt oder indirekt auf Kosten anderer. Die individuelle Entscheidungsfreiheit als einziges Mittel des Widerstands wird stets von hierarchischen Institutionen eingeschränkt, die uns und anderen bedeutsame Entscheidungen verweigern. Obwohl er über *weiße* Privilegien spricht, sind Elemente aus Tim Wises folgender Definition auch nützlich für den Diskurs über geschlechts- und klassenspezifische Privilegien:

> *Weiße* Privilegien sind alle Vorteile, Möglichkeiten, Chancen und der generelle Schutz vor sozialer Benachteiligung, die als *weiß* geltende Menschen typischerweise genießen, andere jedoch nicht. Diese Vorteile können materiell sein (wie etwa bessere Chancen auf dem Arbeitsmarkt, ein größeres Vermögen, da Weiße historisch gesehen immer in der besseren Position gewesen sind, um Vermögen anzuhäufen, als People of Color) oder sozial (wie etwa Vorurteile über Kompetenz, Kreditwürdigkeit, Gesetzestreue, Intelligenz usw.) oder psychologisch (wie die Tatsache, dass man sich keine Sorgen machen muss, mit negativen Stereotypen assoziiert zu werden, Racial Profiling zum Opfer zu fallen oder sich fehl am Platz zu fühlen usw.).[9]

Sex and the City definiert soziale Befreiung im Rahmen der Privilegien reicher, *weißer*, cisgender Frauen, also Frauen, die die Identität performen, welche ihnen bei der Geburt zugeschrieben wurde. In einem gentrifizierten Apartment zu leben, Schuhe für 495 Dollar zu kaufen, zu heiraten, eine ausländische Kinderfrau einzustellen, wird als die Verkörperung feministischer Befreiung dargestellt. Doch inwiefern verstärkt dieser Lobgesang auf die *weiße* weibliche Schönheit und Femininität, den glamourösen Lebensstil und Wohlstand die Unterdrückung der Frauen aus der Arbeiterklasse, Frauen of Color und LGBTQ-Personen? Während *Sex and the City* die sexuell selbstbewusste Frau würdigt und oftmals den Sexismus kritisiert, mit dem reiche Frauen auf der Vorstandsebene konfrontiert sind, stellt die Serie letztlich die Errungenschaften reicher *weißer* Frauen als Beweis für die Erfolge aller Frauen dar. Geprägt vom liberalen Feminismus, preist die Serie Frauen an, die machtvolle Positionen in dominanten Institutionen einnehmen. Die einzelnen Frauen, die in diese elitären Sphären eintreten, werden als natürliche Verfechterinnen der Frauenrechte dargestellt.

Der Kampf gegen Sexismus besteht nicht nur aus individuellem Widerstand gegen geschlechtsspezifische Stereotype; es geht vielmehr darum, das institutionalisierte System des Sexismus aufzulösen und damit einhergehend auch andere Unterdrückungssysteme. *Sex and the City* geht davon aus, dass alle Frauen Sexismus auf die gleiche Weise erfahren, obwohl man offensichtlich nur die Erfahrungen reicher, *weißer*, vorwiegend heterosexueller Frauen der Darstellung würdig erachtet hat. Frauen wie Miranda oder Samantha schaffen es aufgrund ihrer sozialen und ethnischen Herkunft, die Karriereleiter zu erklimmen. Während in der Serie also Mirandas Position als Wirtschaftsjuristin angepriesen wird, erfährt man nichts über Magda, die ukrainische Haushälterin, deren häusliche Arbeit erheblich zu Mirandas Erfolg beigetragen hat.

Miranda und Magda sind Beispiele dafür, welchen Einfluss die soziale Herkunft und der Nationalstatus einer Frau auf ihre genderspezifischen Erfahrungen haben. Viele reiche, *weiße* Frauen können es sich leisten, sich von der klassischen häuslichen Rollenverteilung freizukaufen. Solche Mittel- und Oberschichtsfamilien verlassen sich auf Haushaltshilfen, die ihre Kinder hüten, ihre Häuser sauber halten und alle anderen Hausarbeiten erledigen. Die meisten dieser Haushaltshilfen sind arme Frauen of Color (oftmals illegale Immigrantinnen), die zu viel arbeiten und weniger als den Mindestlohn verdienen, während ihre Arbeitgeber*innen *weiße* US-amerikanische, finanziell privilegierte Gutverdiener*innen sind.[10]

Man sollte beachten, dass Kapitalismus, Heteropatriarchat und *weiße* Vorherrschaft auf der Grundlage von unbezahlter Arbeit und Hungerlöhnen seitens der Mehrheit der Frauen funktionieren; diese Tatsache spielt eine mehr als wichtige Rolle im Zeitalter des globalen Neoliberalismus, wo Privatisierung, Militarisierung und der privilegierte Zugang von Unternehmen zu billiger Arbeitskraft und natürlichen Ressourcen die Regel sind. Auf globaler Ebene werden die neoliberalen Interessen der westlichen Eliten durch Dekrete oder Kugeln durchgesetzt – von verheerenden >Freihandels<-Abkommen bis hin zu durch die USA finanzierte repressive Regierungen und Besatzungen – und davon sind überwiegend nicht-*weiße* Frauen und Kinder betroffen. Die Logik und Praxis der Militarisierung werden von Rassismus und Heterosexismus begleitet. Die Befürworter*innen des Kriegs machen sich bestehende rassistische und sexistische Ideen zunutze, um Zivilist*innen zu entmenschlichen und ihre Kreuzzüge zu rechtfertigen. Die Zivilist*innen werden bestenfalls als schwache und ethnisch minderwertige Völker angesehen, die patriarchischen Schutz nötig haben, und schlimmstenfalls als >legitime< Zielscheiben für Gewalt, oftmals sexueller Natur. Auf nationaler Ebene sehen wir immer größere Steuererleichterungen für Millionär*innen und Konzerne und Milliardenausgaben für Kriege, während dringend benötigte Sozialleistungen alarmierend unterfinanziert sind. Die Angriffe auf die Sozialleistungen – zum Beispiel Kinderbetreuung, Gesundheitsversorgung, Familienplanung, Mutterschutz, öffentliche Bildung und sozialer Wohnraum – laden eine gesellschaftliche und staatliche Verantwortung auf den Rücken einzelner Frauen. So wird die klassische Rollenverteilung aufrechterhalten und viele Frauen und ihre Familien werden in die Armut gedrängt. Wie das Beispiel von Miranda und Magda zeigt, haben nicht alle Frauen Zugang zu denselben Ressourcen, um diese Auswirkungen abzumildern. Um die Verantwortung von der aktuellen Politik und den Institutionen abzulenken, die für die Ungleichheit verantwortlich sind, schieben Politiker*innen die Schuld gerne >degenerierten< Identitäten und Beziehungsformen marginalisierter Gruppierungen zu – beispielsweise alleinerziehenden Eltern oder polyamoren oder nicht-heterosexuellen Verbindungen.

Die Hierarchien unter Frauen demonstrieren, dass Ethnie, Klasse und Sexualität eine vergleichbar wichtige Rolle bei der Festlegung der Unterdrückung der Frau und der patriarchalen Privilegien des Mannes spielen. Kurz: Es werden nicht alle Frauen gleichermaßen vom Patriarchat unterdrückt und nicht alle Männer profitieren gleichermaßen vom Sexismus. Wenn wir das nicht einsehen, treiben wir die Ausbeutung der marginalisierten Bevölkerung voran. In ihrem Klassiker *Feminist Theory: From Margin to Center* schreibt bell hooks: »*Weiße* Frauen und Schwarze Männer sind jeweils beide Seiten der Medaille. Sie können unterdrücken oder unterdrückt werden. Schwarze Männer können dem Rassismus zum Opfer fallen, doch der Sexismus erlaubt es ihnen, Frauen auszubeuten und zu unterdrücken. *Weiße* Frauen können Opfer von Sexismus werden, doch der Rassismus macht sie dazu fähig, Schwarzen Menschen gegenüber als Ausbeuterinnen aufzutreten.«[11]

Dem lässt sich hinzufügen, dass Heterosexuelle jeglicher Hautfarbe die Unterdrückung von queeren und trans Menschen vorantreiben können. Damit Ungleichheit nicht reproduziert wird, sollten soziale Bewegungen also die unterschiedlichen Erfahrungen unterdrückter Bevölkerungsgruppen wahrnehmen und sich von deren Perspektiven, Forderungen und Visionen leiten lassen.

Revolution: Ein Kampf, der niemals aus der Mode kommt

Der liberale Feminismus, von dem *Sex and the City* geprägt ist, kann auf die strukturelle Natur der Unterdrückung der Frau nicht eingehen, weil er die Privilegien elitärer Frauen auf Kosten anderer ausweitet. Radikale soziale Bewegungen müssen eine der unangefochtensten Annahmen liberaler Bewegungen infrage stellen: dass die Eingliederung in dominante Institutionen an sich eine Art der sozialen Befreiung sei. Angesichts etlicher Vergewaltigungs- und Folterskandale in Militär und Gefängnissen, ganz zu schweigen von den vielen US-amerikanischen Kriegen in Übersee, bedeutet die Aufnahme von Frauen, People of Color, LGBTQ-Leuten und illegalen jungen Immigrant*innen in extrem frauenverachtende, rassistische und kapitalistische Institutionen wie Konzerne, das Militär oder die Polizei eine Entscheidung über Leben und Tod. Wie die Gefängnisgegnerin Angela Davis warnt, bietet die Einbeziehung in repressive Institutionen marginalisierten Bevölkerungsgruppen »dieselbe Chance, männliche Dominanz und Rassismus aufrechtzuerhalten«, und man könnte noch Klassenunterdrückung, Imperialismus sowie Umweltzerstörung hinzufügen.[12]

Unsere Befreiung vom Heteropatriarchat ist eng verbunden mit dem Kampf gegen Rassismus, Kapitalismus und den autoritären Staat. Das bedeutet, dass unsere Bewegungen sich damit auseinandersetzen müssen, wie Systeme der Unterdrückung – Kapitalismus, Heteropatriarchat und *weiße* Vorherrschaft – sich überschneiden und gegenseitig reproduzieren. Eine soziale Bewegung, die eine Form der Unterdrückung über eine andere stellt, übersieht die Macht der Hegemonie.[13] Kurz: Eine verkürzte Analyse verfehlt die Tatsache, dass Privilegien und Unterdrückung für die bestehenden Institutionen und Identitäten unabdingbar sind.

Eine revolutionäre Praxis und das Verhältnis zwischen Theorie und Praxis kann man nur durch die Partizipation in Graswurzelbewegungen entwickeln. Durch den Kampf entstehen unser Bewusstsein und unsere Vorreiterrolle; wir bilden uns selbst und andere; und wir zeigen die Welt auf, in der wir leben wollen. Wir bauen also eine Macht des Volkes auf und eine kritische Masse, um die Machtstrukturen zu verändern. Zwar wollen wir die Autorität des Staates dezentralisieren, jedoch müssen wir im Moment noch die staatlichen Institutionen nutzen, um den Zugang zu wichtigen Sozialleistungen zu demokratisieren. In bestimmten Kontexten sind vielleicht sogar Wahlkampfstrategien angemessen, um eine progressive Politik voranzutreiben. Das war sicherlich der Fall beim Aufstieg einiger Volksbewegungen und progressiver Regierungen in Lateinamerika. Während aber die Volksbewegungen innerhalb bestehender Institutionen darum kämpfen, das tägliche Leben vieler Menschen zu verbessern, sollten diese Institutionen, die überhaupt erst für die schlechten Lebensbedingungen verantwortlich sind, nicht von Kritik verschont bleiben. Man könnte auch sagen, unser Kampf endet nicht mit der Durchsetzung einer einzelnen Reform, sondern wir müssen die Ursachen von Unterdrückung bekämpfen.

Der Kampf gegen Unterdrückung ist ein kollektiver Kampf, der auf der Ebene von Ideologien und Institutionen ausgetragen wird. Dazu ist ein neues Bewusstsein nötig, das die Legitimität bestehender Ideen und Praktiken infrage stellt. Wir müssen unsere repressiven Rollen und Überzeugungen verlernen und stattdessen neue Wege erlernen, einander wertzuschätzen, zu respektieren und zu lieben. Neue Beziehungsformen erfordern wiederum neue Formen einer Gesellschaftsordnung. Der Kampf gegen sexuelle und geschlechtsspezifische Unterdrückung ist ein wichtiger Bestandteil des größeren Kampfes für eine neue Gesellschaft. Eine befreite Sexualität und Gesellschaft sind nur durch alternative Institutionen möglich, die demokratisch, dezentral, ermächtigend und partizipativ sind. Diese alternativen Institutionen sollten anderen Werten folgen: Liebe, Bestätigung, Einvernehmen, Respekt, Gerechtigkeit, Autonomie und Solidarität, um nur ein paar zu nennen. Das Projekt ›Anarchismus queeren‹ würde dann womöglich die populäre Kultur nicht nur analysieren, sondern sie neu ausrichten und verschiedene Kämpfe gegen Unterdrückung in der ganzheitlichen Vision eines Systemwandels vereinen.

Inspiriert von den demokratischen Revolutionen in Nahost und mit nichts als ihren Wertvorstellungen und Ideen bewaffnet, führten die New Yorker*innen, die den Zuccoti Park an der Wall Street besetzten, eine radikal andere Vision der ›City‹ vor Augen. Occupy Wall Street, die Bewegung gegen Zwangsvollstreckungen, die Opposition zur ›Stop-and-frisk‹-Praxis der Polizei, bei der Menschen auf der Straße willkürlich durchsucht werden, und andere Kämpfe für die Rechte von Frauen, Immigrant*innen, Arbeiterfamilien, Obdachlosen sowie trans und queerer Personen bringen ans Licht, was die Medien, von *Sex and the City* bis zu den Nachrichtensendungen, verschweigen: die krasse und wachsende ungleiche Wohlstandsverteilung, die New York zum US-Staat mit der größten Ungleichheit macht.[14] Gemeinden, die am Rande von *Sex and the City* existierten, – Gemeinden in Harlem, der Bronx, Queens, Brooklyn und Staten Island – sind die Hauptakteure, wenn es darum geht, die Eliten auf der anderen Seite der Polizeibarrikaden, in den Banken und Luxusapartments zur Verantwortung zu ziehen, die aus der Mehrheit ihren Profit schlagen. Aktuelle Bewegungen zeigen auch eine andere Vision von ›Sex‹ auf, in der Einvernehmen eine entscheidende Rolle spielt; in der Geschlechter fließend und nicht-hierarchisch sind; in der Frauen, trans und queere Personen sowie Sexarbeiter*innen ohne Angst die Straßen betreten können; in der Männer of Color nicht länger erschossen oder brutalisiert werden, um ›Recht und Ordnung‹ zu schaffen und ›uns‹ angeblich vor rassifizierten Kriminellen zu schützen; in der Gemeinden über die nötigen Ressourcen, wie Zeit, Raum und Güter, verfügen, um ihre Kultur auszuleben und zu erhalten. Der explosive Anstieg globaler Proteste seit 2011, von New York bis La Paz, von Kairo bis Tokio, zeigt, dass eine alternative Vision von ›Sex‹ und der ›City‹ nicht nur notwendig, sondern auch möglich ist. Um es in den Worten Carrie Bradshaws auszudrücken: »Das ist doch einfach fabelhaft.«

Übersetzt von Margarita Ruppel

1 Für meine Mutter, María Eugenia, und an *las inmigrantes luchadoras*, deren Kampfgeist die Basis für mein politisches Bewusstsein schuf. Besonderer Dank auch an Kevin Young und seine Freunde für ihre liebevolle Unterstützung.

2 The Guardian, 29. Januar, 2004.

3 Ebd.

4 Siehe Staffel 3: »Gute Nachbarschaft« und Staffel 4: »Das Huhn oder der Sex?«. Siehe ebenfalls Zieger, Susan (2004): Sex and the Citizen in Sex and the City's New York. In: Reading Sex and the City, Hg.: Kim Akass und Janet McCabe. New York: St. Martin's Press. S. 96–111.

5 2004: Sister Carrie Meets Carrie Bradshaw: Exploring Progress, Politics and the Single Woman in Sex and the City Beyond. In: Reading Sex and the City. Hg.: Kim Akass und Janet McCabe. New York: St. Martins Press. S. 85.

6 Beyond Same-Sex Marriage: A New Strategic Vision for All Our Families and Relationships. In: Studies in Gender and Sexuality Vol. 9 / 2, 2008, S. 161–171.

7 ›Kleinfamilie‹ bezieht sich meistens auf eine Familie, die aus einem Mann, einer Frau und Kindern besteht, welche alle den ihnen bei der Geburt zugewiesenen Geschlechtern entsprechend leben. Dieser Begriff kann allerdings auch Herrschaftsbeziehungen mit einer Hierarchie der folgenden Abstufungen beschreiben: Der männliche Patriarch, die Ehefrau und zwei abhängige Kinder. Das soll jedoch nicht bedeuten, dass Familien, die nicht der Kleinfamilie entsprechen, automatisch vor ungleichen Beziehungen, und in schwerwiegenden Fällen sogar vor häuslicher Gewalt, gefeit sind.

8 »Vergeben und vergessen«

9 »FAQS: What Do You Mean by White Privilege?« http://www.timwise.org/f-a-q-s/ (Zugriff 22.05.2017)

10 Siehe Domestic Workers United and Datacenter (2006): »Home Is Where the Work Is: Inside New York's Domestic Work Industry«, 14. Juli 2006, www.domesticworkers.org (Zugriff 22.05.2017). Zu den Wohlstandsunterschieden zwischen Frauen aus verschiedenen Schichten und Ethnien siehe Hollar, Julie (2010): »Wealth Gap Yawns – and So Do Media: Little Interest in Study of Massive Race / Gender Disparities«. In: Extra! (Juni 2010), http://fair.org/extra/wealth-gap-yawns8212and-so-do-media/ (Zugriff 22.05.2017).

11 bell hooks (1984): Feminist Theory: From Margin to Center. Cambridge, MA: South End Press. S. 17.

12 Angela Davis (2005): Abolition Democracy: Beyond Empire, Prisons, and Torture. New York: Seven Stories Press. S. 66.

13 Siehe Albert, Michael; Cagan, Leslie; Chomsky, Noam; Hahnel, Robin; King, Mel; Sargent, Lydia und Sklar, Holy (1986): Liberating Theory. Cambridge: South End Press.

14 Manhattan ist der Bezirk mit der größten Ungleichheit in dem Bundesstaat mit der größten Ungleichheit der USA. Wenn New York City ein Land wäre, läge dessen Wohlstandsverteilung auf gleicher Ebene mit Honduras. Center for Working Families: »Empire State of Inequality: New York's Growing Wealth Divide«.

C. B. Daring

Eine queere Analyse der Sexarbeit:
Den Kapitalismus entblößen

>Sexarbeit< ist ein breiter Begriff, der sich auf eine unerwartet große Gruppe von Menschen bezieht, die unterschiedlichen Beschäftigungen nachgehen. In diesem Artikel soll der Begriff >Sexarbeit< im Zusammenhang mit Personen verwendet werden, die sexuelle Handlungen verkaufen. Reproduktive Arbeit (Haushalt, Kindererziehung usw.) wird manchmal auch als Teil der Sexbranche betrachtet; darauf wird in diesem Text jedoch nicht genauer eingegangen. Stephanie Grohman beschäftigt sich in ihrem Beitrag mit reproduktiver Arbeit. Mein Artikel möchte nicht dezidiert für eine bestimmte Position argumentieren, sondern er stellt vielmehr einen Versuch dar, die Analyse der Sexarbeit zu queeren.

Wir müssen Sexarbeit in die anarchistische Theorie einbeziehen, gerade weil sie so oft als Ausnahme von der Regel betrachtet wird. Jeder andere Aspekt von Arbeit und Gesellschaft hat bereits einmal im Fokus des Anarchismus gestanden, doch das Thema Sexarbeit wird den Feminist*innen, religiösen Gemeinden und Nichtregierungsorganisationen überlassen. Sich an der Seite der Sexarbeiter*innen zu organisieren, darf keine Nebensache oder ein zu heißes Eisen sein. Um unsere Auseinandersetzung mit Sexarbeit zu queeren, müssen wir aufhören, auf die Idee, sexuelle Handlungen gegen Geld zu tauschen, paternalistisch zu reagieren. Stattdessen müssen wir uns mit den Sexarbeiter*innen auf der ganzen Welt organisieren. Sexarbeit stellt eine einzigartige Überschneidung von Sex und Arbeit dar, die nirgends sonst in der persönlichen oder in der politischen Sphäre existiert.

Wirtschaft und Gesellschaft sind im Kapitalismus auf komplexe Weise verflochten. Wie können wir behaupten, dass sich irgendeine Form von Sex außerhalb der Kontrolle des Kapitalismus befinde? Sind Sexarbeiter*innen dem Kapitalismus stärker unterworfen als Ehegatt*innen oder jegliche andere sexuelle Begegnung? Die Annahme, dass einige sexuelle Begegnungen stärker vom Kapitalismus beeinflusst seien als andere, birgt gefährliche Konsequenzen.[1] Sex ist nicht automatisch >umsonst<, wenn kein Geld im Spiel ist. Das Patriarchat ist allgegenwärtig; und nur, weil manche seiner Ausformungen sichtbarer sind als andere, sind sie deshalb nicht gleich repressiver. Soziale Strukturen reflektieren das vorherrschende Narrativ der Kultur, in der sie existieren. Die Kleinfamilie erhält beispielsweise den Kapitalismus aufrecht. Sexarbeit wird von vielen als größte Bedrohung für die Kleinfamilie angesehen.

Im Allgemeinen gibt es zwei große theoretische Strömungen, die die Abschaffung der Prostitution befürworten. Die eine entstammt der religiösen Rechten, wo Sexarbeit als Bedrohung für Anstand, Keuschheit und die moralische Struktur der Gesellschaft angesehen wird. Die Vertreter*innen dieser Auffassung wollen die heterosexuelle Kleinfamilie in einer streng heterosexistischen Struktur erhalten. Eine queere Analyse zeigt uns Sexarbeit jedoch nicht als Bedrohung für die Ehe und moderne Treue. Aus anarchistischer Perspektive existiert Sexarbeit nicht in einem Vakuum, sondern ist ein wirtschaftlicher Sektor wie jeder andere

Die zweite Strömung kommt eigentlich von links, übernimmt jedoch viel von der konservativen Perspektive. Diese Position betrachtet Sexarbeit als Bedrohung für die allgemeine Freiheit der Frau, weil Sex zur Ware wird. Diese Auffassung impliziert, dass arme Menschen nicht über sich selbst bestimmen können und aufgrund ihrer finanziellen Situation ungewollt in die Sexarbeit geraten.

Wir werden beide Strömungen und ihre Implikationen für die sexuelle und wirtschaftliche Freiheit aller Menschen untersuchen. Als queere, anarchistisch-kommunistische Sexarbeiter*in möchte ich Gespräche und Aktionen vorantreiben, ohne von meiner Praxis abzulassen. Sowohl die rechte als auch die linke Opposition fokussieren ihre Argumentation auf die Auswirkungen von Sexarbeit auf Frauen, ignorieren jedoch vorsätzlich oder unwissentlich die Erfahrungen von queeren Menschen und Männern.

Dieser Artikel soll nicht Sex als Dienstleistung in einem postrevolutionären Kontext untersuchen oder befürworten. Jede Form entfremdeter Arbeit ist mit einer anarchistisch-kommunistischen Gesellschaft nicht vereinbar. Der Kampf für die Ermächtigung und Selbstbestimmung der

Sexarbeiter*innen schließt jedoch nicht den Kampf gegen unfreiwillige Arbeit im Allgemeinen aus.

Ich habe nicht die Absicht, für jemand anderen oder über die Erfahrungen anderer in dieser Branche zu sprechen. Vielmehr will ich untersuchen, was wir aus dieser Arbeit lernen können. Sexarbeiter*innen sollten ermächtigt und unterstützt werden, ihre Geschichte als Individuen selbst zu definieren, anstatt von der Rechten oder der Linken für deren politische Ziele eingespannt zu werden.

Die Knappheit und Heiligkeit der Sexualität

Die unterschwellige Vorstellung von der menschlichen Sexualität als heiligster, immanenter Eigenschaft unseres Selbst kommt oft zum Vorschein, wenn es um Sexarbeit geht. Es wird angenommen, dass unser Geschlecht und unsere Sexualität uns angeboren sind, anstatt dass sie beeinflusst und herangezogen werden. Auf dieser Grundlage stellt ein sexueller Akt, der als Arbeit von uns entfremdet wird, eine schwere Verletzung unseres Menschseins dar. Damit gehen zwei Annahmen einher: Einen sexuellen Akt für Geld auszuführen, mindere aus irgendeinem Grund den Wert unserer Sexualität (unter der Voraussetzung, sie sei eine nichterneuerbare Ressource) und andere Formen entfremdeter Arbeit seien für die Beteiligten weniger gewaltsam als die Sexarbeit. Es gibt einen großen Unterschied zwischen einer sexuellen Handlung und der Sexualität einer Person.

Die Idee, es gebe eine Hierarchie der Entfremdung und Sexarbeit stehe an ihrer Spitze, ist falsch. Diese falsche Dichotomie entsteht aus der liberalen Kritik am Kapitalismus und nicht aus der Analyse des Antikapitalismus. Sie impliziert, dass gewisse Formen der Entfremdung grundsätzlich schlimmer seien als andere, dass es *menschlichere* Formen der Entfremdung und Ausbeutung gebe. Derselbe Fehler wird oft begangen, um lokale und mittelständische Unternehmen als weniger ausbeuterisch oder kapitalistisch zu klassifizieren, obwohl doch die Größe eines Unternehmens nichts darüber aussagt, wie kapitalistisch es ist. Das Modell der Profiterzielung und der Ausbeutung von Arbeitskräften definiert kapitalistische Strukturen. Von Hierarchien der Entfremdung zu sprechen ist problematisch, da damit unsere Möglichkeiten, eine grundlegende Diskussion über Arbeit zu führen, drastisch beeinträchtigt werden.

Im Kapitalismus werden Waren durch das Konzept der Knappheit bestimmt. Die menschliche Sexualität wird also den konjunkturellen Schwankungen und der allgemeinen Nachfrage der Wirtschaft unterworfen. Auf der Welt existiert aber keine Knappheit an Sexualität und der Handel mit sexuellen Handlungen ändert nichts daran. Wenn Sex knapp wäre, würde der bloße Akt, mehr Sex zu haben, die gesamte verfügbare Menge davon reduzieren. Es würde keine Rolle spielen, ob der Sex für Geld, aus Spaß, unter Zwang oder zum Vergnügen stattfindet. Die Knappheit ist ein Mythos des Kapitalismus, der dazu dient, unser Bedürfnis nach einem Objekt oder einer Ressource zu manipulieren.

Die Vorstellung, dass unsere Sexualität mit etwas Größerem als uns selbst in Verbindung steht, impliziert deren Heiligkeit. Das bedeutet, dass die sexuelle Handlung etwas oder jemanden weiteres einschließt als die eine, die zwei, drei, vier oder mehr Personen, die körperlich beteiligt sind. Die gängigsten Beispiele sind eine Gottheit oder eine religiöse Figur. Die heilige Sexualität ist ein Werkzeug, um in den Menschen Scham über ihre Sexualität auszulösen. In diesem Kontext ist Sex nicht nur eine einvernehmliche Handlung zwischen Personen, sondern ein Ideal, das moralischen Standards unterliegt.

Diese moralischen Standards sind stets subjektiv und spiegeln weltweit eine Vielzahl an gesellschaftlichen Normen wider. Die heilige Sexualität dient der sexuellen Kontrolle unter dem Deckmantel der sexuellen Aufsparung. Sie trägt auch enorm zu einem idealisierten Frauenbild bei (keusch und heterosexuell). Dieses Frauenbild ist in der Debatte um Sexarbeit stets präsent.

Die Knappheit und die Heiligkeit der Sexualität sind miteinander verbunden, denn sie dienen beide dazu, den Mensch und seinen Körper zu kontrollieren. Beide Konzepte rechtfertigen eine (gesellschaftliche und gesetzliche) Regulierung der Sexualität für ein vermeintlich übergeordnetes Wohl. Diese Regulierungen haben oft den Anschein, nur Sexarbeiter*innen zu betreffen, doch sie gehen weit darüber hinaus.

Es dürfte wenig überraschen, dass die konservative Seite vorgibt, die weibliche Intimität beschützen zu wollen. Wenn so etwas jedoch von der radikalen Linken ausgeht, zeugt das von einer großen theoretischen Lücke. Das Problem ist, dass dadurch der Trugschluss aufrechterhalten wird, die Würde einer Frau (oder jeder Person) liege in ihrer Sexualität beziehungsweise ihrer Fähigkeit, Sex zu haben. Sexarbeiter*innen erniedrigen sich auf menschlicher Ebene nicht mehr als alle anderen Arbeiter*innen.

Die Fokussierung der Diskussion auf augenscheinlich heterosexuelle Frauen lässt völlig außer Acht, dass große Teile der Sexbranche aus queeren sowie trans Leuten oder Männern (was sich natürlich überschneiden kann) bestehen. Frauen werden in der Branche mit der Überschneidung von Handel und Patriarchat konfrontiert. Aber auch andere Personen erleben in diesem Geschäft intersektionale Unterdrückung. Die Behauptung, alle nicht-trans Frauen[2] machten nahezu identische Erfahrungen, die sich jedoch von denen anderer Sexarbeiter*innen unterschieden, sagt einiges über die Agenda derer aus, die sie vertreten.

Viele Prostitutionsgegner*innen behaupten, dass alle in der Sexbranche Tätigen von Zuhälter*innen dazu gezwungen worden seien, unter sklavereiähnlichen Bedingungen lebten, drogenabhängig und von Geschlechtskrankheiten geplagt seien. Auch wenn das eine reißerische Wirkung erzielt, tut es einer großen Gruppe von Arbeiter*innen Unrecht. Statistiken über den Eintritt in die Sexarbeit sind unheimlich selten und meistens von ihren Auftraggeber*innen manipuliert. Es gibt jedoch genügend Belege dafür, dass die Zuhälterei (zumindest in den USA) nicht vorherrschend ist.[3] Sexarbeiter*innen lassen sich nicht so einfach über einen Kamm scheren. Zwar existieren in der Sexbranche zahlreiche Missstände, doch die gibt es nicht nur in diesem Sektor. Der Gedanke, dass Frauen sich keinesfalls dazu entscheiden würden, in der Sexbranche zu arbeiten, in jedem anderen Sektor des Kapitalismus hingegen schon, ist beleidigend und herablassend. Damit wird suggeriert, ihre Tätigkeit in der Sexbranche würde einen Makel oder eine Schwäche ihrerseits darstellen.

Sexarbeiter*innen verrichten keine revolutionäre Arbeit, doch sie sind ebenso wenig eine Bedrohung für unsere Gesellschaft. Sexarbeit ist eine weitere Form entfremdeter Arbeit im Kapitalismus; das Einzigartige daran ist, dass wir daraus lernen können, wie Arbeit entfremdet wird. Dies ist ein intimer Prozess, den der Kapitalismus in anderen Sektoren mystifiziert hat.

Wahlfreiheit und Kapitalismus

Der Anarchismus verneint die Vorstellung, es könne eine humanere Form des Kapitalismus geben. Die Idee, wir könnten ein Wirtschaftssystem kontrollieren, welches auf immerzu expandierendem Profit und Unterdrückung basiert, wird grundsätzlich abgelehnt. An diesem Prinzip sollten wir unsere Analyse der Sexarbeit ausrichten.

Ich bin schon unzählige Male gefragt worden, warum ich mir die Sexbranche ausgesucht habe. Ich antworte immer, dass ich mir die Sexarbeit nicht mehr ausgesucht habe als den Einzelhandel, den Tourismus oder die Gastronomie. Wir können alle nur aus einem begrenzten Spektrum von Optionen *wählen*; warum sollte die Sexbranche eine persönliche Identifizierung ihrer Arbeiter*innen voraussetzen? Dadurch wird suggeriert, dass manche Berufswahlen politischer seien als andere.

Eine weitere häufige Frage lautet: »Wie kann sich jemand für Sexarbeit entscheiden, wenn es so viele andere Möglichkeiten für *sinnvolle* Arbeit gibt?« In Wahrheit stehen der Arbeiterklasse nicht so viele Möglichkeiten zur Verfügung. Allem Anschein nach ist mit sinnvoller Arbeit nicht-entfremdete Arbeit gemeint. Die anarchistische Analyse des Kapitalismus zeigt aber, dass es keine ›sinnvolle Arbeit‹ in diesem Wirtschaftssystem gibt. Im Kapitalismus ist die Wahlfreiheit eine Illusion. Die Wahl besteht höchstens darin, in welchem Sektor man seine Arbeitskraft ausbeuten lassen will, und für den Großteil der Arbeiterklasse existiert nicht einmal diese Wahlfreiheit. Es steht nie zur Wahl, sich nicht ausbeuten zu lassen.

Das Arbeitsverhältnis in der Sexbranche unterscheidet sich nicht von dem in anderen Sektoren. Die meisten Darstellungen zeichnen es jedoch als außerordentlich gewaltsam.[4] Die Sexarbeit offenbart einen entscheidenden Widerspruch im Kapitalismus – wir tauschen die Arbeitskraft unserer Körper für einen Lohn ein und fördern gleichzeitig das Wachstum der gesamten Wirtschaft. Das bedeutet nicht, dass diese

Art der Arbeit entfremdeter ist als in anderen Sektoren, sondern vielmehr, dass sie transparenter ist. Die Bezahlung richtet sich nach der geschätzten Leistung der jeweiligen Dienstleister*innen und dem Mehrwert für die Kund*innen.

Die Sexarbeit veranschaulicht, wie die kapitalistische Wirtschaft Arbeit wertet und den Wert der einzelnen Arbeiter*innen bestimmt. Die Arbeiter*innen sind nur das wert, was sie im Kapitalismus an Mehrwert produzieren. Diese Sichtbarkeit entblößt den Kapitalismus von seiner Mystifizierung.

Der Staat und die Sexarbeiter*innen

In der westlichen Konzeption der Zwangsmonogamie gilt die Idee einer exklusiven Partnerschaft zwischen zwei Menschen als ›das menschliche Ideal‹. Alles, was die Menschen von einer solchen monogamen Beziehung abbringen könnte, wird als unnatürlich angesehen. Das gilt sowohl für die Person, die sexuelle Dienstleistungen anbietet, als auch für den*die jeweiligen Partner*innen, die solche Dienstleistungen in Anspruch nehmen. Als Anarchist*innen sollten wir dieses ›menschliche Ideal‹ ganz klar ablehnen und erkennen, wer von der Kleinfamilie profitiert. Die Kleinfamilie ist kein Nebenprodukt der Urbanisierung und Industrialisierung, sondern vielmehr der effizienteste Weg, neue Arbeitskräfte und Profit zu erschaffen.

Es gibt keinen Staat, der die Sexbranche nicht reguliert. Diese Kontrolle basiert auf der falschen Annahme, sie komme den Sexarbeiter*innen zugute. Das soll nicht bedeuten, dass ein vollkommen freier Markt unbedingt die Rechte und Autonomie der Arbeiter*innen stärken würde, sondern dass diese Kontrolle von den Arbeiter*innen selbst ausgehen müsste. Man scheint jedoch davon auszugehen, dass Sexarbeiter*innen keine Ahnung haben, was für sie gut und sicher ist. Ein Paradebeispiel in den USA ist die legalisierte Prostitution in Nevada. Die Prostituierten in den legalen Bordellen dürfen ihre Arbeitsplätze nur in Begleitung einer Aufsichtsperson verlassen und müssen sich monatlich testen lassen. Wenn sie ihrem Arbeitsplatz jedoch länger als 24 Stunden fernbleiben, müssen sie sich erst testen lassen, bevor sie wieder arbeiten dürfen. Obwohl es die Sexarbeiter*innen waren, die in Nevada an der Spitze der Bewegung für die Kondom-Pflicht stehen, dürfen sie noch immer nicht im Beratungsausschuss über die Kontrollen mitentscheiden.[5]

Was hat der Staat von der Regulierung und Kriminalisierung der Sexarbeit? Eine Regulierung rechtfertigt die verstärkte Überwachung der armen, of Color und queeren Bevölkerung (was sich natürlich überschneiden kann), die weltweit die Mehrheit der Sexarbeiter*innen darstellt. Die Kriminalisierung der Sexbranche liefert einen Vorwand für unfassbare Menschenrechtsverletzungen auf der ganzen Welt, stets im Namen des Schutzes der Sexarbeiter*innen. Viele Sexarbeiter*innen werden in Resozialisierungslager gesteckt, wo sie Opfer von sexuellen Übergriffen oder körperlichen Misshandlungen durch die Wärter*innen werden.[6] Inhaftierung scheint weltweit die universelle Antwort auf die ›Resozialisierung‹ der Sexarbeiter*innen zu sein, ob sie nun als ›freiwillige‹ oder ›Zwangs‹-Sexarbeiter*innen kategorisiert werden.

In den meisten Gesetzgebungen wird der Unterschied zwischen ›freiwilliger‹ und ›Zwangs‹-Sexarbeit betont. Sozialleistungen und medizinische Versorgung werden für jene in erzwungenen Bedingungen gemeinhin finanziert. Für ›freiwillige‹ Sexarbeiter*innen ist es jedoch fast unmöglich, Unterstützung zu erhalten. Vor allem die USA wollen keine Programme finanzieren, die augenscheinlich die Prostitution fördern könnten. Nichts deutet darauf hin, dass solche Regulierungen dem Wohl der Sexarbeiter*innen zugekommen. Regulierungen treiben die Spaltung der Sexarbeiter*innen voran und verhindern letztlich, dass diese sich selbst organisieren.

Reproduktive Arbeit – jene Arbeit, die zur Produktion neuer Arbeiter*innen dient und den Gehaltsempfänger*innen erlaubt, weiterhin jeden Tag arbeiten zu gehen – ist in den Staatsapparat integriert, insbesondere die unbezahlte Reproduktionsarbeit. Diese Arbeit besteht aus Kindererziehung, Kochen, Haushalt, aber auch sexueller Reproduktion der (meist männlichen) Geldverdiener*innen eines Haushalts. Die sexuelle Reproduktion – die sich nicht nur auf das Kinderzeugen beschränkt – bleibt als Arbeit unsichtbar, ist jedoch in der Struktur inbegriffen.

Sexarbeit bringt dieses Gleichgewicht ins Wanken, da sie Geld im Austausch für eine begrenzte Zeitspanne und Arbeitsmenge einfordert, im Gegensatz zu einer Hausfrau (bzw. unbezahlten Reproduktionsarbeiter*in), die eine unbegrenzte Menge Arbeit in einer unbegrenzten Zeitspanne umsonst verrichtet. Der Staat ist auf diese unbezahlte reproduktive Arbeit angewiesen, um die Gesellschaftsordnung zu wahren und die Kleinfamilie zu erhalten. Die Erforderlichkeit einer entgeltlichen Bezahlung für die sexuelle Reproduktion unterwandert die Auffassung, diese sei ohne Gegenleistung verfügbar, und stellt die sexuelle Verfügbarkeit der Frau infrage.

Ein Argument lautet, die Sexarbeit demonstriere der Gesellschaft, dass die Sexualität einer Frau stets käuflich sei, wenn der Preis stimme. In Wahrheit unterwandert die Sexarbeit hingegen die Vorstellung, dass Frauen umsonst verfügbar seien oder ihr Zweck die Reproduktionsarbeit sei. Das stellt für den Staatsapparat eine Bedrohung dar, weil es den direkten Profit offenbart, der aus kostenloser Reproduktionsarbeit geschlagen wird. Kinder gebären, den primären Geldverdiener reproduzieren und sogar Sex mögen natürlich geschehen, doch sie bedeuten Arbeit. Wenn die Linke mit den Prostitutionsgegner*innen ins Bett geht, dann ist die unbeabsichtigte Konsequenz die Ausweitung des Patriarchats durch die Förderung der Kleinfamilie.

Die Überschneidung von queer und Sexarbeit

Eine queere Analyse der Sexarbeit befreit uns von den Scheuklappen, die uns Sexarbeit als Bedrohung für die Ehe und die Reproduktion der Arbeitskräfte sehen lassen. Damit soll nicht gemeint sein, dass Treue aus einer queeren Perspektive keine Bedeutung hat. Allerdings bedroht die Sexarbeit eben keine *Institution der Treue*. Die queere Analyse der Sexarbeit erlaubt uns, Sex in einer unkonventionellen Art und Weise zu betrachten und nicht etwa als grundsätzlich entwürdigend, privat oder aus Liebe stattfindend.

Es gibt eine große Schnittmenge von Sexarbeiter*innen und queeren Menschen. Insbesondere trans Menschen (oftmals ignoriert von Regierungen, NGOs und Prostitutionsgegner*innen) machen einen großen Anteil in der Sexbranche aus. Weibliche Prostituierte, die männliche Klienten bedienen, sind nicht unbedingt strikt heterosexuell. Viele sind lesbisch, bisexuell oder queer. Manche Escort-Boys, die männliche Klienten bedienen, wechseln im Privatleben zu weiblichen Partnerinnen. Das Geschlecht und die sexuelle Identität von Sexarbeiter*innen spiegeln sich nicht unbedingt in der Wahl ihrer Klient*innen wider.

Diese Flexibilität zwischen persönlicher und professioneller Sexualität spiegelt eine gewisse Queerness der Sexbranche, die nicht immer gleich sichtbar sein mag. Man sollte sich stets den Unterschied bewusst machen zwischen dem, was propagiert wird, und dem, was die Involvierten tatsächlich erleben. Die Performance mag nicht den einzelnen oder die einzelne Sexarbeiter*in reflektieren, sondern eine Werbestrategie sein, um Klient*innen anzulocken.

Gesellschaftlich haften sowohl queeren Mitmenschen als auch Sexarbeiter*innen dieselben Stigmata an – die Menschen, mit denen sie schlafen, bestimmen ihre gesamte Identität. Dem liegt die Auffassung zugrunde, dass Geschlecht und Sexualität immanent und fundamental, nicht wandelbar, sondern statisch seien. Wie man am dominanten Umgang mit anderen marginalisierten Gruppen sehen kann, werden die definierenden Unterschiede zu einer Rechtfertigung für Exklusion, Gewalt und Diskriminierung.

Queere, trans und Menschen of Color erleben in der Sexbranche überproportional viel Gewalt von Seiten der Regierung und Klient*innen.[7] Sich überschneidende Unterdrückungsformen werden durch das Stigma der Sexarbeit nur verstärkt. Letzten Endes ist das Problem der Sexarbeit das Stigma – nicht die Arbeit an sich.

Solidarität mit den Sexarbeiter*innen organisieren

Das Ziel der Solidarisierung mit Sexarbeiter*innen sollte mehr Empowerment und Selbstbestimmung sein. Für viele Sexarbeiter*innen stellt das öffentliche Reden ein großes Risiko dar, weil sie nicht von ihren Klient*innen, der Polizei oder ihrer Familie erkannt werden wollen. Das bedeutet aber nicht, dass sie nicht für sich selbst sprechen wollen. Es gibt Wege, wie sie dies unter geringerem Risiko tun können.

Solidarität mit Sexarbeiter*innen zu organisieren, ist noch immer sehr umstritten, vor allem wenn es nicht darum geht, sie aus der Branche herauszuholen. Eine Bewegung zur Verbesserung der Bedingungen in der Sexbranche kann nicht von jenen ausgehen, die diesen Sektor gegen den Willen der Arbeiter*innen selbst abschaffen wollen. Immer mehr Sexarbeiter*innen treten an die Öffentlichkeit, um für bessere Bedingungen in ihrer Branche zu kämpfen.

Im westlichen Kontext sind die Rechte der Sexarbeiter*innen mit vielen anderen wichtigen anarchistischen Themen verbunden, wie der Gentrifizierung, Rassismus, Polizeibrutalität oder den Rechten von Queers. Glaubt nicht, dass euch die Lebensgeschichten aller Menschen in eurem Umfeld bekannt sind; vielleicht kennt ihr bereits viele Sexarbeiter*innen. Aufgrund des Stigmas, das der Branche anhaftet, halten viele Leute lieber geheim, dass sie darin tätig sind oder waren.

Die jeweiligen Sexarbeiter*innen sollten jedoch nicht für das Unbehagen anderer mit der Sexbranche verantwortlich gemacht werden. Sie sprechen meist am offensten über die Probleme der Branche und kennen mögliche Lösungen und Strategien am besten. Es ist ein Mythos, dass Sexarbeiter*innen die größten Verteidiger*innen der Branche sind. Wenn allerdings Kritik von außerhalb geäußert wird, überrascht es nicht, dass diejenigen, die momentan oder zuvor in der Branche gearbeitet haben, defensiv reagieren. Wir verdienen damit unseren Lebensunterhalt und ungeachtet unserer negativen Erfahrungen sind es eben *unsere* Erfahrungen.

Manche behaupten, es gebe im Anarchismus keinen Platz für die Sexarbeit und der Kampf für bessere Bedingungen in der Branche führe nur zu ihrem Fortbestehen. In der postrevolutionären Gesellschaft gibt es keinen Platz für jegliche Form der entfremdeten Arbeit. Das bedeutet nicht, dass wir jetzt alle Bereiche, die wir problematisch finden, einfach abschreiben können. Entweder zählen wir alle oder niemand.

Fazit

Die Welt, in der wir leben, lässt sich nicht so einfach in die Beteiligung am oder den Rückzug vom Kapitalismus unterteilen. Unsere Erfahrungen sind intersektional und miteinander verknüpft. Es gibt keine allgemeine Erfahrungswelt aller Sexarbeiter*innen oder aller queeren

Menschen. Als Anarchist*innen und Radikale können wir kritisch die gemeinsamen Intersektionen untersuchen. Jene, die Sex für Güter und Dienstleistungen verkaufen, sind nicht stärker in den Kapitalismus eingebunden als jene, die ihre Arbeitskraft hinter einer Restauranttheke oder in einer Fabrik verkaufen. Das wird vom Kapitalismus verdeckt, um ein systematisches Ideal von Freiheit, Sex und Wirtschaft aufrechtzuerhalten. Die Unterdrückung der Arbeiter*innen durch den Kapitalismus wird durch die nackte Wahrheit der Sexarbeit bedroht.

Wir sollten uns nicht von diesen falschen Ideen der Freiheit und angeblichen Wahlmöglichkeiten blenden lassen. Als Linke müssen wir die radikale Analyse von Gender und Sexualität vorantreiben, statt auf bequeme moralische Plattitüden zurückzugreifen. Moralische Festungen, die reelle Freiheiten beschneiden, dienen keinem übergeordneten Wohl. Um unser Denken zu queeren, dürfen wir uns nicht mit bequemen oder leisen Äußerungen zufrieden geben, sondern müssen lautstark für Inklusion und Selbstbestimmung kämpfen. Nicht nur mit den üblichen Verdächtigen, sondern auch mit denen, die so oft unsichtbar bleiben.

Übersetzt von Margarita Ruppel

1   Das soll nicht bedeuten, dass es keine individuellen Unterschiede zwischen Privilegien und Benachteiligungen im Kapitalismus gibt, sondern dass alle Mitglieder der Arbeiterklasse ausgebeutet werden.

2   Ich verwende in diesem Text den Begriff ›nicht-trans‹ statt cisgender.

3   »Lost Boys«. In: Village Voice. http://www.villagevoice.com/2011/11/02/lost-boys/ (Zugriff 22.05.2017).

4   Der Kapitalismus ist ein System der Gewalt; entfremdete Arbeit ist ein Akt der Gewalt.

5   »Resisting the Sex Panic: Sex Workers Struggle for Evidence-Based Regulation in Nevada«. RH Reality Check. https://rewire.news/article/2009/02/10/resisting-sex-panic-sex-workers-struggle-evidencebased-regulation-nevada/ (Zugriff 22.05.2017).

6   »Rehabilitation Cuts No Ice with India's Sex Workers«. TrustLaw. http://news.trust.org/item/20110328162600-zimwj (Zugriff 22.05.2017).

7   »Stigma and Violence against Transgender Sex Workers«. RH Reality Check. https://rewire.news/article/2010/12/16/stigma-exclusion-violence-against-trans-workers/(Zugriff 22.05.2017).

Jason Lydon

Reißen wir die Mauern ein. Queerness, Anarchismus und der gefängnisindustrielle Komplex

> In der Anarchie wird der Unterhalt der gesamten Gesellschaft nicht nur gerecht auf alle verteilt, die Gesellschaft entwickelt sich auch in einem kreativen Prozess weiter, ungehindert von jedweder Klasse, Kaste oder Partei.
>
> Kuwasi Balagoon[1]

Kuwasi Balagoon war revolutionärer New Afrika Anarchist,[2] nicht geouteter Queer und Freiheitskämpfer. Er starb am 13. Dezember 1986 im Gefängnis an einer Aids-bedingten Krankheit, als ich gerade einmal vier Jahre alt war. Seine Geschichte und sein Kampf sind ein essentielles, mahnendes Beispiel dafür, dass die Geschichten unserer revolutionären Vorfahr*innen verloren gehen und verschwiegen werden und es uns kaum gelingen wird, eine intersektionale Bewegung aufzubauen, wenn wir Queer-Communitys unseren Kampf gegen Weiße Vorherrschaft, Kapitalismus, Heteropatriarchat und den gefängnisindustriellen Komplex nicht stetig vorantreiben. In diesem Essay bringe ich miteinander verbundene Aspekte der Bewegungen für die queere Befreiung, für die Abschaffung des gefängnisindustriellen Komplexes und für den Anarchismus zusammen.

Damit es gelingen kann, Gespräche zu führen, die den Aufbau einer Bewegung ermöglichen, ist es notwendig, über ein gemeinsames Verständnis von Sprache zu verfügen. Der gefängnisindustrielle Komplex ist ein vielschichtiges Konstrukt der Macht und Dominanz. Meist wird damit das System der US-Gefängnisse bezeichnet, die Gebäude aus Beton und Stahl, in denen Individuen verwahrt werden. Während Haftanstalten darin zentral sind, umfasst der gefängnisindustrielle Komplex jedoch eine ganze Kultur staatlicher und unternehmerischer Kontrolle, Disziplinierung und Folter von armen oder geringverdienenden Communitys sowie Communitys of Color. Ihre Taktiken reichen von Polizeieinheiten bis zur Anbringung von Überwachungskameras, von (Un-)

Rechtssprechung zum Profit mit ausgehenden Anrufen aus Gefängnissen, von Einsätzen gegen Immigrant*innen bis zur Darstellung von ›Kriminellen‹ in den Medien. Die Stärke des gefängnisindustriellen Komplexes basiert auf dem Mythos, er löse das Problem von ›Verbrechen‹ und ›Gewalt‹.

Marilyn Buck, eine *weiße*, antirassistische, revolutionäre politische Gefangene, spricht vom Gefängnis als einer »Beziehung zu einem Peiniger, der dich komplett kontrolliert und dich in seinem Haus einsperrt. Die Androhung von Gewalt und weiterer Repressionen, wenn du nicht absolut gehorchst, ist stets präsent.«[3] Auch wenn sich Buck auf ihre spezifische Erfahrung in einem bestimmten Gefängnis bezieht, ist die Metapher einer gewalttätigen Beziehung ebenfalls bedeutsam, wenn wir den gefängnisindustriellen Komplex als Täter und marginalisierte Communitys als seine Opfer betrachten. *The Network / La Red*, eine queere Organisation gegen häusliche Gewalt für Lesben, Bisexuelle, Schwule und trans Personen aus Boston, Massachusetts, definiert eine gewalttätige Beziehung als »ein systematisches Kontrollmuster, durch das eine Person die Gedanken, Glaubenssätze und / oder Handlungen des Partners oder der Person, mit der sie ausgehen oder mit der sie eine intime Beziehung hatten, kontrollieren.«[4] Der gefängnisindustrielle Komplex ist im alltäglichen Leben der marginalisiertesten Gruppen unserer Bevölkerung omnipräsent, er definiert die Grenzen dessen, was angeblich richtig, legal und angemessen ist, während er den Zugang zu geliebten Menschen und unterstützenden Strukturen einschränkt.

In diesem Essay werde ich die Begriffe ›Rassismus‹ und ›*Weiße* Vorherrschaft‹ synonym verwenden. Heutzutage wird Rassismus häufig als eine Kombination aus institutioneller Gewalt und Vorurteilen verstanden, welche ein System errichtet, das Weiße gegenüber Menschen of Color bevorzugt. Ruth Wilson Gilmore definiert Rassismus in *Golden Gulag: Prisons, Surplus, Crisis and Opposition in Globalizing California* als : »staatlich gewollte und / oder außerhalb der Gesetzgebung stehende Schaffung und Ausbeutung einer gruppenspezifischen Verwundbarkeit mit frühzeitiger Todesfolge. Die zunehmende Verbreitung der Gefängnisse reproduziert dieses Motiv.«[5] *Weiße* Vorherrschaft ist ein integraler Bestandteil des US-Gefängnissystems. Um die Komplexität des Bestrafungssystems der Vereinigten Staaten zu verstehen, muss man auch die Komplexität der *Weißen* Vorherrschaft verstehen. In *The Three Pillars of White Surpremacy* beschreibt Andrea Smith diese Komplexität. Ihr theoretischer Rahmen stützt sich auf die Annahme, dass Rassismus und *Weiße* Vorherrschaft nicht auf eine einzige Art durchgesetzt werden. Stattdessen werde die *Weiße* Vorherrschaft durch voneinander deutlich getrennte, jedoch miteinander verwandte Logiken konstituiert. Man stelle sich grafisch drei miteinander durch Pfeile verbundene Säulen vor: Sklaverei / Kapitalismus, Genozid / Kapitalismus und Orientalismus / Krieg.[6] Der gefängnisindustrielle Komplex ist in der Lage, in jeder dieser Säulen der *Weißen* Vorherrschaft zu operieren, indem rassifizierte Konflikte heraufbeschwört und Gräben vertieft werden.

Queerness bedeutet, sich dem Denken und Handeln in Schubladen zu widersetzen. Darin liegt ihre Stärke, aber das macht zugleich das Gespräch komplizierter. In anderen Beiträgen dieses Sammelbandes wird die Vielzahl an Queer-Theorien umfassender dargestellt und interpretiert. In diesem Essay betrachte ich Queerness nicht nur als Identität derjenigen, gegen die der gefängnisindustrielle Komplex massiv und gewalttätig vorgeht, sondern auch als sexuelles / politisches / soziales Mittel, um die Mauern der Macht zu dekonstruieren. Bei Queerness geht es nicht bloß um heißeren Sex, den wahrhaftigeren Ausdruck von Gender oder theoretische Masturbation – der Begriff birgt das Potenzial, die Möglichkeiten einer intersektionalen Befreiungsbewegung zu erweitern.

Die Abschaffung des gefängnisindustriellen Komplexes ist kein absurder Wunschtraum, sondern etwas, das der Queer-Theoretiker José Esteban Muñoz als konkrete Utopie bezeichnen würde: »Konkrete Utopien ... sind die Hoffnungen eines Kollektivs, einer im Entstehen begriffenen Gruppe oder sogar eines einsamen Querdenkers, der die Träume vieler träumt. Konkrete Utopien sind der Bereich gebildeter Hoffnung.«[7] Konzepte für eine solche Abschaffung stammen aus Communitys, die vom gefängnisindustriellen Komplex ganz besonders betroffen sind, und sie finden sich in den Geschichten über das Überleben wieder, in mittelmäßiger oder brillanter Gefängnispoesie, in den Widerstandsliedern vor Polizeiwachen und in den Taten von Dieb*innen,

Sexarbeiter*innen und Saboteur*innen und allen anderen, die der Staat als kriminell bezeichnet.

Zu dieser Abschaffung gehört nicht nur das Ziel, sämtliche Formen staatlicher Kontrolle, unternehmerischer Ausbeutung und Profitgewinnung und polizeilicher Überwachung zu beenden und die Gefängnismauern zu durchbrechen, sondern auch die Strategie, die uns an dieses Ziel führen soll. Der Bewegung zur Abschaffung des gefängnisindustriellen Komplexes und der anarchistischen Bewegung liegen dieselben Strategien und Ziele kollektiver Befreiung und gemeinschaftlicher Autonomie zugrunde. Wie Peggy Kornegger schreibt: »Den Prozess der Revolution von ihren Zielen zu trennen, bedeutet, die unterdrückerische Struktur und ihre Mittel aufrechtzuerhalten.«[8] Wenn schwule und lesbische Organisationen aus dem Mainstream auf Gesetze drängen, die LGBTQ-Personen vor Gewalt schützen sollen, wie beispielsweise der Matthew Shepard Act, dann festigen sie die Macht des gefängnisindustriellen Komplexes und verlassen sich auf seine Gewaltausübung, während sie gleichzeitig vorgeben, unsere Communitys vor hasserfüllten Angriffen und Morden zu schützen. Anarchist*innen und die Bewegung zur Abschaffung des gefängnisindustriellen Komplexes tragen gemeinsam die Verantwortung, diese Art Gesetzgebung abzulehnen und konkrete Alternativen anzubieten, die unsere Communitys vor Gewalt sicherer machen, ganz gleich ob sie von Personen ausgeübt wird oder vom System. Die Schwulen- und Lesbenbewegung aus dem Mainstream tendiert dazu, unsere Trauer, unseren Schmerz nach dem Verlust geliebter Menschen auszunutzen, um ihre Kampagnen aufzuziehen und Gesetze gegen Hasskriminalität durchzudrücken. Organisationen wie das *Sylvia Rivera Law Project*, *Communities United Against Violence*, das *Audre Lorde Project* und verschiedenste Ortsgruppen von *INCITE! Women of Color Against Violence* haben allesamt Überlebende von Gewalttaten aktiv unterstützt und sich gleichzeitig gegen neue Gesetze gegen homo- und transphobe Gewalttaten ausgesprochen. Ihre Arbeit sollte als Teil unseres anarchistischen Kampfes und unserer Kämpfe gegen den gefängnisindustriellen Komplex gesehen werden.

Gegen die Vereinnahmung von LGBTQ-Gruppen durch den gefängnisindustriellen Komplex zu kämpfen, ist für unsere Bewegung nichts Neues. Am 31. Mai 1983 schrieb Kuwasi Balagoon: »Wenn eine Gruppe Schwuler gegen ungenügenden Schutz durch die Polizei protestiert und dabei mit der Polizei zusammenarbeitet, um eine schwule Sondereinheit zu bilden, dann ist das keine Kritik des Systems, dann nehmen sie daran teil.«[9] Viele Polizeistationen in US-amerikanischen Großstädten sind mit der schwulen und lesbischen Community verbandelt und bei Pride Paraden läuft häufig eine Gruppe schwuler Polizisten neben Unternehmern und Drag Queens und Organisationen der Community. Diese Art Heuchelei ist genau der Grund, warum Anarchismus und der Kampf um die Abschaffung des gefängnisindustriellen Komplexes auf queeren Partys und in queeren Bewegungen Präsenz zeigen müssen.

Am Ende gelingt es dem Anarchismus, die Grenzen zwischen Nationen einzureißen, die Grenzen kapitalistischer Kontrolle zu zerbröseln und alle Grenzen der Unterdrückung und der Autorität zu überwinden. Queerness gelingt es, die Grenzen zwischen den Geschlechtern einzureißen, die Grenzen zwanghafter Monogamie zu durchbrechen und die Moralisierung von Sex und Sexualität zu überwinden. Aktivismus gegen den gefängnisindustriellen Komplex gelingt es, die Gefängnismauern einzureißen, den Polizeistaat zu zerbröseln und die Macht der Bestrafung zu überwinden, während er neue Formen einer transformativen Gerechtigkeit einführt. Mir ist klar, dass ausschließlich von Zerstörung und Beendigung zu sprechen, negativ und oppositionell wirkt – als gäbe es keine positive Vision für diese Gesellschaft. Doch das Zerstören von Grenzen und Einreißen von Mauern ermöglichen uns wunderbarerweise neue Kreativität und neue Visionen, die bereits in der ganzen Welt artikuliert und in die Tat umgesetzt werden. Ein Ende des gefängnisindustriellen Komplexes ist nicht nur eine konkrete Utopie, Queerness und Anarchismus wachsen und gedeihen in dem neu entstehenden Raum. Und dennoch ist uns klar, dass wir noch nicht in dieser konkreten Utopie angekommen sind. *INCITE! Women of Color Against Violence* und *Critical Resistance* haben dringend notwendige Kritiken und Forderungen an die Bewegung zur Abschaffung des gefängnisindustriellen Komplexes gerichtet: Wir sollten nicht glauben, dass wir bereits eine irgendwie geartete utopische Gemeinschaftsalternative gefunden hätten, die Überlebende von Gewalttaten unterstützt. Wir müssen sichergehen, dass wir tatsächlich Alternativen zum gefängnisindustriellen Komplex erschaffen und ermöglichen, damit die Menschen in Sicherheit sind und Verantwortung übernehmen für die Existenz von Leid und Traumata, die innerhalb der Linken wie in der gesamten Gesellschaft aufrechterhalten werden.[10] Ich denke, dass sich unsere größte kreative Kraft, um tatsächlich ein Projekt und eine Kultur zu erschaffen, die die Möglichkeiten unserer Menschlichkeit zelebrieren, dann entfalten wird, wenn Queerness, Abschaffungsaktivismus und Anarchismus eine Beziehung eingehen.

Wie kommen wir weiter? Wir brauchen mehr als nur Artikel, Händchenhalten oder schnelle Befriedigung, um eine solche Beziehung aufzubauen und effektive Strategien zu entwickeln, die uns ans Ziel führen. Um Strategien gegen den gefängnisindustriellen Komplex zu finden, brauchen wir deutlich mehr Stimmen am Tisch. Trans Women of Color, Arbeiterklasseschwuchteln und anarchistische Dykes, die alle von polizeilicher Überwachung und der Kriminalisierung ihres Lebens betroffen sind, müssen als Expert*innen der Gewalt des gefängnisindustriellen Komplexes Priorität bekommen. Die Kriminalisierung von öffentlichem Sex muss auf die Agenda. Die beständige sexuelle Gewalt im Gefängnis, die ganz besonders Queers und trans Personen betrifft, muss in anarchistischen Räumen durch Gemeinschaftsprogramme und Gruppentherapie adressiert werden, die die Möglichkeit zur Verarbeitung bieten. Viele Anarchist*innen müssen ihre Abscheu vor Identitätspolitik ablegen und sich mit der Geschichte derselben auseinandersetzen. Alexander Berkmans Gefängnismemoiren waren »einer der wichtigsten politischen Texte, die sich mit Homosexualität auseinandersetzen, der je von einem Amerikaner vor den 50er-Jahren geschrieben worden ist«.[11] Allerdings sollten Anarchist*innen bei der Berkman-Lektüre seiner Angst vor und Ablehnung von homosexuellem Sex kritisch gegenüberstehen und sich fragen, inwiefern seine internalisierte Homophobie sein Verhältnis zu seinem eigenen gleichgeschlechtlichen Verlangen beeinflusst haben könnte. Queere Organisationen müssen sich vehementer gegen Gesetze gegen Hasskriminalität wehren und sich mit Programmen der kollektiven Verantwortungsübernahme auseinandersetzen, um herauszufinden, wie sich ihre Forderungen in der eigenen politischen Praxis umsetzen lassen. Darüber hinaus sollten dieselben Gruppen Selbstverteidigungskurse anbieten. Es muss mehr Gruppen geben, die queere und trans Personen tatsächlich beschützen. Die Aktivist*innen vom *Audre Lorde Project* haben das *Safe Outside the System Project* ins Leben gerufen, dessen Arbeit darin besteht, Probleme in ihrer Community zu lösen, ohne sich auf die Polizei zu verlassen. Diese Projekte dürfen keine Einzelfälle bleiben und sie müssen Kontakt zu anderen queeren Organisationen aufbauen, um zu wachsen und damit sich noch mehr Programme dieser Art in vielen anderen Gemeinschaften und Städten bilden können.

Es müssen sowohl kurz- als auch langfristige Strategien entwickelt werden. Gute Strategien werden von der Geschichte mitgeprägt. Geschichten müssen erzählt werden und Artikel müssen gelesen werden, zum Beispiel über das *Out of Control Lesbian Committee to Support Women Political Prisoners*, das 1986 gegründet wurde, um sich gegen die *Lexington Control Unit for Women* in Kentucky zur Wehr zu setzen. Geschichten müssen erzählt werden über die *Pink Panthers*, die sich in zahlreichen US-Städten gründeten, um Queers und trans Personen auf den Straßen, ob sie dort lebten oder nur auf ihnen unterwegs waren, zu beschützen. Queers müssen von *Men Against Sexism* aus dem Walla Walla Gefängnis hören, von der *George Jackson Brigade* und anderen revolutionären queeren Bewegungen und Kampagnen aus den 1960ern und 1970ern. Während Mumia Abu-Jamal noch immer im Knast sitzt, müssen wir uns an die Rolle erinnern, die Queers in seinen Unterstützungskampagnen gespielt haben, allen voran *Rainbow Flags for Mumia*. Die Aktionen von ACT UP, inklusive ihrer kreativen politischen Konfrontation und ihrem Kampf für die Freilassung von Insassen, die an HIV / Aids erkrankt sind, sollten wir uns erzählen, wenn wir auf den Tanzflächen miteinander flirten. Wir müssen diese Geschichten hören und sie unseren Liebhaber*innen, Freund*innen und allen anderen erzählen, die sich uns in unseren wachsenden Bewegungen anschließen wollen. Wir müssen den explizit anarchistischen Aspekten und Formen der Organisierung Gehör schenken. Durch unsere inspirierenden Erfahrungen kann es uns gelingen, weiterhin in der Hoffnung zu leben, dass sich unsere Kämpfe lohnen werden. Wenn wir unsere Geschichte erzählen, dann hauchen wir ihr und sie uns neues Leben ein.

Die Unterstützung für Queers und trans Personen, die im Gefängnis sitzen oder von anderen Auswüchsen des gefängnisindustriellen Komplexes attackiert werden, ist nicht nur eine Sache der Vergangenheit. In Montreal organisiert das *Prisoner Correspondence Project* Kontakt queerer und trans Insassen mit Brieffreund*innen aus der ›Freiheit‹ und ihre Homepage dient als ausführliche Informationsquelle für diese Brieffreund*innen. Das *Transgender, Gender Variant and Intersex Justice Project* (TGIJP) in San Francisco, geführt von Miss Major, arbeitet an der Unterstützung von trans, gender variablen und intersex Personen, die in kalifornischen Gefängnissen sitzen und anderswo. TGIJP arbeitet auch mit Menschen, die gerade aus dem Gefängnis entlassen worden sind, und wird von früheren Gefängnisinsass*innen geleitet, insbesondere von trans Women of Color. Sie waren auch in den riesigen koordinatorischen Aufwand eingebunden, den es erforderte, um die Konferenz *Transforming Justice* auf die Beine zu stellen, aus der ein fortlaufendes nationales Projekt entstanden ist, das sich damit beschäftigt, hervorzuheben, welche Auswirkungen der gefängnisindustrielle Komplex auf trans Personen hat, ganz besonders auf trans Personen of Color und Geringverdienende. In Chicago sitzt das *Write to Win Collective*, ein »Brieffreundschaftsprojekt für transgender, transsexual, queer, gender self-determining und gender variablen Menschen, die in Illinois' Gefängnissen leben und überleben«.[12] In Boston arbeite ich im Draußen-Ausschuss von *Black and Pink*; es gibt auch einen Ausschuss von Insassen. Wir geben einen monatlichen Newsletter von queer und trans Insassen heraus, mit ihren Geschichten, politischen Artikeln und Gedichten, den wir an etwa 1.300 queer und trans Insassen schicken. Darüber hinaus aktualisieren wir eine Liste von Insassen, die gerne Brieffreund*innen hätten, die man auf unserer *Black and Pink*-Webseite findet. Je größer wir werden, desto mehr direkte Hilfestellung können wir Insassen geben, desto mehr Projekte und Trainings können wir in unseren Communitys anbieten, um über den Einfluss des gefängnisindustriellen Komplexes auf queere Communitys aufzuklären. Unser Selbstverständnis beschreibt unsere Arbeit folgendermaßen: »*Black&Pink* ist eine offene Familie von LGBTQ-Insassen und ›freien‹ Verbündeten, die sich gegenseitig unterstützt. Unsere Arbeit für die Abschaffung des gefängnisindustriellen Komplexes gründet auf der Erfahrung derzeitiger und ehemaliger Insassen. Wir sind wütend über die besondere Gewaltausübung des gefängnisindustriellen Komplexes gegenüber LGBTQ-Menschen und reagieren darauf mit Hilfe, Aufklärung, direkter Unterstützung und politischer Organisierung.« Wir haben beschlossen, uns als Familie zu bezeichnen, da uns enorm viele Briefe erreichten, die an die *Black and Pink*-Familie adressiert waren, und da die ursprünglichen Familien, aus denen Queers und trans Personen stammen, häufig viel Schaden angerichtet haben, und da wir somit die Möglichkeit haben, das Konzept Familie zu queeren und tatsächliche Fürsorge und Aufmerksamkeit anzubieten, die viel zu oft verwehrt wird.

Black and Pink und alle anderen Projekte haben anarchistische Tendenzen, auch wenn sie sich nicht explizit anarchistischen nennen. Allesamt sind sie Projekte gegen den gefängnisindustriellen Komplex und streben danach, für diejenigen da zu sein, gegen die sich die Gewalt desselben hauptsächlich richtet. Die Geschichte von queerem und anarchistischem Aktivismus für die Abschaffung des gefängnisindustriellen Komplexes wird jeden Tag neu geschrieben.

Wir brauchen immer neue Projekte und neue Strategien. *Cop Watch* ist eine Strategie, die in vielen Städten entstanden ist und eindeutig anarchistische und auf den Kampf gegen den gefängnisindustriellen Komplex ausgerichtete Tendenzen hat. Innerhalb der Vereinigten Staaten gibt es eine ganze Reihe solcher *Cop Watch*-Gruppen: Chicago, Portland, die Bay Area und New York City haben die größten und erfolgreichsten *Cop Watch*-Organisationen. Massachusetts hat eine handlungsfähige *Cop Watch*-Gruppe in Western Massachusetts und eine sporadische Untergruppe in Boston. Die *Portland Cop Watch*-Gruppe definiert ihr Ziel folgendermaßen: »Wir wollen die Opfer von Polizeigewalt darin unterstützen, gegen das vorzugehen, was ihnen angetan wurde, mit dem Ziel, individuelle Fälle aufzuklären und zukünftige Vorfälle zu vermeiden; wir wollen die Öffentlichkeit aufklären, vor allem ›Zielgruppen‹ von Polizeigewalt über ihre Rechte und Verantwortung; und wir wollen ein effektives System für die zivile Überwachung der Polizei vorantreiben und begleiten.«[13] *Cop Watch*-Gruppen patrouillieren regelmäßig auf der Straße und überwachen polizeiliche Aktivitäten mit Videokameras und

Fotoapparaten, um Polizeigewalt zu verhindern und Fehlverhalten auf Seiten der Polizei zu dokumentieren. *Cop Watch* ist völlig legal und kann ein legitimes Mittel in den Communitys sein, die am meisten von Polizeigewalt betroffen sind. Während der New Yorker Gay Pride Parade formierte sich eine Koalition aus queeren of Color Organisationen zu einer *Cop Watch*-Patrouille, da sie von den Organisator*innen der Parade und von den Organisator*innen der schwulen und lesbischen Mainstreamverbände nur mangelhaft unterstützt wurden und sie in der Vergangenheit häufig während der Parade spezifisch als queere People of Color von der Polizei angegangen worden waren. *Cop Watch* nahm im *Fens* Kontakt mit Menschen auf, einem von der Polizei stark überwachten Ort für öffentlichen Sex. Queers und queere Analysen sind in *Cop Watch* notwendig, um am effektivsten auf die Bedürfnisse von Queers und trans Personen eingehen zu können, die im Fokus der Polizei stehen.

Eine andere Organisationsstrategie ist das Zermürbungsmodell, mit dessen Hilfe »die Funktion und Macht der Gefängnisse dieser Gesellschaft durch ausdauernde Zermürbung Stück für Stück abgetragen wird.«[14] Dieses Modell zielt spezifisch auf die Abschaffung von Gefängnissen innerhalb des gefängnisindustriellen Komplexes ab. Dazu beantragt es bereits beim Bau von Gefängnissen, Untersuchungshaftanstalten und Erweiterungen von Gefangenenlagern, bei der Entwicklung, der Forschung und dem Bau eine gesetzliche Aufhebung. Damit werden die Regierung und die betreffenden Unternehmen dazu gezwungen, nach Alternativen zu suchen, um Menschen einzusperren. Diese Anträge haben einen nicht zu ermessenden Einfluss darauf, zukünftige Freiheitsberaubungsinstitutionen des gefängnisindustriellen Komplexes zu verbieten. Während wir für eine Aufhebung der Erweiterung der Bestrafungsindustrie kämpfen, ist der nächste Schritt innerhalb dieser Strategie die Freilassung. Freilassung ist der Kampf darum, so viele Leute wie möglich aus dem Gefängnis herauszubekommen. Während eine Neuauflage der Underground Railroad[15] sicherlich in Betracht gezogen und versucht werden sollte, würde eine solche Strategie für die Beteiligten schwerwiegende Konsequenzen haben, wenn sie erwischt würden. Andere Strategien sind beispielsweise »eine ›Freilassungs-Timeline‹: Mindestens 80% Freilassungen sofort, 15% nach und nach und die letzten 5% innerhalb von zehn Jahren«.[16] Um dies zu erreichen, sollten zunächst achtzig Prozent aller Gefangenen, die wegen nicht-gewalttätiger Straftaten verurteilt worden sind, freigelassen werden. Dann sollten wir sicherstellen, dass alle Gefangenen mit tödlichen Krankheiten, alle über einem Alter von fünfundsechzig Jahren, alle Gefangenen, die wegen Sexarbeit einsitzen, alle Gefangenen, die wegen des Mordes an gewalttätigen Partner*innen verurteilt wurden, und alle Gefangenen, die länger als zehn Jahre einsitzen, freigelassen werden. Natürlich werden all diese Individuen, die entlassen werden, Auffangstrukturen brauchen, um sich wieder in die Gesellschaft zu integrieren. Hieran müssen Programme für ehemalige Häftlinge individuell angepasst werden. 2006 wurden 68 747 203 000 Dollar für Freiheitsentzug ausgegeben. »2001 lagen die durchschnittlichen jährlichen Ausgaben pro Häftling bei 22 650 Dollar, oder 62,01 Dollar pro Tag.«[17] Wenn die Vereinigten Staaten jedes Jahr so viel Geld dafür ausgeben können, Leute hinter Gittern zu halten, sollte es kein Problem sein, die Hälfte davon auszugeben, um sich um Menschen zu kümmern, die in die Gesellschaft zurückkehren, und das Geld sollte auf direktem Wege an lokale Organisationen fließen, nicht in staatliche Programme.

Der nächste Schritt im Kampf gegen den gefängnisindustriellen Komplex ist ein Inhaftierungsstopp, sprich keine Leute mehr ins Gefängnis zu werfen. Hier kommt die transformative Gerechtigkeit ins Spiel, ebenso wie die Entkriminalisierung. In den USA ist einer von einunddreißig Erwachsenen entweder auf Bewährung, in bedingter Haftentlassung oder im Gefängnis.[18] Taktiken eines Inhaftierungsstopps wären beispielsweise »die Abschaffung bestimmter Vergehenskategorien. Ein Anfang wäre es, opferlose Verbrechen abzuschaffen, das Kautionssystem und die U-Haft abzuschaffen (Leute rauslassen); kommunale Streitschlichtungs- und Mediationszentren aufzubauen, Bewährungsstrafen auszusetzen, Geldstrafen und Schadensersatz zu nutzen, eine Bewährungsstrafe in der Gemeinde einzuführen und legislative Standards und Prozesse zur alternativen Verurteilung aufzubauen.«[19] Die Liste der Möglichkeiten ist bei Weitem noch nicht vollständig, sondern vielmehr ein Blitzlicht an Strategien, für die sich Abschaffungsbefürworter*innen einsetzen. Queere und anarchistische Analysen sind auf allen Ebenen notwendig, um diese Ziele, unsere konkrete Utopie, in der politischen Arbeit als Kompass zu haben. Für die Liberalen ist es viel zu einfach, sich Abschaffungskampagnen anzueignen; queere Anarchist*innen spielen eine zentrale Rolle in der Aufgabe, dass alle dem großen Ganzen Rechnung tragen. Lasst uns die Mauern des gefängnisindustriellen Komplexes einreißen und gleichzeitig revolutionäre Gemeinschaften aufbauen. Diese Gemeinschaften werden anarchistische oder queere Räume sein, die das enorme Potenzial unserer Menschlichkeit veranschaulichen. Wir müssen diese Alternativen leben, schon während wir dieses System, innerhalb dessen wir zu handeln gezwungen sind, dekonstruieren. Während wir den Anarchismus queeren und die Abschaffungsbewegung queeren werden wir uns damit konfrontiert sehen, das Problem der sexuellen Gewalt innerhalb unserer Gemeinschaften thematisieren zu müssen. Wir werden die Kritik an den weiterhin existierenden Formen der Unterdrückung thematisieren müssen. Wenn wir unserer Komplexität als menschliche Wesen Aufmerksamkeit schenken, wird es uns gelingen, uns tatsächlich in den Aufbau einer Bewegung einzubringen, in der Bewegungen und Taktiken zusammenwirken werden, die allzu häufig nicht in Kontakt kommen. Die Mauern und Grenzen, die wir einreißen müssen, sind nicht nur die des Staates oder des Kapitalismus, sondern auch die, die unsere Bewegungen daran hindern, zusammenzuarbeiten und sich einander zu informieren. Unser Potenzial liegt in unserer Fähigkeit, Unterdrückung an allen Fronten zu bekämpfen, und wir müssen uns dieser queer-anarchistischen Strategien bedienen, wenn wir am Ende tatsächlich siegreich sein wollen.

Übersetzt von Dietlind Falk

1   Balagoon, Kuwasi (2003): A Soldier's Story. Montreal: Kersplebedeb Publishing. S. 75.

2   Die *Republic of New Africa* (RNA) ist eine amerikanische Schwarze Organisation, die 1969 gegründet wurde mit dem Ziel, in den südlichen US-Staaten South Carolina, Georgia, Alabama, Mississippi und Louisiana eine unabhängige, vorwiegend Schwarze Republik zu bilden und Entschädigungszahlungen an ehemalige Sklav*innen und ihre Nachfahren durchzusetzen. [Anm. d. Übers.]

3   James, Joy (2005): The New Abolitionists: (Neo)Slave Narratives and Contemporary Prison Writings. New York: State University of New York Press. S. 262.

4   The Network/La Red. What Is Partner Abuse. http://tnlr.org/en/what-is-abuse/#abuse (Zugriff 03.05.2017).

5   Gilmore, Ruth Wilson (2007): Golden Gulag: Prisons, Surplus, Crisis, and Opposition in Globalizing California. Berkeley: University of California Press. S. 247.

6   Smith, Andrea (2006): Heteropatriarchy and the Three Pillars of White Supremacy. In: Incite! Women of Color Against Violence (Hg.): Color of Violence Anthology. Cambridge: South End Press. S. 67

7   Muñoz, José Esteban (2009): Cruising Utopia: The Then and There of Queer Futurity. New York: NYU Press. S. 3.

8   Kornegger, Peggy (1996): Anarchism: The Feminist Connection. In: Ehrlich, Howard J. (Hg.): Reinventing Anarchy, Again. San Francisco: AK Press. S. 156.

9   Balagoon, Kuwasi (2003): A Soldier's Story. S. 105.

10 Vgl. Critical Resistance—Incite! (2006): Statement on Gender Violence and the Prison Industrial Complex. In: Incite! Women of Color Against Violence (Hg.): Color of Violence Anthology. Cambridge: South End Press.

11 Kissack, Terence (2008): Free Comrades: Anarchism and Homosexuality in the United States. 1895–1917. San Francisco: AK Press. S. 102.

12 The Write to Win Collective. http://writetowin.wordpress.com/ about/ (Zugriff 03.05.2017).

13 About Portland Copwatch (PCW). http://www.portlandcopwatch.org/whois.html#Goals (Zugriff 03.05.2017).

14 Prison Research Education Action Project (1976): Instead of Prisons: A Handbook for Abolitionists. Boston: PREAP. S. 62.

15 Die *Underground Railroad* (englisch für *Untergrundbahn*) war ein aus Gegner*innen der Sklaverei – auch Weißen – bestehendes informelles Netzwerk, das Sklaven auf der Flucht aus den Südstaaten der USA nach Norden, z. B. in das sicherere Kanada, Unterstützung gewährte. Mit geheimen Routen, Schutzhäusern, Fluchthelfer*innen und geheimer Kommunikation gelang es, zwischen 1810 und 1850 etwa 100.000 Sklaven zu befreien. Die 1780 gegründete *Underground Railroad* bestand bis 1862. [Anm. d. Übers.]

16 Prison Research Education Action Project (1976): S. 63

17 Bureau of Justice Statistics: Inmate Expenditures. http://bjs.ojp.usdoj.gov/index.cfm?ty=tp&tid=16 (Zugriff 03.05.2017).

18 Pew Foundation: 1 in 31 U.S. Adults are Behind Bars, on Parole or Probation. http://www.pewtrusts.org/en/about/news-room/press-releases/0001/01/01/one-in-31-us-adults-are-behind-bars-on-parole-or-probation (Zugriff 03.05.2017).

19 Prison Research Education Action Project: S. 63.

Liat Ben-Moshe, Anthony J. Nocella II und AJ Withers

Anarchismus queer-crippen: Gedanken zur Überschneidung von Anarchismus, Queerness und Behinderung

Einleitung

Anarchismus, ähnlich wie Feminismus, ist kein homogenes Ganzes, sondern besteht aus vielen verschiedenen Strömungen, Denkansätzen und Ausdrucksformen. Ein paar gemeinsame Grundsätze gibt es jedoch, die den Großteil der anarchistischen Theorien und die diversen Formen der Praxis einen. Dazu zählen Widerstand gegen jede Form von sozialer, politischer, ökonomischer und religiöser Hierarchie, Herrschaft und Autoritarismus, Befürwortung von Dezentralisierung und Konzentration auf Freiheit und Autonomie. Manche Anarchist*innen lehnen auch Avantgardismus stark ab. Sie hinterfragen den intellektuellen und empirischen Status, der mit der akademischen Welt und manchen Kollektiven in Verbindung gebracht wird, weil sie in deren elitärem Wesen einen Autoritätsanspruch sehen. In diesem Kapitel ist es unser Ziel, die Beziehung zwischen Behinderung (nach der Definition der Disability Studies[1] und der kritischen Erziehungswissenschaften[2]) und den Grundsätzen anarchistischer Theorie und Praxis zu untersuchen. Wir werden also Anarchismus *queer-crippen*: das heißt, die Praxis des Queerens mit der Krüppelbewegung zusammenbringen und so um den Standpunkt von Menschen, die behindert sind / werden, erweitern. Behinderung wird so zu einem analytischen Instrument, mit dem wir Anarchismus untersuchen und fragen: Wie würde eine gerechte Welt für Queers und Crips (Krüppel) aussehen?

Queerness und Behinderung

Geschichtlich betrachtet sahen sich sowohl Behinderung als auch Homosexualität einem repressiven medizinischen Verständnis und der Gefahr der eugenischen Vernichtung ausgesetzt (durch selektive Abtreibung und die Identifikation von Genen für bestimmte Behinderungen oder eines ›Homo-Gens‹). Dies bildet eine gemeinsame Basis für den Queer- und den ›Behinderten‹-Aktivismus.[3] Auch die aktivistischen Methoden beider Bewegungen waren oft ähnlich. Sowohl queere als auch Aktivist*innen mit Behinderung setzten Wut, Parodie und Humor als Mittel für gesellschaftliche Veränderungen ein.[4] Eine weitere Parallele ist die zentrale Debatte darüber, ob eher versucht werden soll, eine Eingliederung / Anpassung zu erreichen, oder ob eher eigene Identitäten, ein eigener Wortschatz und ›sichere‹ und zugängliche Orte geschaffen werden sollen.[5]

Heteronormativität und Ableism (die Setzung nicht-behinderter Körper als Norm) sind kulturell konstruierte Unterdrückungsideologien, die verhindern, dass Menschen die volle Bandbreite der vielfältigen Sexualitäten und Möglichkeiten, in dieser Welt zu sein, erkennen. Ableism ist die Vorstellung, dass Behinderung nicht einfach bedeutet, verschieden zu sein, sondern mit minderwertigen Eigenschaften, Defiziten oder nicht-wünschenswerten Formen des Seins verbunden sei. Eine Gesellschaft, die dementsprechend diskriminiert, konstruiert sich selbst (in ihrer Infrastruktur, wie in Gebäuden, Lehrplänen, Repräsentationen in den Medien), als ob Behinderung nicht existiere, abstoßend sei oder modifiziert werden müsse, um in die etablierte Ordnung zu passen. Gleichermaßen konstruieren sich heteronormative Gesellschaften, als ob Heterosexualität nicht nur die bessere, sondern tatsächlich die einzige Art sei, zu leben, zu begehren und mit anderen zusammen zu sein. Es ist wichtig, klarzustellen, dass Ableism und Heteronormativität nicht nur Parallelen aufweisen, sondern sich auch überschneiden. Nicht zu sehen, inwiefern sie als Formen von Unterdrückung ineinandergreifen und sich verstärken, würde bedeuten, die Realität queerer Menschen mit Behinderung, die sich manchmal in beiden Gruppen an den Rand gedrängt sehen, zu ignorieren. Eine Erklärung für die Abwesenheit von Behinderung in der Queer-Theorie und den Mangel an effektiver Kooperation könnte die vergleichbare Geschichte der Pathologisierung liefern. Queer-Theorie eroberte den als Schimpfwort gebrauchten Begriff ›queer‹ zurück und entlarvte im gleichen Zug Gender als soziales Konstrukt. So entstand ein tieferes Verständnis der Komplexität des individuellen sexuellen Begehrens. In der Vergangenheit kategorisierten Wissenschaft und Medizin Homosexuelle als behindert und behaupteten, sie hätten kleinere Gehirne. Um Beweise für ihre Behauptung zu finden, bemühten sie Pseudo-Wissenschaften wie Eugenik und andere dubiose Theorien.

Die historische Konzipierung von Homosexualität als pathologisch führte Anfang der 60er-Jahre zu dem Versuch einer Normalisierung. Der berühmte Mainstream-Aktivist für Schwulenrechte Frank Kameny sagte 1965: »Die gesamte Homophilenbewegung … steht und fällt« mit dem Problem der Pathologisierung von Homosexualität.[6] Die jahrelange Kampagne darum, Homosexualität nicht mehr als psychische Krankheit zu definieren, war schließlich im Jahre 1973 erfolgreich und Homosexualität wurde offiziell vom *Diagnostischen und Statistischen Manual Psychischer Störungen* entfernt. Möglicherweise distanzieren sich heute viele LSBTQ-Personen von Gruppen, die ähnlich wie sie pathologisiert wurden, um die historischen Assoziationen von Anomalie und Krankheit hinter sich zu lassen.[7] Baynton beschreibt diesen Vorgang und zeigt auf, dass das Konzept von Behinderung im Laufe der Geschichte immer wieder nicht nur als Rechtfertigung benutzt wurde, um ›Behinderte‹ auszugrenzen, sondern auch dazu diente, andere marginalisierte Gruppen (People of Color, Immigrant*innen) zu diskriminieren, indem behauptet wurde, sie seien behindert.[8] Die so stigmatisierten Gruppen stellen normalerweise die Grundannahme der Minderwertigkeit von Behinderung nicht infrage, sondern grenzen sich von der Kategorisierung als behindert ab, wenn möglich mit wissenschaftlichen Mitteln.

Diese Abwehr gegen die Verbündung queerer und disabled Gruppen steht nicht nur der Umsetzung gemeinsamer Ideale und möglicher politischer Koalitionen im Weg, sie hat auch verheerende Auswirkungen auf das Leben von disabled Queers. Da Menschen mit Behinderung als asexuell und / oder sexuell minderwertig gegenüber Menschen ohne Behinderung wahrgenommen werden (abgesehen von Fetischen, wie Amputations-Liebhaber*innen oder Kleinwüchsigen-Fetisch), mag queer zu sein, logisch erscheinen, denn auch Homosexualität wird von Heterosexuellen und heteronormativen Kulturen als minderwertig angesehen.[9]

Parallelen von Queerness und Behinderung existieren nicht nur in Bezug auf gelebte Erfahrung, auch ihre Theoriebildung weist Gemeinsamkeiten auf: Disability Studies und Queer-Theorie können beide als kritische und befreiende Diskurse betrachtet werden. Die ›vier Ds der Kriminalisierung von Behinderung‹ – Dämonisierung, Delinquenz (Kriminalität), Devianz (Abweichung) und Dissens[10] – dienen als Instrument der kritischen Analyse gesellschaftlicher Konstruktionen wie Heternormativität und Norm. Mit ihrer Hilfe lassen sich darüber hinaus die Methoden der Stigmatisierung marginalisierter Gruppen, darunter auch Queers und Menschen mit Behinderung, analytisch erfassen.

Queer-crippen

Natürlich ähneln sich Queerness und Behinderung nicht nur im Hinblick auf Identität und Theoretisierung, sie sind auch untrennbar miteinander verzahnt. Der zentrale Forschungsgegenstand der Queer-Theorie ist die Zwangsheterosexualität. Wissenschaftler wie Robert McRuer[11] und Lennard Davis[12] schlagen vor, dass die Disability Studies in ›Normalcy-Studies / Norm(alitäts)-Wissenschaften‹ umbenannt werden sollten. McRuers *Crip Theory* zielt darauf ab, » sich beständig zu Wort zu melden, um die Krise weiter voranzutreiben, in die uns die völlig unangemessenen, zwingenden Kategorien von Heterosexualität und nichtbehinderter Körperlichkeit gestürzt haben.«[13] ›Crip‹ (Krüppel) wird hier als Wort angeeignet (sowohl als Verb als auch als Identität der damit Bezeichneten). Die negativen Assoziationen, die eine ableistische Kultur mit diesem Begriff in Verbindung gebracht hat, werden abgelehnt.

McRuer argumentiert, dass Crip Theory »Aufmerksamkeit auf schwerstbehinderte, queere Positionen lenkt und Krüppel als Subjekte in den Vordergrund stellt, die ... die Krise der Autorität produktiv verschärfen werden, in der sich die Normen der heterosexuellen und able-bodied Normen zurzeit befinden.«[14] Mit ›schwerstbehindert‹ bezeichnet McRuer also nicht einen Grad der Einschränkung, die einer Personen unterstellt wird, sondern eine queere Position. Durch die Aneignung von ›schwerst‹ im Sinne von ›kämpferisch‹ oder ›trotzig‹ verdreht McRuer die Standards nicht-behinderter Körperlichkeit, die diesen Begriff für diejenigen reserviert hatten, die niemals in den Kreislauf integriert werden können (das alte Lied von »jede*r sollte integriert werden, außer ...«). Von ihrem marginalisierten Status aus betreten >Schwerstbehinderte< und queere Subjekte den gesellschaftlichen Grenzbereich erneut, um die Unzulänglichkeiten heteronormativer und nicht-behinderter Perspektiven aufzuzeigen.

McRuer behauptet nicht nur, dass Normen und die von ihnen hervorgebrachten Subjekte miteinander in Verbindung stehen, sondern dass sie voneinander abhängen. Jedes normative Gerüst kann ohne das andere nicht auskommen und wäre also auf sich allein gestellt in seiner Funktionsweise behindert. Zwangsheterosexualität funktioniert nur nach der derzeitigen Manier, weil angenommen wird, die Menschen, auf die sie sich bezieht, seien nicht-behindert. Auf der anderen Seite wird beispielsweise in Bezug auf >Behinderte< / Krüppel Heterosexualität nicht vorausgesetzt, da sie meist als asexuell wahrgenommen werden. Dementsprechend wird Queerness als Behinderung und Abweichung gegenüber der Heteronormativität verstanden. Eine derartige Analyse geht darüber hinaus, die Verbindungen zwischen Queerness und Behinderung ausschließlich im Sinne von Identität (z.B. der gelebten Erfahrungen von queeren Krüppeln) zu verstehen, sondern sie versucht sowohl, diese Identitäten zu de-essentialisieren (so werden >queeren< und >crippen< als Verben und nicht nur als Bezeichnungen für Identität gebraucht), als auch, ihre Existenz umfassend, materiell und imaginär, zu erfassen.

Carrie Sandahl argumentiert, die Denkschablonen des »Queerens und Crippens enthüllen die willkürliche Unterscheidung zwischen dem, was als normal, und dem, was als mangelhaft gilt, und zeigen so die negativen Folgen für die Gesellschaft auf, wenn versucht wird, die Menschheit zu homogenisieren« – daher der Begriff >queer-crippen<.[15] Sowohl >queer< als auch >crip< eröffnen Gesprächen und Imagination neuen Raum, der sonst durch die kulturimperialistische Idee der Norm verwehrt bliebe. Robert McRuer und Abbey Wilkinson zufolge ist »das queer-crip Bewusstsein eines, das mehr verlangt, dem es darum geht, ein öffentliches Leben aufzubauen und zu verteidigen, in dem wir nicht zwingenderweise alle vereint >stehen< ... Ein queer-crip Bewusstsein wehrt sich gegen Einhegungen und imaginiert ideenreichere, offenere und gerechtere Gemeinschaften.«[16] Weil queere Krüppel in der Welt, wie sie ist, nicht leben können, stellt sich das queer-crip Bewusstsein eine neue Weltordnung vor.

Behinderung destabilisiert Identität im Kern und schlägt dem Schubladendenken ein Schnippchen. Die Grenzen von Behinderung sind viel mehr fließend und kontextuell denn biologisch. Das heißt nicht, dass Biologie keinen Einfluss auf Körper und Geist hat, sondern dass die Definition von Behinderung nur bestimmten Arten von Körper und Geist aufgezwungen wird. Diejenigen, die dieses Kapitel mit einer Brille auf der Nase lesen, identifizieren sich vielleicht nicht mit Behinderten- (oder Krüppel-) Kultur, wären aber wohl ohne diese Lesehilfen recht behindert. Auch ist offensichtlich, dass wir alle Formen von Behinderung erfahren werden, sollten wir lange genug leben. Versteht mensch Behinderung jedoch als in historischen und kulturellen Prozessen konstruiert, dann sollte Behinderung nicht mehr als binäres Gegenteil, sondern als Kontinuum aufgefasst werden. Wir sind immer in Bezug auf den Kontext, in dem wir uns befinden, dis / abled. Eine Person hat eine Lernschwäche, wenn sie sich in einem wissenschaftlichen Kontext bewegt, die Benutzung eines Rollstuhls wird durch eine nicht-barrierefreie Umwelt zu einer Behinderung und zu einem Nachteil. Eine Person, die eine Brille trägt, kann ohne diese bei dem Versuch, Schriftstücke zu lesen oder weit zu schauen, behindert sein. All dies kann sich jedoch in Bezug auf den jeweiligen Kontext, in dem Menschen sehen und gesehen werden, ändern. Die Definition von Behinderung/ Befähigung verschiebt sich, je nach dem, welche Erfordernisse von denjenigen formuliert werden, die die dominanten Positionen in den hierarchischen Strukturen besetzen. Der Staat hat üblicherweise eine weitgefasste Definition von Behinderung, wenn diese dazu dient, Menschen zu marginalisieren, und eine enge, wenn es darum geht, den Zugang zu Ressourcen zu regulieren.[17]

Als Zustand mit fließenden Grenzen sollte Behinderung, ganz ähnlich wie Queerness, als eine ganz gewöhnliche Angelegenheit wahrgenommen werden. Die Welt von einer crip-queeren Perspektive aus zu betrachten, hilft, bestimmte Formen von Hierarchie und Herrschaft infrage zu stellen; schlichtweg, indem die Vorstellung von Norm an sich infrage gestellt wird. Ein queergecrippter Anarchismus sollte Hierarchien ablehnen, die es erlauben, Körpern und Psychen, die als abweichend von der Norm betrachtet werden, eine behinderte Identität aufzuzwingen. Dies sollte – im Unterschied zur marxistischen Fokussierung auf den Widerstand gegen Ausbeutung und Aneignung – als ein wesentlicher Teil des Widerstands gegen Herrschaft und als ein Beitrag zur Durchsetzung von Autonomie betrachtet werden.

Konstruktion der Norm

Die Norm (>normalcy<) ist ein relativ neues Konzept, das als Teil des Projektes der Moderne von 1800–1850 in West-Europa und den westeuropäisch kolonialisierten Gebieten in Nord-Amerika aufkam. Das Wort >normal< tauchte in der englischen Sprache nicht vor 1840 auf.[18] Vor dem Konzept der Norm gab es das Konzept des Ideals (und dessen Begleiterscheinung: das Groteske). Im römisch-griechischen Verständnis war klar, dass kein Mensch an diesen Standard heranreicht. Das Ideal wurde als unerreichbar (wie eine griechische Statue) und Unvollkommenheit als ein Kontinuum angesehen. Mangelhaftigkeit wurde graduell auf das Ideal bezogen und als solche nicht geahndet.[19]

Im 19. Jahrhundert betrat das Konzept der Norm, angelehnt an das Konzept des Durchschnitts, die Bühne der europäischen Kultur. Das Normalmaß entstand gleichzeitig mit der Erstellung von Statistiken und Messungen. Eigenschaften wurden durch eine Glockenkurve dargestellt und die Extreme der Kurve galten als abnormal. Statistiken wurden mit dem Aufkommen der Moderne als staatliche Werkzeuge erschaffen (daher ihre etymologische Abstammung als Sta(a)t-istik), als >politische Arithmetik<.[20] Es ist kaum vorstellbar, dass politische Institutionen vor 1820 ihre Entscheidungen nicht auf Kriminalitäts-, Armuts-, Geburts- und Sterberaten sowie Arbeitslosenquoten stützten.[21] Diese neue Regierungsform bezeichnet Foucault als Bio-Politik und charakterisiert damit die neu gewonnene Fähigkeit, die Leistungsfähigkeit von Individuen und Gruppen zu messen und sie somit regierbar zu machen.

Davis stellt fest, dass es einen Unterschied zwischen Normalität und Normalmaß gibt. >Normalität< bezeichnet den Zustand, normal zu sein oder als solches zu gelten, während >Normalmaß< auf der strukturellen Ebene operiert, auf der Körper kontrolliert und normalisiert werden.[22] Das Normalmaß ist die Ideologie der Normalität. Diese Ideologie beinhaltet bürgerliche (und selbstverständlich *weiße*, heterosexuelle und männliche) Normen, in der die Mittelschicht als >Durchschnitt< gilt. Davis argumentiert: »Es ist naheliegend, dass eine solche Ideologie eine bestimmte Art von Wissenschaft entwickelt, die ihrerseits genau diese Normen rechtfertigt.«[23] Besagte Normen betreffen auch den Körper und seine Leistung.

Davis' zentrales Argument ist also, dass Ableism und Normierung keine ungewöhnlichen Phänomene, die wir anklagen müssten, sondern per Definition Teil des Projektes der Moderne sind (moderne Nationalstaaten, Demokratie, Messungen und Wissenschaft, Kapitalismus). Es gibt einige Paradoxa, die mit der Moderne in Verbindung gebracht werden: repräsentative Demokratie vs. individuelle Repräsentation, Kapitalismus vs. Gleichheit, usw. Die Ideologie der Norm löst scheinbar diese Konflikte. In Bezug auf Wohlstand ist es mit Blick auf die Kurve klar, dass nicht alle wohlhabend sein können. Manche müssen sich am Rande der Kurve befinden, um das kapitalistische System aufrechtzuerhalten. Gleichheit ist in diesem Zusammenhang nicht moralisch oder ethisch definiert, sondern wissenschaftlich. So viele Menschen kämpfen für Gleichheit, dabei sollten wir für Diversität und Respekt für Unterschiede kämpfen.

Anders als die Vorstellung des Ideals impliziert die Vorstellung der Norm, dass die Mehrheit der Bevölkerung auf irgendeine Art dem Durchschnitt entspricht. Jede*r muss schwer arbeiten, um sich der Norm anzupassen, aber Menschen mit Behinderung und andere marginalisierte Gruppen werden zum Sündenbock dafür gemacht, nicht in der Lage zu sein, diesen Normen zu entsprechen. Dabei werden sie letztendlich gebraucht, um diese Standards kreieren und aufrechterhalten zu können. Manche Menschen müssen notwendigerweise am Rand stehen, doch sie werden dafür bestraft, dorthin platziert worden zu sein.

Als Beispiel für den strafenden Charakter dieser Ideologie stellt Davis die bemerkenswerte Tatsache heraus, dass fast alle frühen Statistiker

(Galton, Pearson und andere) auch bekannte Eugeniker waren. Das ist insofern nicht weiter überraschend, als dass die Vorstellung von Norm und Durchschnitt die breite Masse in dem Standard entsprechende und in dem Standard nicht entsprechende, minderwertige Bevölkerungsgruppen unterteilte. Stigmatisierte Gruppen werden zur Projektionsfläche für Differenz, damit alle anderen Anteile der Bevölkerung die illusorische Norm anstreben können.

Behinderung basiert nicht auf einer Zweiteilung, sondern auf einer Zersplitterung. Behinderung meint, dass alle verschieden sind. Queer-crippen stellt eine hervorragende Betrachtungsweise dar, mit deren Hilfe sich Norm, Durchschnitt, Standardisierung und Konformität bekämpfen lassen. Queer-crippen ist ein analytisches Instrument und gelebte Erfahrung und kann so Einsichten darüber eröffnen, wie historische und kulturelle Phänomene wie Arbeit, Produktivität und Abhängigkeit untersucht werden können. Es bietet eine radikale Kritik an Arbeit, in Theorie und Praxis, und geht damit sehr viel weiter als bloße Arbeits-Politik. Der globale Kapitalismus zwingt uns alle, so effizient wie möglich zu sein. Marx und die sich auf ihn berufenden Traditionen kategorisieren Menschen auf der Basis von Klasse anstelle von anderen Identitätsmerkmalen wie *race*, sozialem und biologischem Geschlecht, Alter, Fähigkeit und so weiter. Ihr Interesse gilt nur dem Klassenkampf und wirtschaftlichem Einfluss als einziger Form von Machtausübung. Ein anarchistisches Grundgerüst, in dem die Ablehnung von Herrschaft zentral ist, tut gut daran, über eine auf Klasse basierte Analyse hinauszugehen und alle Formen von Macht zu hinterfragen, die uns unterjochen und zugleich voneinander trennen.

Queer-crip Widerstand gegen Kapitalismus

Die kapitalistische Ideologie kreiert und reproduziert eine disziplinarische Welt, die die Menschen schult, einem spezifischen, hegemonialen Wertekanon und Denkmuster zu entsprechen. ›Oberflächliche Gleichheit‹ (im Gegensatz zu ›radikaler Gleichheit‹ wie von Ben-Moshe, Hill, Nocella und Templer beschrieben[24]), Normalität und ›Durchschnittlich‹-Sein scheinen so tief im Bewusstsein der meisten

Menschen verankert, dass sie als neutrale Begriffe wahrgenommen werden, als ob sie unsere Art zu denken und zu leben schon immer beeinflusst hätten und sodass es selbstverständlich erscheint, wie sie soziale Hierarchien erschaffen.

Von einem neo-marxistischen Standpunkt aus ist Behinderung eine Ideologie, auf der das ganze kapitalistische System aufbaut. Eine Ideologie der Behinderung kann die ungleiche Verteilung des Mehrwerts dadurch rechtfertigen, dass sie biologische Unterschiede als die ›natürliche‹ Ursache von Ungleichheit darstellt.[25] Laut Charlton sind Menschen mit Behinderung Teil der ›Überschussbevölkerung‹,[26] die noch nicht einmal zu der von Marx benannten ›industriellen Reservearmee‹, auf die in Zeiten von Wirtschaftskrisen oder ökonomischem Wachstum zurückgegriffen wird, zählt. Mit einem Wort: Sie bilden die Unterschicht. Die Definition von Arbeitslosigkeit selbst klammert seit jeher diverse Gruppen aus, darunter Menschen mit Behinderung, Immigrant*innen, die keine Papiere besitzen, Rentner*innen (die oftmals arbeiten möchten) und Frauen (die unbezahlte Arbeit verrichten). Eine Strategie, die postindustrielle Nationen verfolgen, um ein bestimmtes Arbeitslosenniveau stabil zu halten, besteht darin, manche Menschen als Klient*innen der sozialen und pflegerischen Dienstleistungsindustrie (zum Beispiel von Therapeut*innen, Sozialarbeiter*innen, Pflegekräften, Sachbearbeiter*innen, bezahlten Assistent*innen, Gutachter*innen, Sonderpädagog*innen etc.) einzustufen und so von der Erwerbsbevölkerung auszuschließen. (Während sie gleichzeitig Arbeitsplätze für die Erwerbstätigen im sozialen und pflegerischen Bereich schaffen und sichern).

Arbeit ist in industrialisierten Gesellschaften von großer Wichtigkeit, nicht nur als Mittel zur Befriedigung lebensnotwendiger Bedürfnisse, sondern auch, um bestimmte Beziehungen aufzubauen.[27] Die Industrialisierung erschwerte ›Menschen mit Behinderung nicht nur die Teilnahme am Arbeitsleben (größere Schnelligkeit, Ausdauer und starre Produktionsvorgaben waren jetzt erforderlich), sondern schloss Behinderung als Kultur aus. Menschen mit Behinderung wurden mehr und mehr in Randbereiche der Gesellschaft abgedrängt, beispielsweise in spezielle Institutionen oder ›sonder‹-pädagogische

Einrichtungen,[28] und so vom Rest der Bevölkerung isoliert. Menschen mit Behinderung markieren mit ihren ›andersartigen‹ körperlichen und geistigen Eigenschaften die Grenzen des Normalen. Sie dienen als abschreckendes Beispiel für das Schicksals derer, die an der kapitalistischen Wertschöpfung nicht teilhaben. Die Vorstellung, dass Behinderung und unterstellte Arbeitsunfähigkeit untrennbar miteinander verknüpft sind, ist dermaßen verbreitet, dass eine Person, die in der Lage ist zu arbeiten, nicht als behindert angesehen werden kann (laut Sozialhilfegesetz etwa).

Alle Gesellschaften funktionieren auf der Basis von Maßstäben, anhand derer die Güter und Dienstleistungen innerhalb der Bevölkerung verteilt werden. Stone behauptet, dass in kapitalistischen Gesellschaften der wichtigste Verteilungs-Maßstab erbrachte Arbeit sei, doch nicht alle würden arbeiten wollen oder können.[29] Deswegen wird ein zweiter Verteilungs-Maßstab eingerichtet und dieser orientiert sich am Bedürfnis. Mit dem Aufstieg des Kapitalismus wurde Behinderung zu der Kategorie, anhand derer entschieden wird, ob Menschen auf der Basis von Bedürfnis oder auf der Basis von Arbeit bemessen werden. Volkswirtschaftliche Analysen widerlegen die gängige Annahme, Menschen mit Behinderung seien innerhalb des kapitalistischen Systems nicht produktiv, weil sie keine Arbeitsplätze haben. Viele Leute (darunter auch politische Entscheidungsträger*innen) sind der Ansicht, dass Menschen mit Behinderung, vor allem neoliberaler Ideologie zufolge, die Wirtschaft belasten. Doch Ökonom*innen argumentieren, dass Behinderung eine komplette Industrie inklusive ihrer Beschäftigten (Dienstleister*innen, Manager*innen, Pflege-Spezialist*innen usw.) trägt, die die Wirtschaft ankurbelt. Die sozial-pflegerische Industrie und die Erwerbstätigen im Gesundheitssektor müssen Menschen an ihre Dienste binden und deren Abhängigkeit von ihrem Service gewährleisten.

Von den 1980er-Jahren an wurde die Bezeichnung ›Klient*in von Gesundheits-Dienstleistungen‹ (health-care consumer) austauschbar mit ›Klient*in‹. Laut Nancy Tomes ist der Begriff ›Klient*in‹ ein »Übergriff« und er zwinge »der heiligen Sphäre der Beziehung zwischen Patient*in und Arzt*Ärztin die niederträchtige Sprache der

Marktwirtschaft auf«.[30] Tomes argumentiert, dass Patient*innen in den 60er- und 70er-Jahren die Verwendung des Dienstleistungs-Vokabulars einführten, denn sie empfanden dieses als »eine befreiende Alternative zur traditionellen Beziehung zwischen Behandelnden und Behandelten, da sie glaubten, diese sei hoffnungslos im Sumpf der Bevormundung steckengeblieben«.[31]

Die Einführung des Begriffes ›Klient*in‹ hat jedoch die medizinische Bevormundung nicht beendet. Die Bezeichnung von Menschen mit Behinderung als Klient*innen (für beispielsweise Dienstleistungen im Bereich psychischer Gesundheit, in Form von Verbraucher*innenvertretung und Beratungsausschüssen für Menschen mit Behinderung) ist weiterhin vorherrschend. Wenn Behinderten-Organisationen sich selbst als Klient*innen-Verbände bezeichnen, so tun sie dies im Allgemeinen, damit Unternehmen und Industrie Menschen mit Behinderung als einen wichtigen Markt begreifen. Dieser organisatorische Ansatz und die entsprechende Bezeichnung jedoch grenzen viele arme Menschen mit Behinderung aus, die nicht die finanziellen Mittel haben, mit *ihren Scheinen zu wählen*. Es ist hochgradig problematisch, von Individuen, denen der Staat eine ›Behandlung‹ aufzwingt, als ›Klient*innen‹ zu sprechen. Viele Menschen, deren Leben psychiatrischen Einrichtungen überantwortet wurde, werden dazu gezwungen, Medikamente zu nehmen, sich Elektroschock-›Therapien‹ zu unterziehen oder innerhalb dieser Einrichtungen zu leben. Für viele Menschen stellen die erzwungenen psychiatrischen Behandlungen keinen Service dar, den sie konsumieren, sondern eine Verletzung ihrer Autonomie und Missbrauch.

DeJong,[32] ein bekannter Wortführer der Bewegung für selbstbestimmtes Leben, klagte selbige an, die Ideale ›radikaler Konsumkultur‹ zu propagieren, wenn sie sich Menschen mit Behinderung zuwende. Die Bewegung hat sich zutiefst kapitalistischen Idealen wie Eigenständigkeit, politischer Freiheit und Verbraucherhoheit verschrieben. Im gleichen Sinne kritisierten manche Menschen der LSBTQ-Bewegung, dass die konsumorientierte Ausrichtung der ›Bewegung‹ einem kleinen Segment ihrer Anhänger*innen diene: in erster Linie *weißen*, US-amerikanischen Männern aus der Mittelschicht.

Hoffnung auf eine inter/-dependente Kollaboration und gegenseitige Hilfe

Dieser Artikel wurde von drei Autor*innen verfasst und illustriert Interdependenz durch die gegenseitige Unterstützung im Prozess des Schreibens, der redaktionellen Arbeit, beim Ausarbeiten der Theorie und des Konzepts und ist somit Disability-Anarchismus in Aktion. Während das Konzept gegenseitiger Hilfe eher auf der Makro-Ebene operiert und ein gesellschaftspolitisches, ökonomisches Modell bezeichnet, auf dessen Grundlage Gemeinschaften und Beziehungen aufbauen, ist Kollaboration Interdependenz in Aktion. Gegenseitige Hilfe ist ein zentraler Begriff im Anarchismus und viele anarchistische Traditionen lehnen die Ideologie des Individualismus ab und konzentrieren sich auf gegenseitige Hilfe oder mit den Worten von queercrip: Interdependenz.

Innerhalb mancher anarchistischer Communitys wird gegenseitige Hilfe in die Praxis umgesetzt, um ihre Mitglieder mit Behinderung gezielt zu unterstützen. In Toronto, wo A. J. lebt und sich in Pflegekollektiven sowohl als Empfänger als auch als Unterstützer einbringt, wurden einige dieser Kollektive gegründet, um Personen mit Behinderung zu unterstützen. Das älteste von ihnen besteht seit sechs Jahren und stellt täglich drei bis vier Schichten mit einer Dauer von einer halben bis zu einer ganzen Stunde zur Verfügung. Keine dieser Schichten wird bezahlt und keine von ihnen gründet auf Wohltätigkeit. Sie wurden in Anerkennung des Beitrages, den Personen mit Behinderung in Gemeinschaften leisten, aufgebaut und basieren auf dem Wunsch, gegenseitige Unterstützung zu fördern.

Das Konzept der radikalen Barrierefreiheit, das manche Aktivist*innen mit Behinderung vertreten, beruht ebenfalls auf der Idee der gegenseitigen Hilfe. Griffin Epstein erklärt: »Barrierefreiheit bedeutet, Aufmerksamkeit auf die realen Bedürfnisse realer Menschen zu lenken, ohne dabei geschichtliche Vermächtnisse von Unterdrückung zu vergessen.«[33] Radikale Barrierefreiheit plädiert sowohl für das kollektive Verhandeln von Bedürfnissen innerhalb einer Gemeinschaft (inklusive Übersetzung in Zeichensprache, Pflege, physischer Barrierefreiheit, emotionaler Unterstützung, finanzieller Hilfe, Kinderbetreuung etc.), als auch für grundlegenden, gesellschaftlichen Wandel, dem eine gerechte Verteilung von Ressourcen folgen soll.

Sollten Disability Studies und Behinderten-Aktivismus in der Lage sein, den Grundsatz der anarchistischen Praxis, dass man sich aufeinander verlassen kann, kritisch zu erweitern, so wird das im Bereich von DIY der Fall sein. Das bezieht sich auch auf Anarcho-Primitivismus, der eine Extremform der DIY-Kultur ist. Es scheint immer mehr Literatur zu geben, in deren Zentrum Selbstversorgung und ein ›Zurück zur Natur‹ stehen, inbesondere auf dem Gebiet, das mittlerweile als ›grüner Anarchismus‹ bezeichnet wird. Diese Praxis bedarf nichtbehinderter Körper als Basis einer idealen Gesellschaft. Chellis Glendinning schreibt über »magere Jäger-und-Sammler-Frauen«. Sie ertragen es, »lange Strecken zu laufen und dabei Werkzeuge, pflanzliche Nahrung und Kinder zu tragen – körperliche Voraussetzungen, über die heutzutage Athletinnen verfügen.«[34] Derartige Aufrufe werden verheerende Auswirkungen auf die Leben von Menschen mit Behinderung haben, die wahrhaftig den Gedanken gegenseitiger Hilfe verkörpern und jeden Tag auf persönliche Assistent*innen, Freund*innen und Familienmitglieder angewiesen sind, um Unabhängigkeit und Autonomie zu verwirklichen. Auch dies sind zentrale Anliegen des praktischen Anarchismus. Vom queer-crip Standpunkt aus sollten wir vielleicht mehr auf DIT setzen – ›do it together‹. Wir würden argumentieren, dass der Fokus auf Unabhängigkeit die Verinnerlichung kapitalistischer Werte darstellt. Kapitalismus etabliert eine Ideologie der Unabhängigkeit und bringt Beziehungen und Interaktionen hervor, die auf ökonomischen Transaktionen basieren. Diese Ideologie ist jedoch eine Lüge, denn wir alle sind voneinander abhängig und brauchen einander nicht nur, um Grundbedürfnisse wie Nahrung, Unterkunft und Kleidung abzudecken, sondern auch in Bezug auf unsere emotionalen, körperlichen und intellektuellen Bedürfnisse. Eine Umorientierung von DIY hin zu DIT bestärkt unsere Kollektivität und Interdependenz und lehnt es ab, den Schwerpunkt auf einen schroffen Individualismus zu legen, denn dies ist eine Wertvorstellung, die den Pflegebedarf vieler Menschen negiert.

Eine Politik der Befähigung

Richtungsweisende Politik, die queer-crip berücksichtigt, auszuarbeiten, heißt, Inklusion (neu) zu denken. Übers Knie gebrochene anarchistische Organisationsweisen und Praxen sind recht oft exklusive Räume und Angelegenheiten. Auf vielen radikalen Konferenzen zum Beispiel mangelt es an Achtsamkeit, um Barrierefreiheit zu gewährleisten. Dazu gehören Übersetzer*innen, Menschen, die Notizen machen, und barrierefreie Badezimmer und Eingänge. Eine anarchistische Buchmesse in Toronto fand beispielsweise am oberen Ende eines engen Treppenhauses statt. Das Argument für diesen barrierereichen Veranstaltungsort war, dass die Messe in einem ›anarchist*innen-freundlichen Umfeld‹ abgehalten werden sollte. Die Definition von ›anarchist*innen-freundlich‹ beinhaltete offensichtlich keine Menschen, die nicht in der Lage sind, Treppen zu steigen. Es wird auch langsam fast zu einem ironischen Klischee, dass immer, wenn Widerstand entsteht, eine Demonstration organisiert wird. Obwohl organisierte Proteste einer Sache zu mehr Sichtbarkeit verhelfen können und sicherlich Solidarität unter den Teilnehmer*innen schaffen, sind sie auch eine Strategie des Widerstands, die viele Aktivist*innen mit Behinderung ausschließt. In diesem Sinne können sie ebenso sehr polarisierend wie mobilisierend auf eine bestimmte Thematik einwirken.

Queer-gecrippte politische Organisation erfordert die Anerkennung der Intersektionalität verschiedener marginalisierter Identitäten und einen Wandel hin zu Koalitionen und inklusiven Strategien und Taktiken. Ein Beispiel hierfür war die Vorbereitung der Anti-G20-Proteste in Toronto im Jahre 2010. Beim Organisieren der Proteste wurde ein Konzept für Barrierefreiheit ausgearbeitet, das es erforderte, jeden Organisationsaspekt so inklusiv wie möglich zu gestalten und gegenüber des gesamten Organisationsteams über die Fortschritte zu berichten. So wurde daran gearbeitet, während der Tage des Protests Betreuung, barrierefreie Unterkünfte und barrierefreie Transportmittel zur Verfügung zu stellen.[35]

Zusammenfassend bleibt zu sagen, dass soziale Gerechtigkeit nicht ohne angemessene Repräsentation und Inklusion von queeren und ›behinderten‹ Communitys erreicht werden kann. Doch der Beitrag, den queer-crip Gemeinschaften leisten, beschränkt sich nicht nur auf Inklusion. Die queer-crip Perspektive bringt Anarchismus weiter und weist ihn in eine Richtung, die in der Vergangenheit einzuschlagen versäumt wurde. Anarchismus queerzucrippen bedeutet, manche Lücken aus der anarchistischen Vergangenheit zu schließen, Versäumnisse anzusprechen und ableistische Annahmen zu korrigieren. Wir erkennen an, dass diese Arbeit der Transformation des Anarchismus langsam ist und bleiben wird.

Doch wem soziale Gerechtigkeit am Herzen liegt, ist diese Arbeit eine Pflicht.

Übersetzt von Rebecca Mann

1 Withers, A. J. (2009): Defining Disability. From If I Can't Dance Is It Still My Revolution? https://stillmyrevolution.org (Zugriff 04.05.2017).

2 Siehe Nocella II, A. J. (2008): Emergence of disability pedagogy. Journal for Critical Education Policy Studies (6)(2).

3 Siehe Sherry, Mark (2004): Overlaps and Contradictions Between Queer Theory and Disability Studies. Disability and Society (19)(7);
und Samuels, Ellen: My Body, My Closet: Invisible Disability and the Limits of Coming-Out Discourse. GLQ: A Journal of Lesbian and Gay Studies (9) (1–2). S. 233–255.

4 Siehe Sherry: Overlaps and Contradictions.

5 Ebd.

6 Kameny, Franklin E. (1995): Civil Liberties: A Progress Report. New York. Mattachine Newsletter. July.

7 Siehe Atkins, D. / Marston, K. (1999): Creating Accessible Queer Community. Journal of Gay, Lesbian and Bisexual Identity (4)(1).

8 Siehe Baynton, Douglas (2001): Disability and the Justification of Inequality in American History. In: Longmore, P. / Umansky, L. (Hg.): The New Disability History: American Perspectives. New York: University Press.

9 Siehe Atkins und Marston: Creating.

10 Siehe Nocella II, A. J.: Anarcho-Disability Criminology. In: Ferrell, J. / Brisman, A. / Nocella II, A. J. (Hg.): Anarchist Criminology. (in Kürze erscheinend).

11 McRuer, Robert (2006): Crip Theory: Cultural Signs of Queerness and Disabi-
    lity. New York: NYU Press.

12 Davis, L. (2002): The Rule of Normalcy: Politics and Disability in the U.S.A.
    [United States of Ability]. In: Dawis, L. (Hg.): Bending over Backwards: Disa-
    bility, Dismodernism, and Other Difficult Positions. New York: New York Uni-
    versity Press

13 McRuer: Crip Theory. S. 31.

14 Ebd.

15 Sandahal, Carrie (2003): Queering the Crip or Crippling the Queer?: Inter-
    sections of Queer and Crip Identities in Solo Autobiographical Performance.
    GLQ: A Journal of Lesbian and Gay Studies (9). S. 25–56.

16 McRuer, Robert / Wilkerson, Abby L. (Hg.) (2003): Desiring Disability:
    Queer Theory Meets Disability Studies. GLQ: A Journal of Lesbian and Gay
    Studies (9). S. 7.

17 Withers, A. J. (2010): Definitions and Divisions: Naming Disability. PsychOut:
    A Conference for Organizing Critical Resistance against Psychiatry. May 7.
    2010. OISE. University of Toronto. Toronto. Ontario.

18 Siehe Davis, L. J. (1995): Enforcing Normalcy: Disability, Deafness, and the
    Body. London and New York: Verso.; und Reiser, R. (2006): Disability Equa-
    lity: Confronting the Oppression of the Past. In: Cole, M. (Hg.): Education,
    Equality and Human Rights. London: Routledge.

19 Davis: Enforcing Normalcy.

20 Porter, T. M. (1995): Trust in Numbers: The Pursuit of Objectivity in Science
    and Public Life. Princeton: Princeton University Press.

21 Ebd.

22 Siehe Davis, L. (2002): The Rule of Normalcy

23 Davis: Enforcing Normalcy. S. 27.

24 Ben-Moshe, L. / Hill, D. / Nocella II, A. J. / Templer, B. (2009): Dis-Abling Ca-
    pitalism and an Anarchism of ›Radical Equality‹ in Resistance to Ideologies of
    Normalcy. In: Amster, Randall / DeLeon, Abraham / Fernandez, Luis / Nocella,
    II, Anthony J. / Shannon, Deric (Hg.): Contemporary Anarchist Studies. NYC.
    New York: Routledge Press.

25 Siehe Erevelles, N. (1996): Disability and the Dialectics of Difference. Disabi-
    lity and Society (11)(4);
    Russell, Marta (1998): Beyond Ramps: Disability at the End of the Social Con-
    tract: A Warning from an Uppity Crip. Monroe, Me.: Common Courage Press;
    Russell, Marta (2001): The New Reserve Army of Labor?. Review of Radical
    Political Economics (33)(2). S. 224–234; und Stone, D. (1984): The Disabled
    State. Philadelphia: Temple University Press.

26 Siehe Charlton, James (2000): Nothing About Us Without Us: Disability Op-
    pression and Empowerment. Berkeley. CA: University of California Press.

27 Siehe Oliver, Mike (1991): The Politics of Disablement. London: Macmillan.

28 Ebd.

29 Siehe Stone: The Disabled State.

30 Tomes, Nancy (2006): Patients or Health-Care Consumers?: Why the History of Contested Terms Matters. In: Stevens, Rosemary / Rosenberg, Charles E. / Burns, Lawton R. (Hg.): History and Health Policy in the United States: Putting the Past Back in. New Brunswick. NJ: Rutgers University Press. S. 83.

31 Ebd.

32 Zitiert in Barnes (1998): The Social Model of Disability: A Sociological Phenomenon Ignored by Sociologists? In: Shakespeare, Tom (Hg.): The Disability Reader: Social Science Perspectives. London: Cassell Publishing.

33 Epstein, Griffin (2009): Extension: Towards a Genealogical Accountability. The Critical [E]Race[ing] of Mad Jewish Identity. Master's Thesis. University of Toronto. S. 7.

34 Glendinning, Chellis: A Lesson in Earth Civics. http://www.eco-action.org/dt/civics.html (Zugriff 22.05.2017).

35 Toronto Community Mobilization Network. Accessibility Policy. http://g20.torontomobilize.org/accessibility (nicht mehr bestehend).

Saffo Papantonopoulou

Heteronormativität muss zerstört werden

Es ist ein Körper!

Ein Kind wird geboren. Der*die Ärzt*in weist dem Körper ein Geschlecht zu: »Es ist ein Junge!« oder: »Es ist ein Mädchen!«. All jene, deren Körper nicht eindeutig in die Kategorien ›männlich‹ oder ›weiblich‹ zu passen scheinen, werden von den Ärzt*innen fast unweigerlich als medizinischer Notfall behandelt. Die Eltern werden eingeschüchtert und dazu gedrängt, medizinische Eingriffe vornehmen zu lassen, die Genitalien des Kindes verstümmeln zu lassen, damit es scheinbar einfach in diese Kategorien passt. Die Regel, dass die Kinder der Kategorie »Es ist ein Junge!« oder »Es ist ein Mädchen!« entsprechen müssen, gilt für alle Körper in demselben Maße. Vom Zeitpunkt unserer Geburt an werden unsere Körper einem sozialen System angepasst, in dem es zwei Geschlechter gibt, die auf dem Mythos basieren, diese beiden Geschlechter seien ›natürlich‹. Für unsere heteronormative Gesellschaft ist es zu einem Grad unerlässlich, dass alle Körper als ›Junge‹ oder ›Mädchen‹ markiert werden, dass sie selbst vor Gewaltanwendung gegen intergeschlechtliche Körper nicht zurückschreckt.

Es ist so, dass sich die große Mehrheit der Leute mit dem ihnen bei der Geburt und ohne ihre Zustimmung zugewiesenen Geschlecht identifiziert (diese Mehrheit der Menschen nennen wir ›cisgender‹. Die übrigen von uns sind trans*gender, genderqueer etc.). Andererseits ist es auch so, dass die große Mehrheit der Leute mit den meisten Dingen zufrieden zu sein scheint.

Nach dieser Zuweisung wachsen wir auf und lernen alle möglichen anderen Rollen auswendig, die von der Markierung als ›Junge‹ oder als ›Mädchen‹ herrühren. Diese Markierung bestimmt alles andere: mit welchen Spielzeugen wir zu spielen haben, welche Erwartungen im Sozialverhalten an uns gestellt werden, bis hin dazu, welche sexuellen Begehren wir verspüren sollen. Wir können diesen Erwartungen nicht entkommen, sie existieren überall. Die Kühnheit, diese Normen zu überschreiten, kann mit gewaltvoller Strafe enden. Diese Normen und die Drohungen, die sie stützen, sind Teil von Heteronormativität.

Heteronormativität ist keine Orientierung, nicht mal wirklich eine Identität, sondern ein System sozialer Beziehungen. So gesehen ähnelt Heteronormativität dem Kapitalismus. Heteronormativität ist ein vielschichtiges Geflecht sozialer Beziehungen, das unsere Körper, unsere Gedanken, unser Begehren und wie wir mit anderen interagieren, unter Kontrolle hält. Heteronormativität schreibt uns vor, dass Menschen mit bestimmten Körpern ›Männer‹ sein müssen und andere, mit anderen Körpern, ›Frauen‹. Sie schreibt vor, wie Männer sich zu benehmen haben und wie Frauen. Sie schreibt uns vor, dass wir nur ganze bestimmte Begehren empfinden dürfen und keine anderen. Sie schreibt uns vor, wen wir in welcher Position und aus welchen Gründen zu ficken haben. Wir können bestimmte Aspekte der Heteronormativität verändern, etwa: durch den Kampf um die Homo-Ehe. Die Homo-Ehe hat zum Ziel, bestimmte monogame, normative homosexuelle Paare besser zu stellen, ohne die Institution der Ehe an sich infrage zu stellen. Letztendlich müssen wir aber dieses System zerstören, das jeden Winkel unserer Existenz überwacht – vom Privatesten bis zum vollständig Öffentlichen.

Wie jedes System sozialer Beziehungen ist Heteronormativität zugleich ›da draußen‹, in der weiteren Umgebung, die wir ›Gesellschaft‹ nennen, und ›tief drinnen‹, in unseren Köpfen, unseren Herzen, unseren Gedanken. Sie ist etwas, das wir anderen Leuten genauso antun, wie es uns angetan wurde. Für all jene, die sich als ›hetero‹ bezeichnen, ist Heteronormativität etwas, das ständig bewiesen und dargestellt werden muss. Das mag daran liegen, dass Heteronormativität unmöglich ist. Der ideale Mann und die ideale Frau, das sind unerreichbare Ideale. Niemand entspricht ihnen jemals vollständig. Zu Heteronormativität als sozialem System gehört auch, dass sich all jene, die sich der Anpassung ihrer selbst und anderer um sie herum an diese Ideale verschrieben haben, darum bemühen, ihre innere Queerness abzutöten, um der heteronormativen Schablone zu entsprechen. Das sind die der Heteronormativität innewohnenden Widersprüche.

Heteronormativität zu zerstören, bedeutet nicht, Heterosexualität abzuschaffen. ›Frauen‹ und ›Männer‹ würden weiterhin existieren. ›Frauen‹ und ›Männer‹ würden weiterhin miteinander vögeln. Die Zerstörung von Heteronormativität würde vielmehr bedeuten, eine Reihe von Normen zu zerstören, eine Reihe von Annahmen, von hierarchischen sozialen Beziehungen, die uns allen zwangsweise aufgedrängt werden. Die Zerstörung von Heteronormativität würde bedeuten, dass wir es nicht mehr als selbstverständlich ansehen, dass mit bestimmten Körpermerkmalen geboren zu werden bedeutet, ein ›Mann‹ oder eine ›Frau‹ zu sein. Die Zerstörung von Heteronormativität würde bedeuten, dass wir es nicht mehr als selbstverständlich erachten, dass Menschen mit bestimmten Körpern Menschen mit bestimmten anderen Körpern begehren. Die Zerstörung von Heteronormativität würde die Zerstörung der ›idealen‹ Frau und des ›idealen‹ Mannes bedeuten. Die Zerstörung von Heteronormativität würde eine Welt bedeuten, in der all unsere Körper, all unser Begehren, all unsere Gender, jede auf gegenseitigem Einverständnis beruhende Sexualität wertgeschätzt würden und gelebt werden könnten.

Den ganzen Scheiß queeren

Queerness ist per Definition die Antithese zu Heteronormativität. Queerness ist die Summe jedes Begehrens, jedes Körpers, jeder Form der Beziehung, die laut Heteronormativität unzulässig sind. Queerness schließt nichtkonforme Gender ein, Homoerotismus, BDSM und sogar die radikale Idee, dass zwei befreundete Hetero-Männer in der Öffentlichkeit Händchen halten können. Queerness ist all das, was Heteronormativität nicht ist. Queerness ist jedes Begehren und jede Art zu leben, die in dieser Ordnung verboten sind. Queere Befreiung sucht alle diese Ausdrucksformen zu befreien – so lange sie auf gegenseitigem Einverständnis beruhen. Queere Befreiung ist die Zerstörung der Heteronormativität. Queere Befreiung ist die Abschaffung von Genderhierarchien und von Hierarchien, die auf sexuellem Begehren beruhen. Heteronormativität, im Gegenteil, *ist* Hierarchie. Bestandteil anarchistischer Kämpfe ist die Schaffung von Räumen außerhalb dieser Hierarchien, in den Schatten des Systems. Daher ist die Zerstörung von Heteronormativität (und die Erschaffung von Alternativen in ihrem Schatten) *untrennbar* mit anarchistischer Revolution verbunden.

In meinem Leben gibt es Leute, die in erster Linie heterosexuell sind, die sich mit dem Geschlecht identifizieren, das ihnen bei der Geburt zugewiesen wurde, die in monogamen Beziehungen leben und die ich dennoch als queer bezeichnen würde. Was ich damit meine? Es gibt einen himmelweiten Unterschied zwischen den Menschen, die die herrschende Ordnung akzeptiert haben, weil sie das ist, was man ihnen beigebracht hat, und die sie niemals hinterfragt haben, und jenen Menschen, die sich wirklich mit sich selbst auseinandergesetzt haben. Wenn du in deine Seele geblickt hast und Zweifel durchlebt hast und dann zu dem Ergebnis gekommen bist, dass du dich in dem Geschlecht wohl fühlst, das dir bei der Geburt zugewiesen wurde, dass du dich sexuell zu Menschen des >anderen< Geschlechts hingezogen fühlst usw., dann ist das etwas vollkommen anderes, als wenn sich jemand einfach als >hetero< bezeichnet, weil er*sie sich niemals mit den sozialen Normen der Heteronormativität auseinandergesetzt hat. Diese Normen nicht infrage zu stellen – unsere eigene Normierung und die Normierung unserer Beziehungen zu den uns umgebenden Menschen – bedeutet, der herrschenden Ordnung der Heteronormativität in die Hände zu spielen. Diese Normen in Zweifel zu ziehen, unabhängig von dem Ergebnis, zu dem du gelangst, ist ein revolutionärer Akt.

Heteronormativität macht überhaupt keinen Sinn: Die innewohnenden Widersprüche

Ich möchte einige konkrete Beispiele skizzieren, um aufzuzeigen, wie Heteronormativität in unserer Gesellschaft funktioniert. Zuvor aber möchte ich anerkennen, dass es bezüglich Gender und sexuellen Normen zwischen den verschiedenen Kulturen enorme Unterschiede gibt. Für den Fall, dass du dich gefragt hast, was mein eigener Hintergrund ist: Ich bin ein*e queere*r, trans*gender, drittgeschlechtliche*r Anarchist*in. Meine Familie ist griechisch-ägyptisch und meine Mutter ist vor Krieg geflüchtet. Ich bin in den USA geboren. Ich schreibe diesen Text vor dem Hintergrund meiner eigenen Erfahrungen damit, in den USA queer zu leben, und ich beanspruche nicht, generell über alle Kulturen sprechen zu können. Allerdings hoffe ich, dass meine Gedanken sich in unterschiedlichen Kontexten als relevant erweisen. All diese Beispiele sind im Kontext der USA erdacht, könnten aber vielleicht auch in andere Kulturen und Kontexte übersetzt und übertragen werden.

Ein heterosexueller, cisgeschlechtlicher Mann der Arbeiter*innenklasse möchte seine Freundin heiraten. Seine Freundin ist eine heterosexuelle, cisgeschlechtliche Frau, die aus der Mittelschicht stammt, derzeit aber pleite ist. Sie ist davon überzeugt, dass ihr ein sehr teurer Diamantring zur Verlobung zusteht. Er fühlt sich dadurch ein bisschen zurückgewiesen – »Wieso sollte ich so etwas teures für *sie* bezahlen müssen?«, denkt er. Sie fühlt sich dadurch verletzt und hat das Gefühl, dass er sie nicht genügend liebt. Sie geraten in Streit. Schließlich macht er Schulden und reizt seine Kreditkarten bis zum Limit aus, um ihr den Ring zu kaufen. Das Geld, das er von der Kreditindustrie leiht – eine Verschuldung, die ihn über Jahre dazu zwingen wird, sich zu versklaven, um das Geld zurückzahlen zu können – wird in die Unterstützung der Blutdiamantenindustrie in Süd-, Zentral- und Westafrika fließen. Dort sind ganze Volksgruppen massakriert worden, Gesellschaft sind in Fetzen gerissen worden, um den Hunger der Westlichen Welt nach glänzenden Gegenständen zu stillen.

Auf diese Art befördert Heteronormativität als ein System sozialer Beziehungen den Kapitalismus – besonders den kapitalistischen (Neo-) Kolonialismus und sein Bestreben, die Völker und Landschaften des globalen Südens zu verheeren – und wird andersrum von diesem befördert. Beide Personen dieses Paares werden durch eine Reihe sozialer Normen – die außerhalb ihrer Zweierbeziehung existieren – unterdrückt und beschädigt, ihnen wird diktiert, auf welche Weise sie ihre Gefühle füreinander ausdrücken dürfen oder eben nicht. Sie beansprucht einen Diamanten und fühlt sich verletzt, wenn er ihn ihr nicht bietet. Von ihm wird erwartet zu liefern und er fühlt sich in seiner Männlichkeit angegriffen, wenn er das nicht tut. Schließlich endet er unterjocht von Schulden bei Banken und Kreditunternehmen, die einen enormen Profit aus den beiden schlagen. Ihre Heteronormativität ist wesentlicher Bestandteil eines kapitalistischen Geflechts an sozialen Beziehungen, das auf Umweltzerstörung und Genoziden an den Menschen des globalen Südens aufbaut, während es die beiden an eine System der Schuldensklaverei verfüttert.

Zwei heteronormativ verortete, cisgeschlechtliche Männer sind beste Freunde und empfinden eine tiefe Liebe füreinander. Sie geben sich große Mühe, ihre gegenseitige Zuneigung auszudrücken, ohne ihre Privilegien als heterosexuelle Männer zu gefährden – unbewusst erschaffen sie Ausreden dafür, einander zu berühren. Vorteilhaft für sie ist, dass es eine Fülle solcher Ausdrucksformen in heteronormativen Gesellschaften gibt: Ringen, zum Beispiel. In der heteronormativen Gesellschaft gibt es zahlreiche solcher angeblich nichtsexuellen Vorwände, unter denen sich zwei männliche Körper, berühren können. Aber die beiden werden einander niemals einfach im Arm halten. Wie wir sehen, geht es nicht nur darum, dass die beiden heteronormative Menschen sind. Dieses Beispiel weist über heteronormative Identitäten hinaus: Es wird deutlich, dass Heteronormativität ein verinnerlichtes Geflecht sozialer Beziehungen ist, das uns diktiert, auf welche Weise die beiden angemessen physisch interagieren können. Ringen, Pogo tanzen, verschiedene Varianten der Initiation und reine körperliche Gewalt ..., all dies sind Kontexte, in denen die inneren Widersprüche von Heteronormativität sehr vordergründig zutage treten.

Ein cisgeschlechtlicher Mann identifiziert sich selbst als heterosexuell und ist sehr homophob. Er trifft eine Frau, zu der er sich hingezogen fühlt und sie gehen irgendwo hin, um Sex zu haben. Im weiteren Verlauf stellt er fest, dass sie männliche Genitalien hat. Er flippt aus und wird gewalttätig. Mit der Angst vor einer solchen Reaktion müssen viele trans Frauen, so wie diese, ständig umgehen. Er schlägt sie, nennt sie »Schwuchtel« und beschimpft sie mit entmenschlichenden Ausdrücken. Tatsächlich jedoch versucht er die ganze Zeit über, im hintersten Winkel seines Kopfes, einen Teil seiner Selbst zurückzuschlagen – einen Teil, der vielleicht wusste, dass sie trans* ist und sich deshalb zu ihr hingezogen fühlte, einen Teil, mit dem er nicht zurechtkommt. Von Anfang an ist sie zur Zielscheibe geworden – zunächst für sein unbefriedigtes Begehren, dann für seine Angst vor sich selbst infolge dieses Begehrens. Ihre marginalisierte Position – als Frau im Allgemeinen und besonders als trans Frau – erlaubt es ihm, sie zu entmenschlichen und zu einer Projektionsfläche für all seine Selbstverachtung, für alles an ihm, das nicht seiner eigenen, internalisierten Heteronormativität entspricht, zu machen. Sie dient als Ventil für die inneren Widersprüche von Heteronormativität – und sie kann dabei getötet werden.

Ein cisgeschlechtlicher junger Mann kommt durch den Besuch von Punk Shows zum ersten Mal mit Anarchismus in Berührung. Er ist verunsichert aber will das nicht zeigen. Er hört von seinen Freund*innen, wie >echte< Punks sind und wie >echte< Anarchist*innen sich verhalten – alles außerordentlich machistisch. Er fühlt sich gedrängt, eine bestimmte Form von Anarchismus zu verkörpern, da er seine Männlichkeit in Gefahr sieht, wenn er es nicht tut. Einige ältere (heteronormative, cismännliche) Anarchisten bedrängen ihn, sich an der Zerstörung von Eigentum zu beteiligen. Er fühlt sich nicht wirklich wohl dabei, aber er muss sich beweisen und seine heteronormative Männlichkeit unter Beweis stellen. Er wird verhaftet und es stellt sich heraus, dass die älteren Anarchisten, die ihn bedrängt haben, staatliche Agenten sind, die ihn angestachelt haben. Sie haben seine Verletzlichkeit ausgenutzt – insbesondere die Notwendigkeit, einen bestimmten Typ anarchistischer, heteronormativer Männlichkeit zu verkörpern – um ihn zu verleiten. Er muss für lange Zeit ins Gefängnis. Ungeachtet dessen, welche Art Begehren dieser junge Mensch fühlen mag, hätte queere Befreiung für ihn bedeutet, die Kraft zur Verletzlichkeit zu haben – die Stärke, Nein zu sagen und sich nicht von den Polizisten mittels einer Männlichkeitsnorm aufhetzen zu lassen. Ironischerweise macht diese Form heteronormativer Männlichkeit heteronormative Männer – und die, sie sich ihnen zugehörig fühlen – enorm verletzlich. In anderen Worten: Heteronormativität stellt eine Gefahr für die (eigene und politische) Sicherheit dar.[1]

Alle Menschen haben verschiedene queere Anteile. Leute, die sich als heteronormativ verorten, sind Menschen, die ihre Queerness in unterschiedlichen Maßen unterdrückt haben. Das bedeutet aber nicht, dass sie nicht manchmal zum Vorschein kommt. Das sind die Widersprüche der Heteronormativität. Die Arten, auf die heteronormative Menschen ihre eigene Heteronormativität kontrollieren und dann (manchmal mit Gewalt) ihre Verletzungen auf andere projizieren (zumeist auf queere und trans Menschen), stellen alle eine Form (psychologischer und physischer) Gewalt dar, die der sozialen Institution der Heteronormativität innewohnen. Diese Heteronormativität unterdrückt vor allem und in erster Linie queere Menschen – zum Beispiel die Frau, die zum Ziel transphober Gewalt wurde. Zugleich aber beschränkt Heteronormativität auch heteronormative Menschen. Sie zwingt heteronormative Menschen, Schulden zu machen, um sich an eine bestimmte Norm des Zeigens von Zuneigung anzupassen. Sie zwingt heteronormative Menschen, einen Anteil ihrer selbst zu töten – und dabei manchmal sich selbst und andere in Gefahr zu bringen. Der Kampf gegen Heteronormativität ist ein Kampf, der sich in anarchistischen und antikapitalistischen Communitys ebenso abspielt wie in der breiten kapitalistischen Gesellschaft.

Queere Befreiung für alle: Anarchismus queeren

Was heißt das alles? Einerseits: Wenn du dich nun am Kopf kratzt und dich fragst, ob es überhaupt noch heteronormative Leute gibt – gut. Wenn dein Verständnis von normal nun ein bisschen ins Wanken geraten ist – gut. Jeder Mensch ist auf irgendeine Weise entfremdet, beschränkt oder unterdrückt durch starre Genderrollen und sexuelle Sitten. In anderen Worten: Die Moral von der Geschichte ist nicht nur, dass Heteronormativität zerstört werden muss, sondern auch *queere Befreiung für alle*. Richtig, es gibt Leute, die über eine große Menge an *heteronormativen Privilegien* verfügen, das dürfen wir nicht vergessen. Was aber am meisten zählt: Verhältst du dich auf eine Weise, die Heteronormativität als unterdrückerische soziale Institution stärkt? Unterstellst du zum Beispiel Leuten ein bestimmtes Gender, nimmst du an, dass Leute heterosexuell sind, gehst du unsensibel davon aus, zu wissen, welches Pronomen sie bevorzugen, beurteilst du Leute danach, wen du als nicht geschlechterkonform erachtest usw.? Wenn du kritisch prüfst, inwiefern du heteronormative soziale Beziehungsweisen verinnerlicht hast und Menschen zuhörst, die weniger heteronormative Privilegien haben als du, dann wirst du, auf gewisse Art, weniger heteronormativ. Du wirst Teil der Lösung – eine bessere Welt zu schaffen, für queere und trans Menschen, für queere Gendererfahrungen und queere Sexualität in den Schatten des Systems.

Wenn wir über Queerness als etwas sprechen, das nicht gleichbedeutend mit Identität ist, das über queere *Menschen* hinausgeht, dann können wir sie als ein Geflecht von Begehren, Beziehungen, Lebensweisen, Verhaltensweisen und all der Gender und Sexualitäten sehen, die durch Heteronormativität gewaltvoll unterdrückt werden. Mit anderen Worten: Es ist die Heteronormativität, die darauf besteht, dass alle Körper entweder männlich oder weiblich sein müssen. Es ist die Heteronormativität, die gebietet, dass Körper, die nicht in das binäre System von Geschlecht und Gender passen, nach der Geburt zugerichtet werden. Es ist die Heteronormativität, die vorschreibt, dass Menschen mit männlichen Körpern sich als ›Männer‹ verstehen und sich wie ›Männer‹ verhalten müssen. Es ist die Heteronormativität, die sagt, dass Menschen mit weiblichen Körpern sich als ›Frauen‹ verstehen und sich wie ›Frauen‹ verhalten müssen. Es ist die Heteronormativität, die uns darauf beschränkt, auf bestimmte zulässige Weisen Begehren auszudrücken. Jeder Mensch, der es wagt, sich diesen Vorschriften zu widersetzen, und all unsere Begehren, die diesen Vorschriften nicht entsprechen – das ist Queerness.

All jene unter uns, die sichtbar außerhalb heteronormativer Normen, der Heteronormativität leben, sehen sich häufig Gewalt ausgesetzt. trans Frauen, Dragqueens und effeminierte Männer, zusammen mit Butches und trans Männern, auf die heteronormative Männer Traumata bezüglich Gender und Sexualität projizieren. Heteronormative Leute, vor allem heteronormative Männer, haben – als Menschen mit den meisten Privilegien in Hinblick auf Gender und Sexualität – in einer anarchistischen Bewegung die Verpflichtung, ihre eigenen Annahmen über Gender und Sexualität zu verlernen. Wir alle haben die Verpflichtung, Heteronormativität zu verlernen – zu verlernen, wie wir zur Heteronormativität erzogen wurden, ziemlich genau so, wie wir zum Kapitalismus erzogen wurden. Es gibt den alten situationistischen Slogan »Tötet den Bullen in eurem Kopf«. Den inneren Bullen töten bedeutet, kapitalistische Denkweisen abzuschaffen, die Botschaften abzuschaffen, die der Staat uns eingehämmert hat und die wir verinnerlicht haben. Das ist ein harter und schmerzhafter Prozess – und er ist niemals abgeschlossen. Den inneren Bullen töten und internalisierte Hierarchien abzubauen bedeutet auch, Formen der Unterdrückung zu dekonstruieren, die wir verinnerlichet haben: Klassengesellschaft, Rassismus / *weiße* Überlegenheit, Patriarchat, Abwertung aufgrund körperlicher Befähigung oder des Alters. All diese Formen der Unterdrückung sind Teil systematischer Hierarchien, die wir verinnerlichen. Alle, die Anarchist*innen sind und eine bessere Welt erschaffen wollen, müssen als Teil eines breiten antikapitalistischen und antistaatlichen Kampfes all diese Kämpfe in sich selbst führen. Den Bullen im eigenen Kopf töten bedeutet, sich mit seiner verinnerlichten Heteronormativität zu befassen.

Der Kampf um Befreiung bewegt sich vom Kleinen zum Großen und wieder zurück. Von unserer kleinen persönlichen Welt intimer Beziehungen bis tief in unsere Gedanken und Seelen hinein hin zur großen Welt des globalisierten Kapitalismus ist der Kampf um eine queere Befreiung und um die Abschaffung von Heteronormativität untrennbar mit dem antikapitalistischen und antistaatlichen Kampf verbunden. Der kollektive Kampf für die Abschaffung der Heteronormativität ist auf lange Sicht für alle von Vorteil. Der kollektive Kampf für die Abschaffung der Heteronormativität, die Befreiung aller queeren Gender, Sexualitäten, Identitäten und Verkörperung aus der Unsichtbarkeit und ihre Einbindung in unseren antikapitalistischen Kampf bedeutet eine Befreiung für alle. Sich die Zeit zu nehmen, die Sprache, in der wir über Gender und Sexualität kommunizieren, und die Annahmen, die wir über die Körper und Begehren von Menschen (uns selbst eingeschlossen) haben, zu reflektieren, ist nicht nur absolut essentiell für die Inklusion queerer *Menschen* in unseren Kampf, sondern unerlässlich für die Inklusion der Queer*ness*, die in uns allen steckt. Diese queere Praxis und die radikale Inklusion, die sie ermöglicht, sind absolut unerlässlich für jeden aufrichtigen antihierarchischen, antikapitalistischen, antistaatlichen Kampf.

Übersetzt von Melike Cinar

1 Ich möchte anmerken, dass ich nicht die Ansicht vertrete, die Zerstörung von Eigentum an sich beinhalte etwas Heteronormatives. Es gibt eine ganze Menge Anarchist*innen, die direkte Aktionen durchführen – unter anderem auch Zerstörung von Eigentum – und sich gruppeninterner Dynamiken durchaus bewusst sind. Was mich beschäftigt, ist weniger die spezifische Form anarchistischer Politik, die genutzt wird, sondern der machistische Kult, den es in vielen anarchistischen Communitys gibt, und die Art, auf die dieser Machismus heteronormative Männer und alle um sie herum verletzlich macht.

Anarchie, BDSM und Konsens-Kultur

Ich möchte über Anarchie und über BDSM und unkonventionellen Sex reden. Beide sind unglaublich kontroverse Themen. Also fangen wir langsam an, mit etwas Gleitmittel. So als würden wir das erste Mal Analsex ausprobieren.

Lasst uns ein bisschen definieren. Definitionen sind toll; sie machen zuvor rätselhafte Themen und Dinge verständlich. BDSM ist ein Akronym mit vielen Interpretationen; es ist genau genommen eine Zusammensetzung von mehreren Akronymen! Es besteht aus den englischen Begriffen Bondage und Discipline (B&D oder B/D), Dominance und Submission (D&S oder D/S) sowie Sadismus und Masochismus (S&M oder S/M). BDSM umschließt ein breites Spektrum von Aktivitäten, zwischenmenschlichen Beziehungen und speziellen Subkulturen. Die Beteiligten nehmen oft komplementäre, ungleiche Rollen ein. Dabei ist das Einvernehmen beider Partner*innen unabdingbar. Die aktiven Teilnehmer*innen (die die Aktivität oder eine Form der Kontrolle über andere ausüben) werden als Tops oder Doms, Teilnehmer*innen, die den Aktivitäten oder der Kontrolle ausgesetzt sind, werden als Bottoms oder Subs bezeichnet. Personen, die beide Arten von Rollen einnehmen (in unterschiedlichen oder innerhalb einer Beziehung) nennt man Switcher. Ich sollte auch erwähnen, dass Tops und Doms verschiedene Rollen sind, gleiches gilt für Bottoms und Subs. Die Unterschiede sind für die*den außenstehende*n Beobachter*in nicht gleich ersichtlich, aber für die Personen, die sich mit ihnen identifizieren sehr wichtig. Manche Menschen finden auch Gefallen an Aspekten von BDSM, die nicht explizit sexuell sind. BDSM basiert auf Sexualpraktiken, enthält jedoch auch unsere täglichen Interaktionen und Erfahrungen mit Macht. Wir sprechen hier also nur über die äußerste Spitze des Eisbergs. Unweigerlich wird irgendwo irgendjemand an diesen Definitionen Anstoß nehmen und eine hitzige Diskussion darüber beginnen.

Der vielfältige Regenbogen der Anarchie, fortan als Anarchie-Bogen bezeichnet, ist manchmal ein verwirrendes Chaos. In diesem finden sich zankende Theoretiker*innen, Aufrührer*innen, Primitivist*innen, Sessel-Radikale und gelegentlich ein rechter Trottel, die alle für sich beanspruchen, über die richtige nächste Strategie oder Analyse zu verfügen. Innerhalb des Anarchie-Bogens gibt es oft Meinungsverschiedenheiten. Diese fallen aufgrund eines grundlegenden Konsenses besonders heftig aus. Der Anarchie-Bogen widerspricht sich selbst mit der heftigen Intensität von Menschen, die ähnliche Werte teilen und darüber debattieren, wie man die bestehende Weltordnung ändern kann, von einer Hierarchie, die auf Missbrauch und Ausbeutung basiert, hin zu einem System, wo niemand an der Spitze der Unterdrückungspyramide steht. (Und ohne die gesamte Pyramide.) Wir wollen ein System, von dem jede*r profitiert und in dem alle Vorurteile und Rassismus und die Ungleichheiten des Kapitalismus ausgelöscht sind; und dann bekommen wir alle ein Einhorn, auf dem wir an glitzernden Flussläufen vorbeireiten können. Denn natürlich willst du dein eigenes Einhorn haben. Um in die Schlacht zu ziehen. Gegen den Kapitalismus.

In dem Versuch, den Anarchie-Bogen zu vereinfachen, habe ich das Erste Ungeschriebene Gesetz der Anarchie ausgemacht. Das Erste Ungeschriebene Gesetz der Anarchie lautet: »Sei kein Arschloch«. All die tollen Theorien, all die Diskussionen über Strategien, Solidarität und den Aufbau einer neuen Welt durch den Sturz der alten und was weiß ich nicht alles gehen auf die Tatsache zurück, dass Menschen sich oft wie Arschlöcher verhalten. Sie verhalten sich wie Arschlöcher zueinander, dem Planeten gegenüber, den Tieren gegenüber. Es gibt ganze Indoktrinationssysteme, die uns von Kind an lehren, uns wie Arschlöcher zu verhalten. Viele Menschen haben sehr viel Zeit aufgewendet, um zu erklären, inwiefern sich Menschen wie Arschlöcher verhalten und wie die Struktur der Gesellschaft uns lehrt, so zu sein. Das Ziel des Anarchismus ist es, das zu ändern, nicht nur ein wenig, sondern vollkommen.

All unsere wunderbaren, funktionierenden Systeme der Organisation und des Aktivismus werden oft von dem verkommenen System, in dem wir leben, in Mitleidenschaft gezogen. Wenn es zum Beispiel sogar in einer nicht-hierarchischen Organisation oft Personen gibt, die den Ton angeben oder immer ihren Kopf durchsetzen und andere nicht zu Wort kommen lassen. Wir sind das Ergebnis Hunderter Jahre von

Unterdrückung, Kolonisierung, Kapitalismus, Völkermord, Rassismus und Sexismus. Wie können nicht umhin, einen Teil davon verinnerlicht zu haben, selbst wenn wir dieses System unbedingt verändern wollen. Oftmals spielt sich diese Unterdrückung an den traditionellen Grenzen von Geschlecht oder ethnischer Abstammung ab, doch manchmal ist sie noch subtiler. Bei dem Versuch, ein kaputtes System aufzulösen, bringen wir alle unsere eigenen Prägungen und Vorurteile mit. Wir können nur versuchen, daraus zu lernen, und daran arbeiten, unsere anarchistische Praxis so gleichberechtigt wie möglich zu gestalten.

›Revolution‹ ist ein komisches Wort. Es wurde schon vielen Dingen zugeschrieben und der Kulturgeschichte der Vereinigten Staaten von Amerika zufolge hat eine sexuelle Revolution bereits stattgefunden. Im letzten Jahrhundert haben viele Leute zu den Themen Sexualität und Freiheit Arbeit geleistet, von der wir heute profitieren, doch es gab schon vor den Hippies Radikale, die dasselbe über Sexualität und Freiheit sagten. Die sexuelle Revolution vollzieht sich seit Langem und findet noch immer statt. Manche Menschen gehen sogar so weit, zu sagen, Anarchie sei Liebe. Das klingt so, als seien wir ein Haufen Hippies mit hochtrabenden Analysen über Politik, Unterdrückung und so weiter, aber ich bin mir sicher, dass Emma Goldman keinen blassen Schimmer davon hatte, was ein Hippie sein würde, und sie war Liebe pur. Emma Goldman war eine absolute Knallerfrau. Leider sind uns keine Fotos von ihr auf ihrem Einhorn erhalten geblieben.

Ich glaube, dass sich jeden Tag Hunderte sexueller Revolutionen ereignen. Jeden Tag gibt es Menschen, die sich und ihre Sexualität akzeptieren und sich gegenseitig unterstützen, die heterosexistische Vorstellung, die einzig akzeptablen sexuellen Beziehungen seien die zwischen einem Mann und einer Frau, zu untergraben. Das vorherrschende Bild ist, dass beide cisgender sein müssen – dass also das Geschlecht, das ihnen bei der Geburt zugewiesen wurde, zu ihrem Körper und ihrer persönlichen Identität passt. Diese Unterdrückung schadet uns allen. Sex kann auf persönlicher Ebene revolutionär sein. Er kann gesund sein und eine Form der Selbstfürsorge, er kann Medizin sein, aber nur wenn er in vollem Einvernehmen aller Beteiligten geschieht. Anarchist*innen haben sich schon immer für sexuelle Freiheit und die Rechte von Queers ausgesprochen. Emma Goldman war gegen die Ehe und für das Recht der Frauen auf Geburtenkontrolle; ihr Liebhaber und Landsmann Alexander Berkman schrieb über das Queersein und die Unterstützung queerer Rechte. Anarchie war stets ein wenig queer und Anarchist*innen hatten immer ein Faible für sexuelle Freiheit und Selbstbestimmung. Warum nicht auch für BDSM?

Vielleicht habt ihr gemerkt, dass ich das Wort ›queer‹ in unterschiedlichen Bedeutungen verwendet habe. Ursprünglich beschrieb ›queer‹ etwas Merkwürdiges oder Abnormales. Es wird aber auch in Bezug auf eine Gruppe von Menschen verwendet. Diese bestand traditionell aus Leuten, die Bettgeschichten mit Leuten desselben Geschlechts am Laufen hatten, transgender Leuten und im weiteren Sinne aus allen, die Beziehungen abseits der heteronormativen monogamen Parteilinie führten. Das beleidigende Wort wurde schließlich als Selbstbezeichnung angeeignet. So schlagfertig sind wir, dass wir jene Sprache nehmen können, die uns verletzen sollte, und daraus etwas völlig anderes machen. Die Definition schwankt und wird ständig diskutiert. Etwas zu queeren, bedeutet, es zu unterwandern, es auf subtile oder radikale Weise zu verändern. So wie wir es mit dem eigentlichen Wort getan haben. Der Anarchie-Bogen liebt und hasst Queerness zugleich.

Mit der anarchistischen Community verhält es sich ähnlich wie mit der BDSM-Community. So wie zum Anarchismus kommen die Menschen auch zum BDSM als sexueller Praxis mit ihren vielen Altlasten. Ich habe schon Leute von ihrer persönlichen BDSM-Praxis reden gehört, als würde sie alles heilen. Ich hatte das Gefühl, einen persönlichen spirituellen Moment bei diesen Menschen mitzuerleben. Ich halte nicht viel davon, etwas als die ultimative Erleuchtung zu betrachten, auch wenn die Menschheit dies gerne tut. Der Mainstream-BDSM-Community wurde immer wieder Sexismus, Heterosexismus, Rassismus, Diskriminierung von Behinderten und dass sie nicht für Menschen unterhalb der Mittelklasse beziehungsweise ohne finanzielle Mittel zugänglich sei, vorgeworfen. Sexismus, die Diskriminierung aufgrund des Geschlechts, ist in so gut wie allen Teilen dieser Gesellschaft ein Problem und beeinflusst somit auch die BDSM-Szene. Der Vorwurf des Heterosexismus erscheint kurios, wenn man bedenkt, dass die aktuelle Mainstream-

BDSM-Community sich als pansexuell bezeichnet und allen Sexualitäten und Geschlechtern offen steht. Historisch hat BDSM in den USA seinen Ursprung in queeren Räumen, vor allem in der schwulen Leder- und Fisting-Community und bald darauf auch in lesbischen Kreisen. Irgendwann einmal wurde BDSM auch als ›radikale Sexualpraxis‹ bezeichnet. Was die BDSM-Community leidenschaftlich pflegt, ist die Idee der einvernehmlichen Machtausübung. Eine Szene mag nicht einvernehmlich scheinen, mag mit Nichteinvernehmen spielen, doch das ist immer nur ein Spiel.

Jeder macht mit BDSM, wie mit jeder anderen Sexualpraxis, seine eigenen Erfahrungen. Manche interessiert es auch aus verschiedenen Gründen nicht. Manche stehen einfach nicht drauf, andere müssen erst einmal herausfinden, was sie davon halten. Schuldgefühle spielen eine große Rolle in der Sexualität, insbesondere bei nicht-normativer Sexualität. Für uns alle ist es ein harter Weg, bis wir dort ankommen, wo wir uns mit allen Aspekten unserer Selbst und unserer Sexualität wohlfühlen. Andere Menschen haben etwas gegen BDSM, weil sie damit schlechte Erfahrungen gemacht haben. Vielleicht war die Person, mit der sie gespielt haben, bescheuert und hat ihre Grenzen nicht respektiert. Vielleicht haben sie eine negative Erfahrung mit der Community gemacht, in der sie BDSM ausprobieren wollten. Vielleicht wurden sie durch die finanziellen Barrieren abgeschreckt, die den Zugang zur Szene begrenzen: Die Partys kosten viel Geld; Conventions kosten Hunderte Dollar und das noch ohne Unterkunft und Verpflegung. Vielleicht war auch der überwältigende Mangel an People of Color in den meisten Communitys schuld. BDSM kann Spaß bringen, ein Bedürfnis des Menschen befriedigen, eine erfüllende Aktivität oder ein Spiel mit der Macht sein oder einfach ein Spiel für Erwachsene. In der wahren Welt können wir nicht so mir nichts, dir nichts unsere Hautfarbe, unser Geschlecht oder unsere Privilegien tauschen, aber in einem BDSM-Akt können wir mit Macht und Kontrolle oder der Abwesenheit davon spielen. Und wenn man aufhört, ist es vorbei. Nicht erst wenn die Überschneidungen von Unterdrückung und Privilegien ihre zahlreichen grotesken Machenschaften beenden, denn das könnte noch eine Weile dauern. Wir arbeiten fortlaufend gegen sie an, doch der Leviathan der Ungleichheit ist riesengroß. Das Spiel mit der Macht kann uns Erkenntnisse darüber bringen, wie wir verschiedene Aspekte der ausbeuterischen dominanten Kultur verinnerlicht haben, und neue Ideen zu möglichen Widerständen anregen.

Anarchistisch zu leben, schließt vielleicht nicht das Praktizieren von BDSM ein, es schließt es aber auch nicht aus. BDSM und Anarchie zeichnen sich nicht nur durch ihre Unterschiede aus, sondern haben eine entscheidende Vorliebe gemeinsam, und zwar die Vorliebe für den Konsens und das Organisieren von Menschen. Beide Communitys pflegen Kulturen, die auf Konsens basieren. Konsens ist der Akt der Zustimmung zu einer Aktivität, Situation oder Bedingung auf unterschiedlichen Wegen, meistens verbal oder schriftlich. In medizinischen Situationen wird Zustimmung manchmal impliziert, damit auch eine bewusstlose Person behandelt werden kann. Lebenswichtige Maßnahmen anzuwenden und Sex sind jedoch zwei zu unterschiedliche Sachverhalte, als dass sie denselben Richtlinien für Zustimmung folgen würden. Mit Konses-Kulturen meine ich, dass man über Konsens spricht, über Wege diskutiert, um Konsens zu erreichen. Die Community und die einzelnen Personen schreiben über Konsens, was er für sie bedeutet und wie man ihn umsetzt.

Die dominante Kultur versagt in Bezug auf Konsens; der Kapitalismus fragt dich nicht, ob du ausgebeutet werden willst; das Patriarchat fragt dich nicht, ob du als Bürgerin zweiter Klasse angesehen werden oder beigebracht bekommen willst, ein Despot zu sein, je nach dem, was du zwischen den Beinen hast. Wir sind alle im Begriff zu lernen, wie man Zustimmung gibt und erhält, und es ist nicht jeder besonders gut darin — noch. Jeder hat eine Geschichte über eine üble Anarchistin oder einen Perversling parat, die andere nicht respektieren. Indem wir Konsens-Prinzipien aktiv in unser Leben und unser Sexleben integrieren und auf jede Beziehung, ob sexueller oder nichtsexueller Natur, ausweiten, werden mehr und mehr Menschen im Umgang mit Konsens trainiert und auch wir selbst können uns verbessern.

Alles kann revolutionär sein. Die unscheinbarste Kleinigkeit kann einen Aufstand auslösen. Alles, was erfüllend und gesund ist und niemandem schadet, kann heilen. Für uns als Community und als Personen ist es ein revolutionärer Akt, uns dem Konsens zu verschreiben. Anarchie und BDSM begegnen sich nicht oft, außer im Leben derer, die beides betreiben. Wenn es aber etwas gibt, das sowohl der Anarchie-Bogen als auch die ethische Ausübung von BDSM zum Kampf für eine gerechte Gesellschaft beitragen können, dann ist es die Praxis des aktiven Konsenses.

Und alle bekommen ein Einhorn.

Übersetzt von Margarita Ruppel

Danksagungen

C. B. Daring

Ich möchte meinen Mitherausgeber*innen, Abbey Volcano, Deric Shannon, J. Rogue, allen Autor*innen in diesem Band, Martha Acklesberg, Kate Khativ und Dustin Shannon für ihre Arbeit danken. Rogue, du bist eine wundervolle Freundin und hast mich stets dazu angeregt, meine Perspektive weiterzuentwickeln. Deric, du hast mich dazu angetrieben, meine Texte noch mehr zu durchdenken. Abbey, dein Humor und deine intellektuelle Innovation sind inspirierend. Ich möchte auch meinem besten Freund und Partner James Hannon dafür danken, dass er mich unermüdlich bei der Arbeit unterstützt und ermutigt hat. Dieses Buch wäre ohne euer aller jahrelange Arbeit nicht möglich gewesen. Ich bin all den Menschen dankbar, die mich beeinflusst und meine politische und persönliche Einstellung geprägt haben, sowie all den Sexarbeiter*innen, die mich das Wesen der Wirtschaft haben erkennen lassen. Ich glaube, dass die Arbeit, die wir hier vollbracht haben, eine Bewegung der Schönheit, Freiheit, Kreativität, Gerechtigkeit und Intersektionalität voranbringen wird.

J. Rogue

Es gibt so viele Menschen, denen ich danken möchte, dass ich sie gar nicht alle namentlich nennen kann, aber hier sind einige davon: Deric, weil du mich ermutigt und angetrieben hast. Ich bin so froh, dich zu kennen und mit dir zu arbeiten. C. B. Daring, für die wunderbare Freundschaft, Kameradschaft, das Vertrauen und die Konversationen. Ich liebe dich. Abbey, weil du unglaublich klug und witzig bist, mich zum Nachdenken bringst und eine tolle Arbeit machst. Andi, Del, Katie und Tyrone für die gemeinsame Arbeit und euren Geist und Witz. Meinem Bruder Travis und meinem Vater für ihre Unterstützung und Ermutigung bei meinem Schreiben und Aktivismus, dafür, dass sie mich kritisches Denken gelehrt haben, und für die Gespräche. Meiner Mutter, von der ich viel gelernt habe in der Zeit, die wir zusammen hatten. Dr.

Sheppard für all ihre Inspiration und Hilfe. Meinen WSA-Leuten für all eure unglaubliche Arbeit. All unseren Autor*innen für ihre großartigen Texte und ihren politischen Einsatz, sowie AK Press dafür, dass sie dies in die Welt hinaustragen. Es war mir ein Vergnügen, mit euch zu arbeiten. All meinen Genoss*innen und Freund*innen, mit denen ich über die Jahre im ganzen Land zusammengearbeitet habe. Danke, dass ihr mich antreibt, mich als Person und Anarchistin weiterzuentwickeln. Dafür, dass ihr an meiner Seite kämpft und niemals aufgebt. Danke, dass ihr mich daran erinnert, wofür wir kämpfen, wenn mich das, wogegen wir kämpfen, mal überwältigt.

Deric Shannon

Zu allererst möchte ich meinen Freund*innen und Mitherausgeber*innen Abbey, J. Rogue und C. B. Daring danken. Das waren ein paar wundervolle Jahre mit euch – vor allem mit Rogue, da wir beide von Anfang an dabei waren und Rogue ursprünglich die Idee und den Plan hatte. Als Zweites möchte ich unserem herausragenden Lektor danken, Dustin Shannon, meinem Bruder und Freund. Meinen Freund*innen und Genoss*innen von Queers Without Borders gebührt besonderer Dank – insbesondere Richard, Jerimarie, Frank, Paul, Alvin, Sarah, Alice und M. Bernardo McLaughlin für ihren Einfluss auf meine Gedanken zu Politik im Allgemeinen und Gender und Sexualität im Speziellen, oft durch lange und intensive Gespräche – mal durch Texte und mal durch Taten. Besonderer Dank gilt auch Abbey V, meiner Lehrerin in queerer Theorie, meiner Übersetzerin für Judith Butlers Texte und meiner nahezu konstanten Gefährtin in den letzten Jahren. Einigen weiteren Freund*innen gebührt Dank, die meine Gedanken über die Überschneidungen von Begehren, sexueller Freiheit, sozialem und biologischem Geschlecht sowie über das komplizierte Chaos des täglichen Lebens durch Gespräche, den Lektoratsprozess, kollektives Schreiben und Liebe geprägt haben: Jamie Heckert, Maria Yates, Virgil Carstens, Davita Silfen Glasberg, Benjamin Shepard, Martha Ackelsberg, Nancy Naples, Mary Burke, Brooke Hammond, Gayge Operaista, Saffo und Amney Harper. Ich liebe und respektiere euch alle. Ich möchte AK Press und insbesondere Kate Khatib, Suzanne Shaffer sowie Zach Blue danken. Es war toll, mit euch zu arbeiten. Schließlich möchte ich allen Menschen danken, die gegen die Strukturen, Kulturen und Konzepte kämpfen, welche uns unterdrücken, tyrannisieren und ausbeuten und unser Leben mit Gewalt, Banalität, Langeweile, Elend und Verlust füllen. Lasst uns viele verschiedene Versionen der Zukunft erschaffen, indem wir diese sozialen Verhältnisse verneinen. Verneinen, verneinen, verneinen!

Abbey Volcano

Ich möchte J. Rogue, C. B. Daring und Deric Shannon für ihre unglaubliche Geduld bei unserer gemeinsamen Arbeit danken. Und vor allem für ihre innige Freundschaft. Ich liebe euch. Ich möchte auch allen beteiligten Autor*innen, Martha Ackelsberg, Dustin Shannon sowie Kate, Suzanne und Zach von AK für all die Mühe danken, die sie sich mit diesem Projekt gemacht haben. Die Leute von Queers Without Borders haben mir bei der Entwicklung des Inhalts meines Kapitels geholfen und ich bin sehr froh, sie als Freund*innen und Genoss*innen an meiner Seite zu haben. Ella, Lauren, Joe und Mom haben mich als Familie so sehr unterstützt und mir immer das Gefühl gegeben, dass ich super bin, selbst wenn ich furchtbare Entscheidungen getroffen habe. Deric hat mich stets dazu angetrieben, zu reden, zu schreiben und zu denken, wie ich es ohne ihn als lieben Freund, Gefährten und Mentor nie getan hätte. Ich möchte ihm dafür danken, dass er mein Leben witziger, komplexer und interessanter macht, als es jemals war. Ich möchte meinen Freund*innen und Mentor*innen danken, die mich motiviert haben, tiefgründiger über Gender, Sexualität, Begehren und Praxis nachzudenken: Charles Weigl, Flint Arthur, Saffo, Mary Burke, Joshua Stephens, Maria Yates, Naitha Bellissis, Fleury Rose, Mary Bernstein, Nancy Naples, Grace Hart, Angie Mejia, Margaret Breen, Brenna Harvey, Andrej Grubacic, Mike Jackson, Jerimarie Liesegang, Carrie Elliott, Katie Gregory, Jamie Heckert, Meredith Arcari, David Hays, Gayge Operaista, Chris Spannos, Lauren Lo Bue, Chris Wohlers und Jason Lydon. RIP Boomer. Ich hoffe, dass dieses Buch Samen säht für das Verstehen, für Kontakt, Zerstörung, Erschaffung und für den Kampf für eine weniger beschissene Welt.

Übersetzt von Margarita Ruppel

Die Autor*innen

J. ROGUE ist seit über zehn Jahren in intersektionalen anarchistisch-kommunistischen, feministischen und radikal queeren Bewegungen aktiv und beschäftigt sich schwerpunktmäßig mit HIV / Aids, Gefängnissen und Militarismus sowie mit den Zusammenhängen von Unterdrückungssystemen und Ausbeutung, zumeist aus medienanalytischer Perspektive. Rogue ist Mitglied der *Workers Solidary Alliance* und lebt und arbeitet derzeit in Austin, Texas.

DERIC SHANNON ist radikaler Aktivist und lebt an der Westküste der USA. Er ist Koautor und Mitherausgeber von *Political Sociology: Oppression, Resistance, and the State* (Pine Forge Press 2010) und *The Accumulation of Freedom: Writings on Anarchist Economics* (AK Press 2012). Des Weiteren hat er zahlreiche Beiträge, Artikel und Rezensionen in den Bereichen soziale Bewegungen, politische Ökonomie, Kultur, Sexualität und ihre jeweiligen Überschneidungen mit radikaler Politik verfasst. Er glaubt daran, dass radikal andere Gegenwarten und Zukünfte möglich sind.

ABBEY VOLCANO ist eine militante, anarchistische Aktivistin aus Ost-Connecticut. Sie arbeitet politisch zu den Themen Sexualität, Gender und Selbstbestimmungsrecht von Frauen. Wenn sie nicht gerade Graphic Novels liest oder Science-Fiction-Serien guckt, versucht sie, in ihren Texten zu Identität, Sexualität, Gender und politischer Ökonomie Herrschaftsparadigmen zu untergraben. Sie ist Mitglied der *Workers Solidarity Alliance*, der Gewerkschaft *Industrial Workers of the World* und von *Queers Without Borders*. Außerdem ist sie stete Kritikerin der Gewalt und Eintönigkeit, die jeder Form institutionalisierter Herrschaft innewohnen. Ihren neuesten Essay hat sie gemeinsam mit J. Rogue geschrieben, man findet ihn in der Neuauflage von *Quiet Rumors*, die AK Press gerade herausgegeben hat.

C. B. DARING ist anarchistisch-kommunistische queere Sexarbeiter*in. Sie engagieren sich seit vielen Jahren für die Rechte radikaler queerer Sexarbeiter*innen und in anarchistischen Arbeiter*innen-Bewegungen. Sie haben in verschiedenen Zeitschriften, Zeitungen und Blogs publiziert und sind Mitglied der *Workers Solidarity Alliance*, des Kollektivs *Emma's Red Bookstore and Coffeehouse* und arbeiten im Bereich der Popular Education. C. B. ist davon überzeugt, dass Übung zu Fortschritt führt.

SANDRA JEPPESEN ist seit fünfzehn Jahren in anti-autoritären Graswurzelkollektiven aktiv. Sie hat über die Verwendung autonomer Medien bei der *Ontario Coalition Against Poverty*, *Les Panthères Roses*, einer radikalen, queer-anarchistischen Gruppe aus Montreal, sowie der *Elaho Valley Anarchist Horde*, einer ökoanarchistischen Gruppe in British Columbia, geschrieben. Sie hat (derzeit) eine Assistenzprofessur am Institut für Kommunikationswissenschaften an der Concordia University, Montreal, inne.

HEXE ist genderqueer*e Abenteurer*in (dieser Tage eher in der Jungs-Ecke unterwegs) und fühlt sich nur ihrem eigenen Gewissen verpflichtet. Hexe hat eine Vorliebe für Schadensreduzierung, Sexarbeiter*innen, horizontale Organisationsstrukturen, sexuelle Freiheit und radikale Politik. Aufgrund einer tiefen Wertschätzung für Medizin in all ihren Formen, versucht Hexe, den Geist (wenn auch nicht immer die Worte) André Bretons – in seiner Eigenschaft als Arzt, der er wirklich war – und der anderen Gestalten, die sich dem Dadaismus und dem Surrealismus verschrieben haben oder sich von ihnen inspirieren lassen, in ihre*seine künstlerischen, medizinischen und abenteuerlichen Tätigkeiten einfließen zu lassen.

A. J. WITHERS ist behinderter queer / trans Aktivist der *Ontario Coalition Against Poverty* und Mitbegründer von DAMN, einer radikalen Organisation in Toronto, die für die Rechte von Behinderten kämpft. Er ist Autor von *Disability Politics and Theory* (Fernwood Publishing) und der beliebten Web- und Zine-Serie *If I Can't Dance is It Still My Revolution?* (Siehe stillmyrevolution.org).

ANTHONY J. NOCELLA, II, Ph.D., ist Gastprofessor an der School of Education der Hamline University. Nocella beschäftigt sich mit kritischer urbaner Bildung, Friedens- und Konfliktforschung, inklusiver Bildung zu sozialer Gerechtigkeit, Umweltaufklärung, Behindertenpädagogik, queerer Pädagogik, feministischer und kritischer Pädagogik, anarchistischen Studien, kritischen Tierstudien und Hip-Hop-Pädagogik. Er hat mehr als zwei Dutzend Artikel veröffentlicht, mehr als zehn aktive soziopolitische Organisationen und fünf akademische Zeitschriften mitbegründet und arbeitet derzeit an seinem fünfzehnten Buch.

LIAT BEN-MOSHE ist Akademikerin / Aktivistin und veröffentlichte bereits zu Themen wie inklusiver Pädagogik, Behindertenstudien in höherer Bildung, akademischer Unterdrückung, Behinderung, Anti-Kapitalismus und Anarchismus, Behinderung in Israel, Repräsentationen von Behinderung, dem internationalen Symbol für Barrierefreiheit, der Deinstitutionalisierung und Inhaftierung und dem Aktivismus gegen den gefängnisindustriellen Komplex. Ihre Dissertation *Genealogies of Resistance to Incarceration: Abolition Politics in Anti-prison and Deinstitutionlization Activism in the U.S.* beschäftigte sich mit der Forderung, unterdrückerische Institutionen zu schließen, die sogenannte »Kriminelle« beherbergen, geistig Behinderte und »geistig Kranke«. Liat ist derzeit Post-Doc am Department of Disability and Human Development der University of Illinois in Chicago und hat ihren Ph.D in Soziologie, Disability Studies und Women and Gender Studies an der Syracuse University erworben.

GAYGE OPERAISTA sind autonom-marxistische, italienische und lesbische Butches in New England. Sie sind Straßenmediziner*in, Kräuterheilkundige*r, Expert*in für Wilderness Emergency Medicine / Erste Hilfe in abgelegenen Gegenden, unterrichten Gesundheitspflege und lernen Krankenpflege, sind Spoken Word Artist, Schriftsteller*in, Aktivist*in und auf die ein oder andere Weise seit mehr als einem Jahrzehnt politisch organisiert. Sie sind Mitglied der *Industrial Workers of the World*, frühere*r *TransFix*-Aktivist*in im nördlichen

California und organisierten das *Camp Trans* mit. Ihr Hauptaugenmerk liegt auf der Krankenpflege, dem Aktivismus in diesem Bereich und in Bezug auf Pflege allgemein. Sie vermitteln Leuten aus der Community Wissen, das sie befähigt, besser füreinander da zu sein, einander zu pflegen und Netzwerke gegenseitiger Hilfe aufzubauen. Darüber hinaus versuchen sie die Überlebenskämpfe der Trans-Community mit den Kämpfen von Arbeiter*innen zu verknüpfen.

FARHANG ROUHANI ist Professor der Kulturellen und Politischen Geographie an der University of Mary Washington in Fredericksburg, Virginia. Seine akademischen und aktivistischen Interessen liegen im Bereich der Globalisierung, Staatsgründung im Iran, Rechte von Migrant*innen, Queerer Befreiung sowie anarchistischer Theorie und Praxis.

BENJAMIN HEIM SHEPARD, Ph.D, ist Professor für Human Services am New York City College of Technology. Er hat sechs Bücher geschrieben, darunter *Queer Political Performance and Protest: Play, Pleasure and Social Movement* und *Play, Creativity, and Social Movements* sowie zusammen mit Greg Smithsimon *The Beach Beneath the Streets.* Kontakt: benshepard@mindspring.com, http://benjaminheimshepardplay.blogspot.de/.

JERIMARIE LIESEGANG ist genderqueer, anarchistisch und seit vielen Jahren in der Trans-Bewegung in Connecticut aktiv. Jerimarie gründete vor über zehn Jahren die Transgender-Graswurzel-Supportorganisation *It's Time Connecticut*, aus der mittlerweile die *Connecticut Trans-Advocacy Coalititon* wurde. Jerimarie gründete mit anderen zusammen *Queers Without Borders,* veröffentlichte zahlreiche Artikel, sprach auf vielen Podien und gab Workshops zu den Themen soziale Gerechtigkeit und Gender-Non-Conformity. Jerimarie engagiert sich insbesondere für intersektionale Anliegen, ganz im Sinne Audre Lordes: »Es gibt keinen Kampf für einen einzelnen Aspekt, weil unser Leben nicht aus einem einzigen Aspekt besteht.«

JASON LYDON ist Minister des Unitaristischen Universalismus und radikal queerer Anarchist, der sich der Abschaffung des gefängnisindustriellen Komplexes verschrieben hat. Jason ist Gründer von *Black and Pink* – einer Organisation, die queere und trans Häftlinge überall in den USA unterstützt und sich für sie einsetzt. Wenn er nicht gerade die Revolution vorantreibt, findest du ihn vermutlich auf seinem Fahrrad, beim Cupcakes essen oder in der Premiere von irgendeinem abscheulichen Hollywood-Streifen.

RYAN CONRAD ist gesetzloser Künstler, terroristischer Akademiker, Kleinkrimineller und vorlaute anarchistische Schwuchtel aus einer kleinen Fabrikstadt in Maine. Er arbeitet mithilfe von Visual Culture und Performancekunst, um dem Queeren im Hier und Jetzt zum Durchbruch zu verhelfen und damit die fantastischste queere Zukunft denkbar zu machen. Seine visuellen Arbeiten werden auf faggotz.org archiviert und er ist Mitglied des Herausgeberkollektivs für das digitale Archiv *Against Equality* (againstequality.org). Man erreicht ihn unter rconrad@meca.edu.

COLLECTIF DE RECHERCHE SUR L'AUTONOMIE COLLECTIVE (CRAC) ist ein anti-autoritäres, feministisches, queeres, anti-rassistisches und anti-kolonialistisches Forschungs-Kollektiv aus Montreal, das sich im *Participatory-Action Research* engagiert.

STEPHANIE GROHMANN stammt aus Wien und ist 2009 nach ihrem Bachelor in Sozialer Arbeit nach Großbritannien gezogen, um einen Master in Gender Studies zu machen. Gerade befindet sie sich im ersten Jahr ihres Ph.Ds am Goldsmiths College der University of London. Sie ist seit zehn Jahren in anarchistischen und ähnlichen Kontexten aktiv, wobei sie sich hauptsächlich auf alternative ökonomische Praxis, Kritik der Arbeit und des Handels sowie auf diverse feministische Kontexte konzentriert. Derzeit lebt sie in London.

STACY / SALLYDARITY gründete und betreut *anarchalibrary.blogspot.com*, ein umfangreiches Archiv für Anarcha-Feminist*innen, das zuvor auf der Seite anarcha.org zu finden war. Sie bloggt auf chaparralrespectsnoborders.blogspot.com über die Situation von Immigrant*innen und das Grenzregime. Sie war in diverse Aktivitäten involviert, darunter *Cop Watch*, *indymedia*, Solidarität mit Indigenen, Unterstützung politischer Gefangener etc. Sie versucht sich auch in Musikproduktion, Kräuterkunde, Ernährungslehre und Gartenarbeit.

SUSAN SONG ist eine queere, versaute, chinesische Anarchistin. Sie hat gerade ihren Bachelor in Psychologie an der University of Illinois abgeschlossen und war Teil des anarchistischen Lesekreises *Really Really Free Market*. Derzeit lebt sie in Chicago.

SAFFO PAPANTONPOULOU ist eine queere, third-gender, fabelhafte Femme, antikapitalistische Bloggerin, Akademikerin und Community-(Dis)organizerin. Sie ist Tochter eines Kriegsflüchtlings, ihre Familie hat griechisch-ägyptische Wurzeln. Ihre Leidenschaft gilt der Queer-Befreiung, der Dekolonialisierung, dem Anti-Zionismus und Anti-Imperialismus. Derzeit macht sie ihren Masterabschluss in Anthropologie und hofft darauf, eines Tages für ihre Ideen zur Abwechslung mal bezahlt zu werden. Mehr von ihr gibt es auf saffosmash.blogspot.com zu lesen.

DIANA C. S. BECERRA ist in verschiedenen Bewegungen organisiert, von Kämpfen für die Rechte von Immigrant*innen und Hausangestellten bis hin zu Kämpfen für öffentliche Schulen. Sie ist aufstrebende Historikerin und Journalistin.

JAMIE HECKERT ist ein unabhängiger Akademiker und Gründungsmitglied des *Anarchist Studies Network*. Er ist Herausgeber von zwei Sammlungen zu Anarchismus und Sexualität, *Sexualities 13(4)* und *Anarchism & Sexuality: Ethics, Relationships and Power* (zusammen mit Richard Clemison). Darüber hinaus veröffentlichte er Schriften zu Ethik, Erotik und Ökologie in diversen Büchern, Zines, Magazinen und Webseiten. Jamie wird den Anarchismus auch weiterhin queeren, mit einem bald erscheinenden Buch, das sowohl auf seiner Ph.D-Abschlussarbeit als auch auf seinem alltäglichen Leben basiert. Derzeit lebt er an der Südküste Englands.

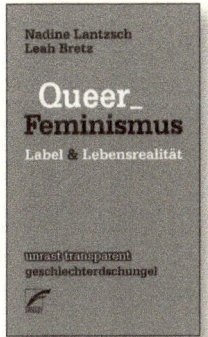

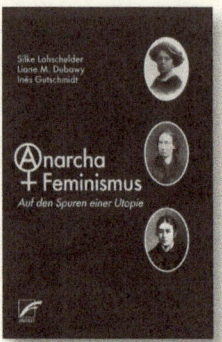

David Porter

Entfachte Utopie

Emma Goldman über die Spanische Revolution

440 Seiten | 24,80 €
ISBN 978-3-89771-214-0

Zum 80. Jahrestag des Beginns der Spanischen Revolution

Die Spanische Revolution war Emma Goldmans letzter großer Kampf für die Ideale des Anarchismus.

David Porter würdigt in einem Mosaik aus Briefen, Reden, Artikeln und Radiobeiträgen Goldmans, thematisch einsortiert und in den jeweiligen historischen und politischen Kontext gebettet, ihren streitbaren Kampf gegen den Franco-Faschismus und für eine freiheitliche Spanische Republik. Die dabei ausgewählten Schriften beinhalten nicht nur die Debatten, Kämpfe und revolutionäre Begeisterung, sondern bieten einen Dialog hinsichtlich der Revolution und des sozialen Wandels – einen Dialog, auf den AktivistInnen heute immer wieder stoßen werden, weil sie mit ähnlichen Themen konfrontiert sind.

Emma Goldman

Anarchismus und andere Essays

256 Seiten | 14.80 €
ISBN 978-3-89771-920-0

Erstmals vollständig ins Deutsche übersetzter erster Essay-Band Emma Goldmans

Emma Goldman setzt sich in diesen größtenteils um 1910 entstandenen Texten, die ursprünglich in der von ihr herausgegebenen Monatszeitschrift *Mother Earth* erschienen, mit zahlreichen Aspekten des politischen und gesellschaftlichen Lebens ihrer Zeit auseinander. Sie widerlegt den Vorwurf, Anarchismus sei letztendlich Chaos und propagiere Gewalt, und definiert ihn stattdessen als Grundlage für eine ungehinderte menschliche Entwicklung, wahren gesellschaftlichen Fortschritt und eine harmonische Gesellschaft.

Aus diesem Blickwinkel kritisiert sie Regierung, Patriotismus, Militarismus, Gefängnisse, Kirche, Puritanismus, Ehe und Eigentum aufs Schärfste. Aber auch Emanzipation und Frauenwahlrecht kommen nicht ungeschoren davon.

Louise Michel

Memoiren

368 Seiten | 16 €
ISBN 978-3-89771-925-5

Autobiografie der Pariser Kommunardin und Anarchistin Louise Michel

Louise Michel war eine der wichtigsten Aktivistinnen in der Pariser Kommune, die als erstes sozialistisches Gesellschaftsexperiment gelten kann. Nach der brutalen Niederschlagung der Kommune wurde Michel inhaftiert und nach Neu-Kaledonien deportiert. Aus den Erfahrungen mit den teilweise autoritären Tendenzen der Kommune-Regierung zog sie den Schluss, dass jede Form der Herrschaft, selbst bei besten Absichten, letztlich in Gewalt und Diktatur abgleitet und bekannte sich zum Anarchismus. Nach einer Amnestie konnte Michel 1880 nach Frankreich zurückkehren und wurde eine gefragte revolutionär-anarchistische Rednerin. 1890 wanderte Michel nach London aus, von wo aus sie weitergehende Kontakte zur internationalen anarchistischen Bewegung knüpfte. Bis an ihr Lebensende war sie als Vortragsrednerin in England, Belgien und Frankreich unterwegs.

UNRAST Verlag • Postfach 8020 • 48043 Münster

www.unrast-verlag.de • E-Mail: info@unrast-verlag.de